高等学校应用型特色规划教材

大学生实用口才与演讲

(第 3 版)

刘金同　刘学斌　刘晓晨　主　编
魏　琰　李　岩　曹中山　副主编

清华大学出版社
北京

内容简介

本书参考了国内外最前沿的演讲与口才理论方面的成果,并结合大学生的实际需要,对演讲与口才的内涵、体制,以及在实际应用过程中的技巧、注意事项和要求作了通俗的阐释,尤其对大学生喜爱的演讲、辩论、面试、公关等方面的知识进行了详细的介绍,同时撷取生活实例进行了充分的范文佐证和欣赏评价,真正做到理论与实践密切结合。本书信息量大、针对性强、实用性突出,而且书中部分范文采用了中英文对照的形式,有利于大学生综合能力的提高。

本书结构科学、文字简约、知识系统,是大学生训练口才、提高语言表达能力的教科书,更是演讲爱好者宝贵的学习参考资料。

本书封面贴有清华大学出版社防伪标签,无标签者不得销售。
版权所有,侵权必究。举报:010-62782989,beiqinquan@tup.tsinghua.edu.cn。

图书在版编目(CIP)数据

大学生实用口才与演讲/刘金同,刘学斌,刘晓晨主编. —3版. —北京:清华大学出版社,2017(2022.8重印)
(高等学校应用型特色规划教材)
ISBN 978-7-302-45420-5

Ⅰ.①大… Ⅱ.①刘… ②刘… ③刘… Ⅲ.①口才学—高等学校—教材 Ⅳ.①H019

中国版本图书馆 CIP 数据核字(2016)第 260145 号

责任编辑:桑任松　陈立静
封面设计:王红强
责任校对:周剑云
责任印制:杨　艳

出版发行:清华大学出版社
　　　　网　　址:http://www.tup.com.cn, http://www.wqbook.com
　　　　地　　址:北京清华大学学研大厦 A 座　　　邮　编:100084
　　　　社 总 机:010-83470000　　　　　　　　　邮　购:010-62786544
　　　　投稿与读者服务:010-62776969, c-service@tup.tsinghua.edu.cn
　　　　质量反馈:010-62772015, zhiliang@tup.tsinghua.edu.cn
　　　　课件下载:http://www.tup.com.cn, 010-62791865
印 装 者:三河市少明印务有限公司
经　　销:全国新华书店
开　　本:185mm×260mm　　　印　张:16.25　　　字　数:390 千字
版　　次:2006 年 8 月第 1 版　2017 年 6 月第 3 版　　印　次:2022 年 8 月第 11 次印刷
定　　价:49.80 元

产品编号:052906-02

本书编委会

主　　任　李昌武

副 主 任　张子泉　刘金同

委　　员　(排名不分先后)

　　　　　　李兴军　裴明珍　魏　琰　刘晓晨　曹中山
　　　　　　李　岩　王天鹏　田国卫　张爱丽　张宁宁
　　　　　　刘学斌　李　想　王春梅　孟祥青　玄玉田
　　　　　　王世武　方汝平　魏枫业　于丽波　于顺勤
　　　　　　付芳云　李德刚　张春梅　宫淑芝　李玉萍
　　　　　　刘金来

前　　言

　　"演讲"是在特定的时空环境中,演讲者凭借有声语言和相应的体态语言,郑重、系统地发表见解和主张,从而达到感召听众、说服听众和教育听众的艺术化的语言交际形式。而"口才"是在交谈、演讲和论辩等口语交际活动中,表达者根据特定的交际目的和任务,切合特定的言语交际环境,准确、得体、生动地运用连贯、标准的有声语言,并辅之以适当的体态,表情达意以取得圆满交际效果的口头表达能力。从上面关于"演讲""口才"的定义可以看出,"演讲"与"口才"强调的是人的口头语言表达能力。

　　大学生是充满激情与活力、个性鲜明、创新能力强的一个群体,是肩负国家兴盛、民族繁荣的新生代。自从他们步入大学校园的那一刻起,人生便进入了一个新阶段:他们开始与不同地区、不同民族、不同风俗习惯的人进行学习交流、生活交流;有的大学生为了进入各类不同的社团、学生会开始了入职宣讲;有的大学生为了获得一份兼职工作,去参加用人单位的面试;有的大学生参加学校组织的辩论赛、英语演讲比赛;有的大学生在和别人的"唇枪舌剑"碰撞中去探究学术、赏析佳文……可见,大学生生活的每一个方面都离不开演讲与口才,演讲与口才已经融入大学生日常生活、学习中。一个大学生的演讲与口才能力的高低,会影响到将来的就业与创业,对于个人的成才与成功有着极其重要的作用。

　　基于上述考虑,我们组织部分教授、专家、学者、一线教师,编写了这本《大学生实用口才与演讲》(第3版)。本书是应全国多年使用该教材高校师生的要求,在融汇了第1版、第2版精华的基础上,对其中的陈旧内容进行了删改、替换,对个别字、句、段、章进行了全面系统的修改,并且根据时代的发展,对例文部分进行了全面修订、替换,做到了与时俱进。让大学生通过学习,感悟到最新的口才与演讲的魅力,进而提升自己的口才与演讲水平。

　　本书进行了体例上的创新,在每一章节的开始对本章"学习要求"进行定位,明确学习的重点、难点。另外,为了检验每一章节的学习效果,特意设计了"思考与练习",以期更好地掌握各章知识点。具体来说,第一章、第二章全面系统地介绍了口才、演讲的理论;第三章、第四章重点介绍了口才、演讲的应用技巧;第五章主要有名人口才欣赏、名人演讲欣赏、贺词欣赏、悼词欣赏、法庭演讲词欣赏、宗教演讲词欣赏、学术演讲词欣赏、世界著名演讲词欣赏、竞聘演讲词欣赏、就职演讲词欣赏、英语演讲词欣赏、辩词欣赏等,对经典例文进行了全方位的解读,做到了理论与实践相结合。为便于大学生综合能力和外语口语能力的提高，我们对部分例文进行了英文翻译。

　　本书的编写分工如下：潍坊科技学院刘金同教授、北京航空航天大学刘学斌、中泰宝石学院刘晓晨担任主编，负责全书的体例设计及编写大纲的制定，同时负责本书第一、二章的修订工作；山东寿光世纪学校魏琰、潍坊科技学院李岩、山东省寿光市职业教育教研室曹中山任副主编，负责第三章、第四章的修订工作及全书的整理；山东大学文学与新闻传播学院李想、山东科技职业学院宫淑芝教授、山东寿光世纪学校魏琰、潍坊科技学院田国卫、张爱丽、张宁宁负责第五章的修订工作及英文翻译；刘金来、李玉萍负责书稿的校对及附录的修订工作。其他参编者有：李兴军、裴明珍、王天鹏、王春梅、玄玉田、王世武、方汝平、魏枫业、于丽波、于顺勤、付芳云、李德刚、张春梅、孟祥青。该书的修订再版，得到了各参编学校和全国使用该教材高校的大力支持，在此对关心支持我们的领导、老师表示衷心的感谢！在编写过程中，我们参阅了最新的口才与演讲方面的专著、报刊以及网络材料等，在此一并表示感谢！

　　由于编写人员水平所限，错误之处在所难免，欢迎各位读者批评指正！

编　者

目　　录

绪论 1

第一章　口才 3

第一节　口才概述 4
一、口才的概念 4
二、口才的特点 5
三、口才的基本要素 6
四、演讲与口才的关系 7

第二节　口才素质的形成 7
一、知识积累 8
二、思维能力 9
三、语言素养 10

第三节　行业口才概述 10
一、交谈口才 11
二、社交口才 12
三、主持口才 14
四、演讲口才 15
五、辩论口才 15
六、公关口才 15

第四节　辩论口才 15
一、辩论的概念及特点 16
二、辩词的撰写要求 17
三、辩论赛的一般规则 18

第五节　公关口才 21
一、公关口才的概念 21
二、公关口才的特征 22
三、公关口才的基本功能 23
四、公关口才的表达程式 23
五、公关口才的一般原则 24

六、公关口才的表达方式 25
七、公关口才的语言特点 26
思考与练习 27

第二章　演讲 28

第一节　演讲概述 28
一、演讲的概念 28
二、演讲的本质 29
三、演讲的特点 30
四、演讲的作用 31

第二节　演讲的分类 33
一、从演讲的内容上分类 33
二、从演讲的表达形式上分类 34

第三节　演讲稿的写作 35
一、演讲稿的概念 35
二、演讲稿的分类及特点 35
三、演讲稿的写法和基本要求 39

第四节　英语演讲稿的写作 43
一、英语演讲稿的写作要求 43
二、英语演讲稿的语言特征 44
三、英语演讲稿的基本结构 45
思考与练习 46

第三章　口才训练技巧 47

第一节　养成良好的语言习惯 47
第二节　口才训练方法 49
一、速读法 50
二、背诵法 50
三、练声法 51
四、复述法 53

五、描述法 53
第三节　口语表达技巧 54
　　一、重音运用 54
　　二、停连的控制技巧 55
　　三、节奏变化技巧 56
第四节　社交口才训练技巧 57
　　一、社交中的称呼技巧 57
　　二、社交中的拒绝技巧 58
　　三、社交中的冷场处理技巧 60
　　四、社交中的禁忌处理技巧 60
　　五、社交中的试探技巧 61
　　六、社交中的应答技巧 62
　　七、社交中的空间语应用技巧 63
第五节　面试口才训练技巧 64
　　一、面试口才的特点 65
　　二、面试中典型问题举隅 66
　　三、面试中应该做和不应该做的
　　　　事情 66
　　四、面试中辅助语言应用技巧 67
　　五、面试中礼貌行为有助于创设轻松
　　　　的交流氛围 68
　　六、面试口才表达策略 68
　　七、求职案例四则 72
第六节　辩论口才训练技巧 75
　　一、辩论赛的特点 75
　　二、论辩命题与思路的确立 75
　　三、辩论立场的确立原则 75
　　四、反客为主的辩论技巧 77
　　五、辩论中自由辩论的技巧 82
思考与练习 90

第四章　演讲应用技巧 91

第一节　成功演讲需要解决的五个关键
　　　　问题 91

第二节　演讲心理准备 93
　　一、相信自己是最棒的 93
　　二、听众与演讲者是一体的 94
　　三、面对尴尬，从容镇静 94
　　四、提炼材料，让真理发光 95
第三节　演讲的准备程序 95
第四节　演讲稿的准备技巧 100
　　一、演讲词的篇幅 100
　　二、演讲词的题目 101
　　三、演讲词的开头 102
　　四、演讲词的结尾 104
　　五、演讲词的主体 106
第五节　演讲语言应用技巧 109
　　一、有声语言应用技巧 109
　　二、体态语言应用技巧 112
第六节　演讲实用技法 117
　　一、演讲开场训练法 117
　　二、演讲提纲写作示例 118
　　三、演讲中的穿插技法 119
　　四、演讲中的干扰排除法 120
　　五、定格演讲的应用技巧 122
　　六、即兴演讲的应用技巧 123
　　七、演讲中的应答技巧 127
　　八、演讲道具的应用技巧 130
思考与练习 132

第五章　例文欣赏 133

附录 219

参考文献 249

绪　　论

南北朝时期的刘勰所著的《文心雕龙·论说》中说："一人之辩，重于九鼎之宝；三寸之舌，强于百万之师。"

中国古语云："一言可以兴邦，一言可以误国。"

英国作家麦卡雷曾说："舌头是一把利剑，演讲比打仗更有威力。"

拿破仑曾说："一支笔、一条舌，能抵三千毛瑟枪。"

第二次世界大战时，美国赖以生存和竞争的三大武器是口才、原子弹和金钱；20世纪60年代以后是口才、金钱和电脑。

在美国，柯林·鲍威尔、奥普娜·温弗蕾、芭芭拉·沃尔特斯和拉里·金等，每次演讲可得报酬五万美元。

……

21世纪，口才与演讲能力成为考核和评价人才的重要标准之一。美国国务院规定，报考外交官要通过45分钟的考试，以判断其说话与写作能力。日本、新加坡等国家规定，政府工作人员必须经过三个月到半年的演讲训练才能从事工作。在我国，随着双向选择就业形势的发展，许多用人单位在招聘人员时，都将求职面试的口才能力作为一项重要的考核内容。因为口才能力不仅直接影响个人工作，而且关系到整个企事业单位的工作效率和公关形象。

以上种种事实都说明，口才在古代和现代的社会生活、日常工作、现实竞争中的重要作用，因为语言毕竟是人类交流的重要手段之一。一个会说话的人，可以流利地表达出自己的意图，也能够把道理说得很清楚、动听，使别人非常乐意接受；有时候甚至还可以立刻从问答中测定对方语言的意图，从对方的谈话中得到启示，了解对方，与对方建立良好的友谊。但是，我们也常常看到许多不会说话的人，他们说话时不能完全表达出自己的意图，往往使对方听起来费力费神，而又不能使人信服地接受，这就造成了一种交际上的困难。

在整个人类发展历史上，有效演讲方面已知的、最早的一本手册大约是在4500年前写在埃及纸草上的。亚里士多德的《修辞学》是公元前3世纪写成的，到现在仍然被认为是就这个课题所写的最重要的著作。演讲术作为人类精神文明最早的成果，从古代流传到今天一直都不过时。

在古代印度、非洲，以及阿兹特克和北美及南美的前欧洲文化里，雄辩术受到很高的评价。在古希腊和古罗马，公共演讲在教育和平民生活中起着关键作用。

在中国，先秦曾经是中国历史上演讲和论辩的鼎盛时期，百家争鸣的时势令辩士辈出、说客如云，儒家文化的创始人及奠基者孔子、孟子就是其中杰出的代表。魏晋南北朝时期，宗教性的演讲盛行，讲经僧、布道士均是成绩卓著的宗教演讲家。近代以来，随着新思潮的迸发，新的演讲热潮又在中华大地上掀起，康有为、梁启超、孙中山等一大批风云人物叱咤讲坛。在"五四"革命精神的孕育下，李大钊、陈独秀、毛泽东、周恩来等革命先驱以及鲁迅、闻一多等爱国的思想家、文学家、科学家、教育家为新中国黎明的到来而奔走呼号，演讲发挥了重要的作用。当今，无论在学校、政界、企事业单位，还是在人才竞争市场等，各种演讲、辩论等活动更是方兴未艾，改革开放的热潮催发着口才艺术更加广泛而稳健地发展，为中华民族新的腾飞再塑辉煌。

作为当代大学生，面对激烈的就业竞争，不仅需要具备过硬的专业知识、较强的社交能力，还应具备优秀的口才，正如克莱斯勒的前任总裁李·亚柯卡所说："你可以有聪明的想法，但如果你无法让别人明白你的想法，那你的大脑就不会让你有任何成果。""惠于心而秀于口"，才能在竞争中抓住机遇，成功人生。

因此，作为在校大学生，在学好专业知识的同时，有必要掌握一定的语言表达方法，有意识地进行一些口才方面的训练。锻炼口才并不一定非要成为著名的演讲家、口才家，成为辩士，因为那个以此为职业的时代已经一去不复返了。锻炼口才是为了能更好地表达自己的思想，申明自己的主张，或者更好地与别人进行沟通，为争取到更好的职位或事业的成功做理智的准备。

本书将对演讲与口才的一般理论和实际应用中的一些技巧进行阐释或说明，让大学生少走一些弯路，迅速掌握一般演讲与口才方面的基础知识，并希望他们通过本书的学习和个人的不懈努力，最终达到提高语言表达能力、具有一定口才水平的目的。

第一章 口　才

学习要求

　　了解口才的概念，理解口才的特点，掌握口才的基本要素、口才素质的形成，以及行业口才、辩论口才及公关口才的特点，能够独立进行辩词的撰写和社会公关。

　　社会需要沟通，沟通需要交流，或者说，沟通就是一种交流。而人与人之间交流思想、沟通感情最直接、最方便的途径就是语言。通过出色的语言表达，可以使相互熟识的人之间情更浓、爱更深；可以使相互陌生的人之间产生好感，结成友谊；可以使意见分歧的人互相理解，消除矛盾；可以使彼此怨恨的人化干戈为玉帛，友好相处。

　　中国古代就有"一言可以兴邦，一言可以误国"之说，还有"一人之辩，重于九鼎之宝；三寸口舌，强于百万之师"之论。而西方口才训练大师卡耐基更是强调："一个人的成功，有15%取决于人的技术知识，而85%取决于人类的工程——发表自己意见的能力和激发他人热忱的能力。""现代成功人士80%都是靠一条舌头打天下。"可见，口才对一个人的生活和事业是何等重要。如果一个人口齿不清、词不达意，那么很难想象他能充分发挥出自己的聪明才智，对社会、对国家做出更大的贡献。

　　美国人早在20世纪40年代就把"口才、金钱、原子弹"看作是在世界上生存和发展的三大法宝，20世纪60年代以后，又把"口才、金钱、电脑"看成是最有力量的三大法宝。而"口才"一直独冠三大法宝之首，足见其作用和价值。

　　法国著名科学幻想小说家儒勒·凡尔纳的著作很多，仅小说就有104部，于是人们就传说他有一个"写作公司"，公司里有不少作者和科学家，而他只不过是占有别人的劳动成果罢了。听了这个传说后，有位记者特地前去采访他。凡尔纳知道他的来意后，便微笑着把他领进了工作室，指着一排排柜子对他说："我公司的全部工作人员都在这些柜子里，请你参观一下吧！"柜子里分门别类地放满了科技资料卡片。

　　口才不是人生来就具有的，是经过后天的努力培养出来的。不管你生性多么聪颖，接受过多么高深的教育，穿着多么漂亮的衣服，拥有多么雄厚的资产，如果你无法得体恰当地表达自己的思想，你仍旧一无是处。要想让别人喜欢你，你必须培养自己的谈话能力，只有这样，才能打开人与人之间沟通的大门，彼此的心灵才能碰撞，产生共鸣。在各种各样的人际交往中，具有漂亮口才的你将会广受欢迎，能够轻松地与他人融洽相处，在社会交往中如鱼得水。

我们天天在说话，但未必人人都说得好；我们天天在说话，但未必人人都说得那么得体。所谓会说话的人，或是与人交流时准确得体、巧妙有趣，或是回答问题时有条不紊、对答如流，或是与人辩论时抓住要害、一针见血。因此，学习说话，讲究说话的技巧和艺术，是非常必要的。

在日常交往中，有口才的人能把平平常常的话题讲得引人入胜；而嘴笨口拙者即使讲的内容很好，听起来也索然无味。有些建议，有口才的人一说就通过了，而无口才的人却连诉说的对象都没有。

也就是说，好口才是成功的"敲门砖"，可以带来意想不到的效果。有了好口才，才会有好人生！

第一节 口 才 概 述

一、口才的概念

简要地说，口才是口语交际中说话(即口语表达)的才能。具体地说，口才是在交谈、演讲和论辩等口语交际活动中，表达者根据特定的交际目的和任务，切合特定的言语交际环境，准确、得体、生动地运用连贯、标准的有声语言，并辅之以适当的体态，表情达意以取得圆满交际效果的口头表达能力。它是人们的素养、能力和智慧的一种综合反映。

语言的表现形式可分为书面语和口语。作为"最重要的交际工具"，言语交际也可分为书面交际和口语交际。口才既然是在口语交际中展现出来的，那就应该首先弄清楚口语交际有哪些要素。一般说来，口语交际有以下三种要素。

(1) 口语交际必须有言语活动的主体，这包括说话者和受(听)话者。无论是表达还是接受(实际情形往往是表达与接受交替转换)，都必须有明确的说或听的目的，没有目的的交谈是没有意义的。

(2) 口语交际必须有具体的言语交际环境。口语交际具有明确的目的性，进入具体的言语交际环境后，就要思考选择什么样的表达内容和表达方式才能使对方愉快地接受，进而使对方采取相应的反馈行动。

(3) 口语交际的工具主要是口语，并辅以体态语。也就是说，口语交际要考虑如何恰当地使用有声语言和体态语。

在这三种要素中，语言处于交际活动的核心，因为没有语言也就没有口语交际活动。正是从这个意义上我们得出了一个结论：口才学隶属于语言学范畴，是语言学领域中的又一边缘学科。

从以上的分析中可以看出，口语交际是具有特定目的的人(包括听、说双方)，在特定的环境里，选择适当的话语内容和表达方式来进行思想交流和信息传递的一种言语活动。这种言语活动的主要表现形式是交谈、演讲和论辩。

二、口才的特点

口才是在人际交往和社会实践中表现和发挥出来的，人是这种言语活动的主体，而这种言语活动又产生了积极的效果，综合分析，口才主要有以下特点。

1. 明确的目的性

口语交际中表达者说话的目的虽然多种多样，但概括起来集中地表现在以下六个方面。

(1) 明了。即让听者懂得所传递的信息，或明白、理解他所不知晓、不了解的事情。

(2) 说服。即让听者在弄懂对方思想观点、立场看法的基础上接受对方的观点并信服，同时能产生相应的行动。

(3) 感动。即让听者随着讲说者的表达而产生情感、心境的变化，同悲同喜，同忧同乐，产生心灵相通、精神共鸣效应。

(4) 拒绝。即让听者明白自己的观点、看法、要求，表示出不被接受。拒绝是一种逆向交流，尤其需要注意方式与技巧。

(5) 反驳。即指出对方观点、要求的不合理乃至荒谬性。

(6) 赞许。即认为对方的表达正确而加以称赞。

2. 高度的灵活性、适应性

在口语交际时，情形往往较为复杂，表达者为实现特定的目的，在因人、因事、因物、因景而进行的讲说中，必须会灵活机智地选用特定的表达方式和技巧来切合言语内容，切合特定语境，切合自己的身份和交际对象的特点。只有具有高度灵活性的表达，才能创造出效果良好的口才佳品，否则将会适得其反。

3. 全面的综合性

优秀的口才是一个人素质和能力的全面综合反映。这里的素质主要包括思想境界、道德情操、知识学问和天赋秉性；能力则主要包括观察能力、思维能力、决断能力、记忆能力、表达能力、交际能力和应变能力。人的素质和能力综合成一种潜在的文化储备，这种储备在特定的语境中，通过想象和联想，以及发挥和创造，为演讲者取得所需材料和方式，实现口语表达的目的起到积极的支持作用。所以，从根本上讲，好的口才是表达者学识、素养、能力和艺术的综合表现。

三、口才的基本要素

现代理论家认为,德、识、才、学是口才家的必备四要素。德、识、才、学四要素奠定了口才的基础,一个人要想具有一流的口才,必须"浇筑"好德、识、才、学这四大基石。这四者中,学是基础,德是灵魂,识是方向,才是核心。语言取决于学问和知识,学可以丰才,可以增识,可以益德。

1. 德是口才的灵魂

"德"是一个人的灵魂所在,不仅在口才表达上,就是在其他领域,"德"的灵魂作用也是第一位的,其内涵主要包括政治素质、事业心和责任感、务实作风和心理素质。口才受"德"这三个层次内涵的制约,尤其是受政治素质的影响最大,它决定了一个人的言论立场,体现着明显的政治倾向,是评价一个人口才优劣的关键所在。

2. 识是口才的方向

口才家应是"有识之士",具有览众山、识本质的远见卓识,见人所未见,讲人所未讲。"识"又分为政治领域的识和业务领域的识。口才要产生震撼人心的力量,最好具有一些预见性,即表现口才家的"识"。优秀口才家的表达具有一定的前沿性,总能让人产生精神上的撼动,并能促使人付诸行动。

口才是一门综合性的艺术,影响表达效果的不仅是清晰、生动的口语,还有仪表、体态和神情动作。所以,口才家需要审美和鉴赏能力,通过语言所创造的听觉艺术、视觉艺术来感染人、打动人。

3. 才是口才的核心

"才"是一个优秀口才家的标志,但并不是掌握了语言表达技巧的人,就可以称为口才家。因为口才代表的是人的综合才能,除了语言表达才能外,还得培养记忆才能、观察才能、思维才能、想象才能、创新才能和应变才能等,多种才能的有机结合才会孕育出一个出色的口才家。

4. 学是口才的基础

常言道:"工欲善其事,必先利其器。"要想会说话、说好话,首先必须充实知识,掌握这一利器。

知识积累可以丰富口语表达的内容,可以使口头表达更加准确、生动。作为一种对人的综合能力运用的口才,首先要有讲话的内容,即知识。当前,很多渴望提高口语表达水平的人,都不太懂得知识积累是口才学习入门的"敲门砖",没有养成勤于积累的习惯,当然难进口才之门了。许多时候，口才不佳并不在开口表达之时，而是在开口表达之前。这是因为知识底蕴的不足和知识储备的贫乏，一开始就限制了表达者的思路和视野，使表达者不能浮想联翩、思接千载、视通万里，不能很好地发挥"调动"的才能。这就削弱了表达者的才情，使表达者丧失了说话的兴趣，语言表现力也随之降低，说出来的话自然就显得平庸、空洞。

人的才能是建立在知识的基础上，由知识转化而来的。才能是知识的产物，是知识的结晶，知识是才能的元素和细胞。一个人才能的大小，首先取决于自身知识的多寡、深浅和完善程度，古今中外的口才家无不以有渊博的知识而著称。

英国哲学家培根说："知识就是力量。"口才的魅力深深扎根于知识的土壤中，作为口才家，必须拥有丰富的知识。只有拥有了丰富的知识，才能信手拈来、即兴发挥，使谈吐更高雅、论辩更精彩，出口成章、字字珠玑。

四、演讲与口才的关系

语言是一种特殊的社会现象，它依存于社会，随社会的产生而产生、发展而发展；同时，语言还是一种重要的交际工具，语言的艺术纷繁复杂、异彩纷呈。演讲与口才都属于语言的艺术范畴，都是运用有声语言，并辅以体态语言将说话主体的思想、观点、主张、情感等信息传递给对方。演讲的成功与否和口才的优劣，关键都在于知识的积累、提炼与升华。

演讲是演讲主体对多人同时进行的语言表达活动，而口才是表达主体在学习、工作、生活中所形成的一种语言表达上的综合素质。演讲是一种正在进行的语言活动，而口才是在交流过程中对语言表达、表达效果等所形成的综合素质的一种评价。

口才的外延很大，它几乎涉及社会生活中的各行各业，如主持口才、销售口才、领导口才、演讲口才、公关口才、论辩口才等；而演讲只是口才展示的形式之一，虽然也有广泛的使用空间和较高的使用频率，但它毕竟要在特定的环境中才能进行；口才却不受时间、空间的限制，随时都会得以展现。没有干练的口才，成功的演讲只能是一种空想。一个人要想演讲精彩、成功，必须要有意识地锻炼自己的口才。

第二节　口才素质的形成

说话——张开嘴巴并发出某种声音，对每一个人来说都是一件非常简单的事情，因为掌握并运用语言的能力是人类与生俱来的天赋。但是，能够掌握并运用语言是否就意味着有口才，甚至是有好口才呢？答案显然是否定的。人生来不具备口才，没有哪一个婴儿的第一声啼哭是珠圆玉润的词句。

古希腊演说家德摩斯·梯尼患有严重发音不清和口吃症，他从小就生活在一个富裕的家庭里，但却体弱多病，发育不健全，身体瘦小，脸为青黄色，双肩歪斜，又是驼背，更不幸的是他还患有严重的口语表达障碍。梯尼七岁时，父亲去世了，百万家产全被黑心的伯父侵占了。梯尼想诉讼，可在威严的法庭上，法官对他审问时，他口吃得不能对答，惹得别人哄堂大笑，气得自己无地自容。从此，他发愤练习口才。在海边，他一边奔跑一边疾呼，为了使自己吐字清晰，甚至口中含着小石头练习发音；为了纠正双肩不平，从梁上垂下双肩；为练口形，对着镜子摆做各种表情。苦心而又虔诚的德摩斯梯尼终于成功了，最终成为雄伟的辩才、大律师和大演说家。

因为口才是恰当的语言与熟练的应用技巧的结合，所以"能说话"只是形成口才的一种基本条件，而"会说话""说的好"才是口才的突出特征，它的形成有重要的素质条件。

有人根据口才的这一特点，将形成口才的智能结构比喻成一座金字塔：又宽又厚的塔基是知识积累，包括人的知识素养、品德修养、心理素质等；塔身是思维能力，包括思辨能力、想象和应变能力；塔顶则是口语表达能力。在这三个层次中，知识积累和思维能力属于一个人内在的素质修养，是通过后天努力提炼、升华、积淀而成的，须借助口头表达能力才得以外现；而口头表达能力的提高必须从素质修养入手。这三个方面相互配合才能做到巧舌如簧、字字珠玑、八面玲珑、相得益彰。

一、知识积累

知识的积累是一个漫长而复杂的过程，它需要一个人必须有持之以恒的毅力和不断的努力，有了宽厚的塔基，才有直冲云霄的塔身，才能成其风景。

(一)品德修养

品德是指人的思想品质和道德观念，它包括一个人的世界观、人生观、价值观、审美观、幸福观、使命感和责任感等内容。一个人的"德"是才的灵魂，它威力巨大，是一个人立于天地之间不败的脊梁，更是挖潜内在学问、激活思维品质的保障。"其身正，不令而行；其身不正，虽令不从"(孔子《论语》)，这正说明了"德"对一个人的重要影响。

品德修养高低的判断标准主要表现在四个方面：一是有崇高的理想信念；二是有高尚的道德情操；三是有优良的心理素质；四是有美好的仪表风度。

(二)知识素养

知识是人们在社会实践活动中所获得的认识和经验的总和，是口语表达内容的坚实基础，也是形成优秀口才的必需。"在这个世界上，全新的事物实在太少了。即使是伟大的演说者，也要借助阅读的灵感和得自书本的资料。"(卡耐基《语言的突破》)一个人知识素养的形成，主要体现在对专业知识、社会人文知识和自然科学知识的综合化上。

1. 专业知识

专业知识包括理论指导方法和专业理论知识两个层面。

理论指导方法主要是指世界观和方法论。要学会全面、深入、发展地看问题，防止片面性、主观性和简单化；要学会对具体情况作具体分析；要学会用比较的方法观察和分析事物等。也就是说，好的口才要求表达者自己要有正确的世界观和是非判断标准。专业理论知识是指行业性的专业基础知识理论。俗话说"干啥的吆喝啥""隔行如隔山"，作为一名优秀的口才家要扎实、熟练地掌握所从事专业的全面的而不是片面的、系统的而不是杂乱的知识，做一个专业上的"内行"人，最重要的是对专业知识能形成自己消化后的理论体系，这样在表达时才会做到信手拈来、左右逢源。

2. 社会人文知识

专业的知识只能表现一个人口语表达上的科学性，口才的形成还必须有更加宽泛的社会人文知识，才能做到得心应手。社会经验、生活常识、天文地理、乡土人情、风俗习惯、名人名言、成语典故、名篇习作、轶闻趣事、街谈巷议等都属于社会人文知识范畴，一个优秀的口才家对这些都应有所涉猎。

此外，口语交际的对象是人，表达者还应了解有关人的诸如心理学、行为学、教育学、人际关系学等方面的知识，只有这样，才能在交流表达过程中做到侃侃而谈、谈笑风生。

3. 自然科学知识

自然科学是研究大自然中有机或无机的事物和现象的科学。自然科学包括物理学、化学、地质学、生物学等。系统地、要点式地掌握一定的自然科学知识会对你的口才形成有不可忽视的积极作用，会让你的表达游刃有余、神采飞扬，从而增强表达的效果。

二、思维能力

思维是人脑对客观事物的一般特性和规律性的一种概括的、间接的反映过程。人的思维决定于外界的客体，但是外界的客体并不是直接地、机械地决定着思维，而是通过人的内部条件，通过人脑对感性材料进行加工的过程而间接地决定着思维。

思维能力主要包括三种：逻辑思维能力、形象思维能力和灵感思维能力。逻辑思维是以提示和把握事物的内在本质为根本任务，依据一定的系统知识、遵循特有的逻辑程序而进行的思维活动；形象思维是通过感性形象，运用想象、联想和幻想等手段来把握事物的思维活动；灵感思维是一种通过某种下意识(或潜意识)直接把握对象的思维活动，是在人的知识经验积累的基础上，在目的明确、意识高度集中的思维中，在外界事物的参考和诱导下，产生形象、概念思维的快速撞击而出现的认识突变的思维过程，因而带有顿悟性、突发性和意外性。

思维能力的高低对口语表达的优劣、成败往往起着决定性作用。这主要表现为：思维的选择性和创造性制约着言语活动，思维的内容决定了言语表述的意义，而思维的质量决定着言语表达的效果。

"语言是思维的物质外壳"，恩格斯在《自然辩证法》中既肯定了语言推动思维发展的作用，同时又强调"脑髓和为它服务的感官、越来越明白的意识以及抽象力和推断力的发达，对劳动和语言又起着反作用，给二者的进一步发展以一个常新的推动力"。可见，语言的发展可以促进思维的发展，而思维的发展又可以反过来促使语言的进一步发展。

三、语言素养

口语表达成功的关键是运用语言的能力，具有较高的语言素养，才有可能表现出较强的运用语言的能力。

口语表达所需要的语言素养，主要从以下三种途径获得。

(1) 系统学习语法、修辞和逻辑方面的知识、法则，以提高口语表达的正确性、生动性和严谨性。

(2) 系统地学习和掌握副语言特征和体态语言等方面的知识，以便更好地展现表达者自己的精神风貌、情绪感受和个性特征。副语言特征主要包括音质、音强、音色、语气、语调、语速、节奏等，体态语言主要包括表情、神态、动作、身姿、手势等。

(3) 坚持积累和吸收优秀的语言养料，譬如学习和借鉴经典名家的演讲、大量阅读中外名著、与时俱进在现实生活中学习那些有生命力的活语言等，都是行之有效的办法。古往今来的实践证明，不断地在生活中为自己充实新鲜的语言信息，是提高语言素养永不枯竭的源泉。

第三节　行业口才概述

社会上职业的分类多种多样，特别是随着现代社会经济的发展，社会分工越来越细，职业类别远远超出了所谓的"三百六十行"。语言是一种重要的交际工具，无论哪一行哪一业，都离不开语言的交流。西方有位哲人说过："世间有一种成就可以使人很快完成伟业，并获得世人的认识，那就是讲话令人喜悦的能力。"在人际交流成为生活的重要内容、公共关系成为社会风尚的今天，口才不啻成为现代人事业成功的必备条件。

第一章 口才

正因为行业的不同,所以自然而然地形成了不同的行业口才,如公关口才、谈判口才、交谈口才、辩论口才、主持口才、演讲口才、教师口才、领导口才、交际口才、商业口才、推销口才、职场口才、男性口才、女性口才等,不一而足。总之,无论哪一行哪一业,通过系统地研究和归纳,都可以根据其行业性质和特点的不同,形成各具特色的行业口才。这里只对在大学生活中最常见的几种口才作一简单介绍。

一、交谈口才

在日常生活中,人人都会说话,但有的人说话干净利落、清楚明白,容易让人接受;而有的人说话拖泥带水、啰唆累赘,让人难以接受、不知其然。简单地说,这就是口才的表达问题。

(一)交谈口才的概念

交谈口才也可以叫作说话口才。交谈是日常生活中人们使用最广泛、最基本的一种交流方式。交谈就是两个或两个以上的人以口头语言为工具,以对话为基本形式,面对面(或通过声讯、视频等手段)进行思想、感情和信息交流,以达到互相了解的一种语言表达活动。

(二)交谈口才的构成要素

交谈活动以对话为基本的交流形式,其构成要素包括发话者(主体)、受话者(客体)和对话内容三个方面,三者缺一即不成为对话。

(三)交谈口才的特点

在交谈活动中,对话的主体和客体是互换的,而不具有固定性。也就是说,语言表述的行为呈双向性或多向性(两人以上交谈时),发话者和受话者的主体是不断交互的,唯其如此,方成交谈。

(四)交谈口才的作用及特征

交谈是生活中不可缺少的交流方式,广泛的交谈可以沟通信息、获取知识,可以联络、加深感情,增进友谊,可以消除误会、加深了解,还可以成功地进行业务洽谈,创造效益,也可以明辨是非、伸张正义等。掌握和提高交谈的语言艺术,可以帮助我们走向事业或生活的成功。

交谈的特征如下。

1. 即兴性

交谈通常是面对面接触后进行的，它没有事先的约定和计划，带有一定的即兴性，其主题是在交谈过程中逐步形成并明朗起来的。即兴性的说话思考时间短，出语时间快，所以要求交谈者必须听辨认真、反应敏捷，否则交谈易受阻不畅，影响交谈效果。

2. 相互性

交谈是由双方或多方共同进行的，其内容因受话对象的不同而相互制约。交谈时，交谈者必须使自己的说话与对方的话题相呼应，才能顺利进行。这就要求交谈者必须注意倾听对方的谈话，而后根据自己的理解和主张作出恰当的反应。

3. 灵活性

交谈在大多数情况下是自然而然地自由发挥，没有明确的中心，有时有主题。但由于受时间、地点和对象的变化的影响，交谈过程中交谈者会不得不改变话题，或者由于自己的意见、思维不适合此时此境而改变交谈内容和说话方式，以避免造成误会和不必要的损失。这就要求交谈者具有灵活而又敏捷的应变能力和驾驭局面的控制能力。

二、社交口才

人生活在社会中，就必然会与人打交道，打交道就要说话，而这种打交道过程中的语言表达能力就是社交口才，或叫交际口才。

我们生活在一个社会交际极其重要的时代，可以说，现代人的人生就是由一个个社交场合组成的。在当今这个充满机遇与挑战、竞争与合作的社会，人人都渴望事业成功、家庭幸福、人生圆满……这一切都是通过社会交际来实现的，而社交口才则是一切社会交际的基础。因此，社交口才的水平决定了人们的社会交际能力和交际效果，是人生成败的一个重要因素。

由于每个人驾驭语言的能力、方法和技巧不同，因此在社会交际中，常常会产生截然不同的效果：有的人言不得体、词不达意，因而时常招致冷言、四处碰壁、人生不顺遂；有的人却因语言得体、谈吐机智而备受青睐，在职场、官场、商场、家庭都左右逢源、应付自如。因而，一切有志于社交成功、有志于人生成功的人都应对社交口才加以重视，努力掌握社交口才艺术，提高自己的社交口才水平。

"良言一句三冬暖，恶语伤人六月寒。"俗话说，到什么山上唱什么歌，到哪山砍哪柴。可见，社交口才并没有一成不变的固定法则，在不同的社交场合，人们的言谈方式和技巧应该是不同的。有时可以疾言厉色，有时则不卑不亢；有时可以针锋相对，有时则只能绵里藏针；有时应该开门见山，有时则宜旁敲侧击……总之，社交口才的要义就在于根据不同的社交场合运用相应的言谈方式和技巧，做到应对合宜、言语得体、谈吐机智。

社交口才的基本要求主要体现在适时、适量和适度三个方面，具体如下。

1. 适时

适时是指话要说在该说时，止在该止处。在生活中，我们经常见到这样的情况：有的人在社交场上该说时不说，他们见面时不及时问候，分手时不及时告别，失礼时不及时道歉，对请教不及时解答，对求助不及时答复……反之，有的人该止时不止：他们在热闹喜庆的气氛中唠唠叨叨诉说自己的不幸，在别人悲伤忧愁时开玩笑，在人心绪不安时仍滔滔不绝地说个不停，在长辈、师长或领导家里乐不可支地大谈花边新闻……

该说时不说，不该说时乱说，这都是对社交中说话的时机没有把握好，因此很难获得成功的社交。

2. 适量

适量是指说话需要详尽时要尽可能的详细，需要简约时切不可啰唆。捷克讽刺作家哈谢克的名著《好兵帅克》里有一个克劳斯上校，此人以说话啰唆而闻名，给人留下了深刻的印象。他有一段对军官的"精彩"训话："诸位，我刚才提到那里有一个窗户。你们知道窗户是个什么东西，对吗？一条夹在两道沟之间的路叫公路。对了，诸位，那么你们知道什么叫沟吗？沟就是一批工人所挖的一种凹而长的坑，对，那就叫沟。沟就是用铁锹挖成的。你们知道铁锹是什么吗？铁做的工具，诸位，不错吧，你们都知道吗？"克劳斯上校的这番话，虽然是作家加工过的，但生活中、社交场上说话啰唆者也不乏其人，其说话效果可想而知。因此，说话适量是社交口才的基本要求之一。

适量既指说话的多少要适当，也包括说话的音量要适宜。特别需要指出的是，适量并非任何情况下都是少说为佳，适量与否应以是否达到了说话目的为衡量标准。

请仔细体会下面几段话："您看，这么晚了还来打搅您，真过意不去。您要休息了吧？真对不起，对不起……""我不同意这个意见！我明确表示不同意。不管你们怎么看，我就是不同意。""那不是我说的，我怎么会那么说呢？您想，我能说那种话吗？那确实不是我说的。我怎么会那么说呢？您想，我能说那种话吗？那确实不是我说的。"以上几段话，初听起来似乎有些"废话"之感，但仔细琢磨后会发现，那都是为了增强表达效果而不得不说的"废话"，是必要保留的语言的"冗余度"。第一段是表示道歉的话，重复几句显示了态度的诚恳；第二段话中的重复是为了表示说话人态度坚决和不容置疑；第三段则是表达者急于表白自己而采取的必要的重复。这种语言现象在社交场合经常出现。

由此看来，社交口才的多少适量，并不排除为达到说话目的的必要重复，而是指根据对象、环境、时间的不同，该多说时不少说，该少说时不多说。有的人自我介绍啰啰唆唆，祝酒时说上半个小时还不停，批评起来没完没了……这样既影响了说话效果，又影响了自己的社交形象。

社交过程中声音的大小是否适量，也是社交场合中应该注意的方面。大庭广众之中说话音量宜大一点；私人拜访交谈音量宜适中；如果是密友、情人间交谈，小声则可以表现出亲密无间、情意绵绵的特殊关系……这都是在社交场合与人交谈应该掌握的。

3. 适度

社交口才的适度体现了社交口才的灵活性。它主要是指根据不同的交际对象把握言谈的深浅度，根据不同的场合把握言谈的得体度，根据自己的身份把握言谈的分寸度。

此外，在社交活动中也要注意体态语运用得恰到好处。经验表明，体态语言运用恰到好处，会为社交的成功增色不少。

三、主持口才

世界上最早的主持人起源于美国。我国最早在1981年的对台广播"空中之友"栏目设主持人，由徐曼女士主持。之后，1981年中央电视台在赵忠祥主持的《北京中学生智力竞赛》节目中开始使用"节目主持人"一词，开创了我国电视节目主持人之先河。1993年，我国各地电台涌现出大量的节目主持人，这一年被称为"中国的广播主持人年"。

大学生活丰富多彩，各种集会型活动很多，像联谊活动、文艺会演、演讲比赛、诗歌朗诵会等。这些集会在一定程度上可以说是大学生走向成熟迈入社会的一次有效锻炼。集会活动一般情况下需要主持人来进行活动的有效控制，从而使集会时的秩序有条不紊，活动得到有计划的实施。主持人在活动时的主持表达能力就是主持口才。好的主持人能通过优秀的口才使活动连贯、和谐、妙趣横生，他们的主持词像一粒粒珍珠将整个活动串连在一起，形成一个完美的篇章。

主持口才的特点如下。

1. 思辨性

作为主持人，能在各种情况下看到复杂事物的细枝末节，敏锐而缜密地作出判断和评价，机智地适应瞬息万变的现实话题，能将气氛和活动调动起来，并进行下去。

2. 捷辩性

作为主持人，能在不断变化的动态语境和现场环境中保持思维与表达的同步推进，应当有令人豁然开朗的精言妙语随口而出。可以说主持人的话是"点睛"之语、快乐之语，能让人在或欢笑，或深思，或悲悯，或激愤，或振奋中得以更加透彻的灵魂触动。

3. 善辩性

作为主持人，能在各种节目语境中审时度势地准确表达自己的思想。有时以静制动、引而不发；有时语惊四座、一语中的；有时口若悬河、滔滔不绝；一句平常的话，能够轻描淡写地说得恰到好处，正所谓"咳唾落九天，随风生珠玉"。

4. 综合性

主持人的口才不是孤立的才能，它既是"口"才，也是"思"才、"耳"才、"眼"才……它反映了一个人的语言才能，同时也是一个人的素养、才智、气质、品格和情操的和谐流露，所谓"言如其人"。

这就是说，口语能力并非单纯技巧的运用。"巧妇难为无米之炊"，说话没有内容，再高妙的技巧也是没有用的。因此，主持人要像海绵那样不断吸取知识以丰富自己，这样才能将充实的内容和娴熟的表达技巧融为一体。

同时，口语表达能力与人的心理素质、思维素质、感受素质密切相关，因此思维训练、心理训练、体态语训练、表现能力训练等也不可忽视。主持人口语表达训练是一个艰苦而充满乐趣的过程，我们要不懈努力，才可能较快地提高口语表达的水平。

四、演讲口才

详见第二章"演讲"。

五、辩论口才

详见本章第四节"辩论口才"。

六、公关口才

详见本章第五节"公关口才"。

总之，行业的不同，就会形成不同的行业口才，每一行业的口才又都具有其行业鲜明的特色和具体要求。从事某一行业，只要悉心学习和不断积累本行业的知识，同时广泛涉猎其他门类的相关知识，不断扩大自己的知识储备，加上持之以恒的锻炼和努力，你就会成为一位出色的口才家。

第四节 辩 论 口 才

在人际交往中，每个人都会遇到相异于自己的人，大至思想观念、为人处世之道，小至对某人某事的看法、评论，这些不同程度的差异都会外化成人与人之间的争执与论辩。留心观察我们的周围就会发现，争辩几乎无所不在：一场电影、一部小说、一个特殊事件、某个社会问题都能引起争辩，甚至某人的发式或妆饰也能引起争辩。

从某种意义上看，不同见解的争辩过程就是寻求真理的过程。辩论，就是为了探求真理、坚持真理、维护真理而相互劝说。然而由于论争的双方都想推翻对方的看法，树立自己的观点，因此，辩论和平常说话不同，它是带有"敌意"的语言行为，因而有所谓唇枪舌剑之说。于是，大多数争论留给我们的印象都是不愉快的，容易使我们良好的交际愿望落空。

如果你能够在论辩之前多进行一些思考，在论辩结尾搞好"善后"工作，就能使你在辩论这种特殊的交际场合中，既做到个人心情舒畅，探求了真理，又不伤人际和气。作为职业经理人在工作中不可避免地要遇到与人辩论的情况，如何让对方赞同自己的观点而又不伤和气，是一门需要训练的艺术。在 MBA 面试中，很多学校引进了辩论赛，而清华大学更是辩论赛的典型代表。

辩论赛是许多大学生喜爱的一项侧重于人们言辞表达能力的比赛。然而，不少大学生"爱上层楼"，虽然参赛热情很高，却由于缺乏一定的论辩知识，或赛前不懂得如何正确准备，或赛中不得要领，初次上阵便遭受挫折。因此，掌握一些口才论辩的基本知识显得十分必要。

一、辩论的概念及特点

辩论，也称论辩，就是彼此为了证明自己观点的正确，说服对方，而在语言上展开的直接对抗，最后形成孰是孰非，从而维护自己(组织)的形象。辩论口才就是辩论过程中所展示出来的语言表达能力。

辩论是语言的艺术、思维的艺术。辩论集思辨性、知识性、社会性、竞争性(征服性)、团队性于一体。

辩论是不同观点的碰撞，它以征服为目的——或者征服对方，或者被对方征服。

辩论是机变性极强的高级口语表达形式，只有富有逻辑力量的论辩语言才能使对方心悦诚服。在《三国演义》中，诸葛亮就是巧借逻辑的雄辩力量"舌战群儒"而使吴主孙权主战的。诸葛亮先用刘备"博望烧屯，白河用水，使夏侯惇、曹仁之辈心惊胆战"的战绩作为反驳论据，驳斥了江南"第一谋士"张昭所谓"曹兵一出，弃甲抛戈"的虚假论据；接着列举了汉高祖刘邦虽出身卑微，然而却击败了秦国的许多名将，围歼了"霸王"项羽，"终有天下"，从而驳倒了儒生陆绩的"织席贩履之夫"刘备不足与相国后裔曹操抗衡的论题；最后，诸葛亮用"必有一假"的矛盾论，指出了匡扶宇宙之才"必按经典办事"论题的虚伪性，使得那些主降的"江东英俊"，或是"默默无语"，或是"满面惭愧"，或是"低头丧气而不能对"，从而揭开了赤壁之战的序幕。

辩论总是围绕双方都重视并感兴趣的事件(物)进行的，针对性很强，目的也很明确：让对方同意并接受自己的观点。如果双方的着眼点不在同一事物上，就不会发生辩论。

辩论一般是当场进行的语言活动,思辨、判断、应对必须迅速、敏锐,这就要求双方的语言必须尽可能简洁。前苏联首任外交部长莫洛托夫出身贵族,一次,在联合国大会上,英国工党的一名外交官向他挑衅说:"你是贵族出身,我家祖辈矿工,我们俩究竟谁能代表工人阶级?"莫洛托夫不慌不忙地从座位上站起来,走向讲台。这时气氛异常紧张,不料莫洛托夫只说了一句话:"对的,我们俩都当了叛徒。"简单的一句话,就让对方目瞪口呆、哑口无言。

辩论并非是所有的辩手们择业的首要砝码,事实上,不少人选择了自己的专业和最大的爱好:参加过国际或全国大专辩论赛的蒋昌建做了老师,严嘉、季翔做了律师,林正疆集教师和律师为一身,王慰卿投身公务员,马朝旭当了外交官。还有不少人选择了留学海外,如王惠、顾凌云、周玄毅等。

大学生活期间,大学生可以通过辩论赛的锻炼,提高自己的思辨能力、反应能力和口语表达能力,丰富自己的学习生活。但现实生活的主调并不是辩论,作为在校大学生,应该清楚地认识到:辩论是辩论,生活是生活。

二、辩词的撰写要求

1. 自己动手写辩词

为便于开拓思路,撰写辩词前可以请教练或其他人进行必要的辅导,也可以适当阅读一些辩词加深对辩词的形式感受,以形成自己的"辩词意识"。但是,自己的辩词一定要自己来写,因为写辩词的过程,既是消化、内化辩论战务的过程,也是进一步强化认识、反复修订完善战略的过程。通过自己动手写辩词,会激活自己的思维和已有的知识储备,体味辩词是否具有"杀伤力"。写得顺畅,说明自己对问题的认识是清楚的,有把握的。无论写得好与否、顺利与否,最终效果在辩论的赛场上自然会显现出来。辩词撰写完毕后,辩手也可以请人审读,让人提意见;给人读,看别人的反映;但是,修改时一定要自己修改,不可以请人代改,这样才做到了知己。

2. 把握时间的分配

辩论场上陈词时间是有限制的,因此,陈词的撰写务必要考虑时间的分配问题。如何开头,怎么结尾,核心内容是什么,各部分需要安排多少时间、占多大比例才是合适的,问题才能说清楚,均需要认真谋划,仔细分配。由于考虑到辩场上的情况变化而适时改变、增减内容,一般一篇陈词不可写满,应该留出 30~40 秒的时间,以便到场后再作补充或进行处理。3 分钟的陈词按一般语速来计算,大约有 850 个字。因此,辩手可以在这个基础上适当增减,这样就不会出现超时或者时间用不完的现象。

3. 抓住陈词中的闪光元素

陈词是根据战略文案的要求来写的，它是辩手对战略文案的体现和落实。然而，一篇陈词单要完成和体现战略文案的内容，这是最基本的要求，要力争出彩、出效果才可以有共鸣，才可能出奇制胜。所以辩手必须考虑陈词中闪光的趣味元素、诗词元素和哲学元素。陈词中的这三种元素是闪光点，在实际应用中不仅能使论辩出彩，而且还能够使陈词生辉。

三、辩论赛的一般规则

(一)人员规则

(1) 每场比赛须由主办单位指派会场主席一名，以主持比赛开始及进行。
(2) 每场比赛须由主办单位指派计时员、计分员及招待人员各若干名。
(3) 每场比赛须由主办单位安排三名以上(含三名)单数裁判人员担任裁判工作。
(4) 每场比赛，裁判人员不得中途入席、离席或更换。
(5) 裁判人员须于赛前详阅比赛题目、定义及规则。
(6) 每场比赛，各队出赛人员四名，出赛名单于每场比赛前10分钟向主办单位提出。
(7) 主席宣布比赛开始后15分钟，队员仍未到齐的，视为弃权。

(二)辩论赛程序(由辩论会主席执行)

(1) 开场白。
(2) 队员入场，介绍参赛队及其所持立场，介绍参赛队员，介绍评委及点评嘉宾。
(3) 主席宣布比赛开始。
(4) 主席评判团交评分表后退席评议。
(5) 主席评判团入席，点评嘉宾评析赛事。
(6) 主席宣布比赛结果(包括最佳辩手)。

(三)辩论程序

辩论过程包括四部分：陈词阶段、盘问阶段、自由辩论阶段、总结陈词阶段。辩论过程中要求用普通话进行表述。

1. 陈词阶段

(1) 正、反方一辩发言。
(2) 正、反方二辩发言。
(3) 正、反方三辩发言。

每人 3 分钟,共 18 分钟。

2．盘问阶段

(1) 反方四辩提问。

(2) 正方四辩回答、提问。

(3) 反方三辩回答、提问。

(4) 正方三辩回答、提问。

(5) 反方二辩回答、提问。

(6) 正方二辩回答、提问。

(7) 反方一辩回答、提问。

(8) 正方一辩回答、提问。

(9) 反方四辩回答。

每人 30 秒,共 4 分钟。

3．自由辩论阶段

由正方首先发言,然后反方发言,正反方依次轮流发言(各 4 分钟)。

4．总结陈词阶段

反方四辩总结陈词(4 分钟)。

正方四辩总结陈词(4 分钟)。

(四)辩论时间分配

全场辩论时间总计 40 分钟。

(1) 陈词共 18 分钟。正、反方辩手发言各 3 分钟。

(2) 盘问阶段共 4 分钟。

① 提问用时 10 秒,回答用时 20 秒。

② 各队累计用时 2 分钟。

(3) 自由辩论阶段共 10 分钟。正、反方各用时 5 分钟。

(4) 总结陈词阶段共 8 分钟。正、反方各用时 4 分钟。

(五)辩论规则

1．教练提交材料、发言

(1) 提交材料的时间、内容:在比赛开始前 1 小时,各参赛队应向组委会提交 800 字左右的文字材料(一式六份),材料内容包括本队对立场的分析理解,逻辑框架设计,主要论点、论据，对对方立论的分析等有关辩论的战略、战术。

(2) 发言时间：每方用时 4 分钟。

(3) 发言内容：破题、对辩题双方立场利弊分析，本方战略战术。

(4) 教练陈词采取背对背方式(对方教练及队员回避)。

2. 盘问规则

(1) 每个队员的发言应包括回答与提问两部分。回答应简洁，提问应明了(每次提问只限一个问题)。

(2) 对方提出问题时，被问一方必须回答，不得回避，也不得反驳。

3. 自由辩论规则

(1) 自由辩论发言必须在两队之间交替进行，首先由正方一名队员发言，然后由反方一名队员发言，双方轮流，直到时间用完为止。

(2) 各队耗时累计计算，当一方发言结束，即开始计算另一方用时。

(3) 在总时间内，各队队员的发言次序、次数和用时不限。

(4) 如果一队的时间已经用完，另一队可以放弃发言，也可以轮流发言，直到时间用完为止。放弃发言不影响打分。

(5) 辩论中各方不得宣读事先准备的稿件或展示事先准备的图表，但可以出示所引用的书籍或报刊的摘要。

(6) 比赛中，辩手不得离开座位，不得打扰对方或本方辩手发言。

(六)辩论评判的标准依据

1. 团体部分

(1) 审题：对所持立场能否从逻辑、理论、事实等多层次、多角度理解，论据是否充足，推理关系是否明晰，对本方的难点是否有有效的处理方法。

(2) 论证：论证是否有说服力，论据是否充分，推理过程是否合乎逻辑，事实引用是否得当。

(3) 辩驳：提问能否抓住对方要害，问题是否简单明了。在规定时间内没有提出问题或提问不清，应适当扣分。是否正面回答对方的问题，能否给人以有理有据的感觉。不回答或不正面回答应相应扣分。

(4) 配合：是否有团队精神，是否相互支持，论辩衔接是否流畅，自由辩论时发言是否错落有致。问答是否形成一个有机整体，给对方一个有力打击。

(5) 语言：是否流畅、用词得当，语调是否抑扬顿挫，语速是否适中、是否尊重对方辩友、尊重评委、尊重观众，表演是否得当、落落大方且有幽默感。

2. 个人部分

由评委根据每位辩手在整场比赛中的表现给出印象分，可参考以下三个方面。

(1) 论：陈词是否流畅，说理是否透彻，逻辑性是否强，引用事例是否得当。

(2) 辩：提问是否合适，回答是否中肯，反驳是否有力、有理，反应是否机敏，用语是否得体。

(3) 台风与辩风：台风是否稳健、大方、得体；辩风是否文明、儒雅、幽默。

第五节 公关口才

从上海飞往广州的班机上有两位美籍的金发女郎，人挺漂亮，可一上飞机，态度蛮横，百般挑剔，什么机舱里有怪味，香水不够档次，座位太脏，甚至还用英语骂人。尽管如此，空姐还是面带微笑周到地为她们服务。飞机起飞后，空姐开始为乘客送饮料、点心。两位女郎各要了一杯可口可乐，哪想到还没喝，她们又发作了，将可口可乐一下子泼到了空姐的身上，溅得空姐满身都是。空姐强忍着愤怒，最后还是满脸笑容地把可口可乐瓶恭恭敬敬地递给金发女郎看。

"小姐，您说得对，这可口可乐可能是有问题。可是，这可口可乐是贵国的原装产品。也许贵国这家公司的可口可乐都是有问题的，我很乐意效劳，将这瓶饮料连同小姐的芳名及在贵国的地址一起寄到这家公司。我想他们肯定会登门道歉并将此事在贵国的报纸上大加渲染的。"

两位女郎目瞪口呆，她们知道这事闹大了，说不定回国后这家公司会走上法庭，告她们诋毁公司名誉。一阵沉默之后，她们只好赔礼道歉，说自己太苛刻了，并称中国空姐的服务、微笑是世界一流、无可挑剔的。

这位空姐的话充分展示了一名公关人员的口才特点，机智、敏捷、含蓄、绵里藏针却又合情合理，让人无可挑剔。

从 1904 年，艾维·李创办第一家新闻代理机构，也就是我们现在所说的公共关系顾问的机构雏形开始，到现在 100 多年了。在这 100 多年里，中国公关从 20 世纪 80 年代初到现在，也已经有 20 多年的成长历程了。在百年公关的发展过程中，中国公关作为后起之秀也取得了长足的进步，而且作为公关主要沟通手段的语言表达也逐步形成了有中国特色的公关口才。

一、公关口才的概念

公共关系(Public Relations)主要是指从事组织机构信息传播、关系协调与形象管理事务的咨询、策划、实施和服务的管理职能。

在公共关系活动中，信息是大量运用有声语言媒介进行传播的。其方式有答记者问、与员工谈心、电话交谈、内外谈判、各类演讲和为宾客致迎送辞等。

公共关系口才，简称公关口才，是指公关人员为达到公共关系目标在传播活动中有效运用口头语言表情达意的能力。

二、公关口才的特征

1. 公关意识

公关口才不同于一般的文学语言、数学语言等，它使用的概念内涵里渗透、充满着公共关系的意识。

公关意识是一种综合性的职业意识，它大致由以下几个方面的内容构成：塑造形象的意识、服务公众的意识、真诚互惠的意识、创新审美的意识和立足长远的意识等。公关意识是一名公关人员必须具有的职业意识。

2. 传播沟通

在公关传播沟通过程中，传者与受者之间的信息和情感交流是双向互动的。传者、受者之间通过使用不同的言语不断地进行"输出——反馈"和自我调节机制来实现双向互动的交流，从而达到沟通信息的目的，形成公关实务。

3. 适合语境

语境就是说话的环境，语境有宏观与微观之分。前者指时代、社会、地域、文化传统等，它是公关过程中需要首先考虑的公关前提；后者指交流对象的处境、地位、文化、经历、性格等，它是公关过程中需要具体处理的公关技巧问题。适合的语境往往对公关具有不可忽视的调适作用，一个人要想取得成功的公关，在运用公关语言的过程中必须考虑这两种因素的影响。

4. 繁简适当

语言的繁简是在表达过程中根据表达的需要而确定的，没有固定的规律。公关语言的繁简主要根据语境和目标公众的情况而定。繁简适当能提高信息传播效果，有利于达到公关目的。相反，冗余信息、信息低量或信息超量都是影响公关成败的主要因素。俗话说"一言不当，反目成仇"，这也应当是公关语言表达中必须注意的问题。

5. 热情、庄重、幽默、委婉

语言表达出应有的热情是公关人员运用语言的突出特点。热情的语言会使人感到兴奋，容易引起对方的好感，为迅速与对方进行沟通奠定了必要的感情基础。但是，热情不等于轻浮，更不等于"花言巧语""耍嘴皮子"。

公关语言既要热情，又要庄重。庄重的语言会使公众感到你的信息传播是真实的，是经过深思熟虑的，能够增强公众的信任感。同时，庄重的语言也会使人感到可敬。

公关人员在与目标公众的沟通过程中出现异议或歧义时，幽默的语言会使人感到愉快，而委婉的语言则会使人感到亲切。

三、公关口才的基本功能

公关口才的基本功能有以下三种。

1. 信息传播

公共关系活动的过程主要就是一个组织与公众之间进行信息传播和沟通的过程。

公关口才是面对面的双向沟通，既有对外的信息传递，也有向内的信息输入和反馈。它能最快地了解公众，并从公众口中获得信息，从而为组织收集信息，提供决策依据。

2. 协调沟通

组织内部的团结合作是组织成功的基础，组织外部的理解和支持是组织发展的条件。

公关口才是一种直接的双向沟通，它能畅通信息传播，改善内外关系，影响公众态度，激发公众行为。

3. 形象管理

公共关系是一门经营管理、塑造形象的艺术，树立良好的组织形象是公共关系的主要职能和目标。

公关口才是公共关系塑造组织良好形象的重要手段，是人际传播、沟通信息的重要媒介，是公关工作者的无价之宝。

四、公关口才的表达程式

公关口才的基本表达程式必须具备以下三个条件。

1. 主题

主题是公关口才的核心，是公关表达的方向。确立主题的根据主要有两个方面：一是公关的目的、任务(一般是明确的)；二是公关的对象(对象则往往是多变的)。

2. 材料

在公关活动中，为取得良好的公关效果，必须有可信可佐的事实材料。在实际公关活动中选取材料的方法有四种：纵向扫描法(从历史发展的角度看)、横向拓展法(从事物相互联系的角度看)、纵横交错法(上述两种方法交叉使用)和正反对比法(比较事物或问题的正反两面)。

3. 结构

在日常生活中，我们说话非常注意方式，先说什么，后说什么，往往根据说话主题的需要和人们的接受情况进行安排。公关口才更讲究这种结构的安排，根据说话的程序，公关口才的结构大体可以分为三种：总—分—总式(先讲主题，再加以阐述，最后小结)、分—总式(先说材料，再得出主题)和总—分式(先讲主题，再加以阐述)。

五、公关口才的一般原则

(一)立诚

"诚"在促进公共关系目标的实现上有着奇异的功效，公共关系可以说是以"诚"作为立身之本的。

1. 真诚，即真实而可信

"讲真话""说实话""传真情""如实相告"是对这种含义的一种通俗而简明的说法，它要求社会组织如实地向它的社会公众传递真实而准确可靠的信息。

"讲真话"是公共关系职业的创始人艾维·李于1906年在其发表的《原则宣言》中提出的公共关系思想，并一直是指导公共关系发展的重要原则。公关语言表达只有以这一思想为指导方针，才能赢得公众的信任。

2. 热诚，即热心诚恳

真诚所要求的着眼点是在内容方面，而热诚所要求的着眼点是在语言表达的形式方面。公关口才所指的热诚主要表现在：对公众的尊重和话语的恳切礼貌，言行一致、真心实意地为公众着想。

真实可信的内容加上热心诚恳的表达形式，语言交际就能达到理想的效果。公关语言所要表达的热忱，归根结底，可以说是公关人员忠于组织和公众双方利益而在态度、说话上的一种自然流露。

(二)切境

切境，就是要求语言运用与所处的特定环境相切合、相适应。只有在语言运用和环境相适应时才能获得好的沟通效果；否则，即使话语的意思再好，也难以达到预想的目标。

1. 语境——语言运用的制约因素

所谓语言环境，也称语境(Context of Situation)，就是语言交际所处的现实环境或具体情景。

语言环境有广义与狭义之分，前者指社会、地域、文化、传统等(宏观)，以及交流对象的处境、地位、文化、经历、性格、特点等(微观)。狭义的语境，即具体的言语语境，是指"前言后语、上文下文"。在运用公关语言的过程中，我们必须考虑这两种因素的影响。

2. 语境——因素制约作用举隅

1) 对社会、文化背景的思考

特定的社会环境、历史背景、文化特征往往会赋予语言除本身以外的特殊的附加意义和功能，从而对语言交际产生重要的影响。

2) 注意交际的时间、地点和场合

这种适应关系主要表现在依据一定的时空条件和场合特点来选择语言表达手段，确定话语成品的总体规模和所传递的信息量。

3) 注意交际对象的特点

公关语言运用必须重视交际对象的特点，根据对象特点选择恰当的语言表达形式是一种更为直接的制约因素。

(三)得体

公关口才是否得体，关系到组织形象的确立。笼统地说，所谓得体，就是言语运用得准确、得当、恰如其分。实用基础上的平实语言风格，用语色彩的中性化倾向，话语表达上的恰如其分，互尊互益前提下的文明、庄重色彩，是公关口才语言得体的主要标准。

(四)有效

公关语言是否言之有效，是判断公关成败的主要方面。衡量公关语言的效果有四个层次，即信息层次、感情层次、态度层次、行为层次。在这四个不同层次上，只要语言运用达到了该层次所要达到的目的，那么就会获得所需要获取的交际效果。

六、公关口才的表达方式

1. 叙述式

叙述是公关口才最基本的表达方式之一。它以人物的活动、事件的进行和物体的存在与变化为表述对象，以表述人、事物的活动和变化的具体过程来说明一个问题或一个道理。

从叙述的目的要求上分，叙述有详细叙述(一种接近原始材料的叙述)、简要叙述(根据叙述的目的和要求对原始材料加以浓缩概括，然后用简明扼要的语言叙述出来的一种口语表达方式)、入角叙述(站在听众的立场上，从听众的角度进行叙述的表达方式)三种方式。

2. 描述式

描述式，是把客观事物的特征及其形态具体、细致地描绘给别人听的一种口才表达方式。

从描述方式上看，描述有观察描述(边看边说或看后就说)、回忆描述(对此时不在身边或过去的人和事进行回忆，把记忆中的东西用描述的方法说出来)和想象描述(以观察或记忆的某些材料为基础，通过想象和联想，创造出一种新的、符合描述要求的材料，然后用口语把它描绘出来)三种方式。它的任务是表述一定事物的形、声、色、态的具体状貌，将其特点乃至本质告诉倾听者。

3. 说明式

说明式是一种介绍性或解说性的口语表达方式。其作用是说明事物，解释事理。说明方式常用的有定义说明、诠释说明、比喻说明等九种。

4. 说理式

说理式是以议论为主的口语表达方式。它运用概念、判断和推理的逻辑论证方式，阐述事理，辨明是非，表明说话者的观点，揭示客观事物的本质和规律。这种说理方式有与议论文相同的三个要素：论点、论据和论证。公关人员要以理服人，就必须掌握说理的方法和技巧。

说理式的公关口才分为立论和驳论两种形式，在口语表述上要达到准确性、鲜明性和生动性三个要求。说理的方法很多，这里不一一介绍。

七、公关口才的语言特点

1. 语言幽默

幽默的含义是有趣或可笑且又意味深长。幽默是思想、学识、品质、智慧和机敏在语言中综合运用的结果。幽默语言是运用意味深长的诙谐语言抒发情感、传递信息，以引起听众的快慰和兴趣，从而感化听众、启迪听众的一种艺术手法。

在公共关系实务中，幽默语言是事业成功的润滑剂，是一件法宝。应用幽默语言应注意：格调要高雅，应用要切合时机、场合和对象。

2. 委婉含蓄

委婉也叫"婉转""婉曲",是指谈话者在交谈中不直陈本意,而应用迂回曲折的语言暗示的方法。含蓄,就是不作正面说明而用曲折隐约的话把意思表达出来。

委婉含蓄是语言交际中的一种"缓冲"方法,它能使本来难以应付的问题变得轻而易举,变得轻松愉快。因此,有人称委婉含蓄是公共关系语言中的"软化"艺术。委婉含蓄的表达方法有很多,需要我们在实践中体会应用,这样才能使我们的公关口才"惠于心而秀于口"。

在本节开始所举的例子中,空姐的回答就是采用了委婉含蓄表达方式中的先承后转法。这个方法就是先把对方的话题承接下来,并表示一定程度的赞同,以缓解对方的强硬态度,然后再进行转折——改变对方的某些看法,使对方愿意接受。

3. 富有哲理

富有哲理是指应用哲言、名言、警句来论述或说明问题的方法。哲言和警句反映了人们对于自然、社会以及人生的深刻认识和理性上的高度概括。它闪烁着哲理的光芒,能给人以简洁、凝练、深远、高雅的美感,能令人回味,发人深省,使人受到强烈的感召和启迪。在公关活动中恰当地使用富有哲理的语言,能让公关活动产生不可辩驳、令人信服的力量。

公关口才是一门综合性的语言表达艺术,但掌握这门艺术并不是一朝一夕的事,只有掌握了公关口才的基础知识,并努力在公关实践中不断总结、提高,做一个事业上的有心人,再加上自己的学习和努力,才能取得成功的公关效果。

思考与练习

1. 什么是口才?
2. 口才的基本要素有哪些?
3. 形成优秀的口才需要具备哪些基本素质?
4. 辩论口才的特点是什么?简述辩论赛的一般规则。
5. 简要叙述公关口才的特征及一般原则。

第二章 演 讲

学习要求

了解演讲的概念、本质、特点和分类，掌握演讲稿的特点、写法及要求，会写一般的英语演讲稿。

2004年11月28日，《北京青年报》《京华时报》等众多媒体以"面试副局长，首次考演讲"为标题报道了北京市 2004 年公开选拔副局级领导干部的活动。与前五次"公开选拔"不同，这一次在"公开选拔"时对考生综合素质的面试中增加了演讲的内容，这个做法引起了社会的极大关注。据组织者介绍，这个做法重点是要考察考生的逻辑思维能力、语言表达能力、感召力和工作思路。

从这个报道中我们可以看出，演讲能力已越来越成为用人单位考察个人能力的一种手段。虽然我们在今后的工作中不一定会去做专门的演讲家，但是一个拥有演讲能力的人在语言表达技巧、逻辑思维能力和感染力上确实会比其他人更胜一筹。会演讲，的确会让一个人拥有更多自信、更多从容，更有亲和力和说服力，当众沟通及私下谈话都会变得更加轻松和有效；会演讲，无疑会让一个人显示出更加优秀的素质。

但从这次考试的情况来看，考官在考后表示："应考者水平的高低，在开口几分钟后就已能看出个大概，时间再多也没有用……"也就是说，应考者的演讲水平普遍并不理想。我们常说，机会永远青睐于有准备的人，作为生活在当今社会中的一员，我们有必要掌握一些演讲的技巧和方法，做一个有准备的人。

第一节 演 讲 概 述

一、演讲的概念

演讲(Speech or Presentational Speaking)又叫讲演、演说。演讲是一种对众人有计划、有目的、有主题、有系统的、直接的带有艺术性的社会实践活动，也可被视为"扩大的"沟通(Expanded Conversation)。

演讲是演与讲的有机结合。它是一种在特定的时空环境中，演讲者凭借有声语言和相应的体态语言，郑重地、系统地发表见解和主张，从而达到感召听众、说服听众、教育听众的艺术化的语言交际形式。

"演"与"讲"在演讲实践活动中，在传递信息的时候，并不是平分秋色、各占一半的。二者虽然需要和谐统一，但不是一加一等于二的统一，而是以"讲"为主，以"演"为辅，互相交织、互相渗透、互相促进的统一。在这里，"讲"是起主导作用，起决定因素的；而"演"则必须建立在"讲"的基础上，否则它就失去了存在的意义。如果平分秋色或颠倒了这一关系，也就不称为演讲了。所以，只有既"讲"且"演"，以"讲"为主，以"演"为辅，既是听觉的，又是视觉的，兼有时间性和空间性艺术特点的综合的现实活动，才是演讲的本质属性。这是演讲区别于其他现实口语表达形式和艺术口语表达形式的关键所在。

二、演讲的本质

演讲是人类的一种社会实践活动，鼓动性、现实性、适应性和艺术性是它的主要特征。整个演讲活动必须具备演讲者(主体)、听众(客体)、沟通主客体的信息，以及主、客体同处一起的时境(时间环境)四个条件，这四者缺一不可。也就是说，离开任何一个条件，都构不成演讲活动。但是，仅仅具备这四个条件也不足以揭示出演讲的本质属性。因为任何一种带有艺术性的活动，都有其自己独特的物质传达手段，形成自己特殊的规律，揭示着自身活动的本质特点。演讲活动自然也不例外，演讲者要想发表自己的意见，陈述自己的观点和主张，从而达到影响、说服、感染他人的目的，就必须通过与其内容相一致的传达手段。

演讲的传达手段主要有：有声语言、体态语言和主体形象。

1. 有声语言(讲)

有声语言是由语言和声音两种要素构成的，是在演讲活动中传递信息、表达思想最主要的媒介和物质表达手段。它是演讲者思想感情的载体，以流动的方式，运载着演讲者的主张、见解、态度和感情，将其传达给听众，从而产生说服力、感召力，使听众受到教育和鼓舞。

我们对有声语言的要求是：吐字清楚、准确，声音清亮、圆润、甜美，语气、语调、声音、节奏富于变化，要注意形式美和声音美。它具有时间艺术的某些特点，是听众听觉接受对象和欣赏对象。

2. 体态语言(演)

体态语言就是演讲者的姿态、动作、身姿、手势、表情等，它是流动着的形体动作，辅助有声语言承载着思想和感情，诉诸听众的视觉器官，使听众产生与听觉同步的效应，加强了有声语言的表达效果。

由于演讲是流动的，因此，它存在于一瞬间，转眼即逝，这就要求它准确、鲜明、自然、协调和优美，要有表现力和说服力。这样，才能在具备"能感受形式美的眼"的听众心里引起美感，并得到启示。它具有空间艺术的某些特点，是听众视觉接受对象和欣赏对象。然而，体态语言虽然增强了有声语言的感染力和表现力，弥补了有声语言的不足，但如果它离开了有声语言，就没有直接、独立地表达思想情感的意义了。

需要指出的是，有声语言也好，体态语言也好，它们既不同于其他现实生活中的有声语言和体态语言，因为它们都带有一定的艺术性，也不同于舞台艺术中的有声语言和体态语言，因为它们不是纯艺术的。

3. 主体形象

演讲者是以其自身出现在听众面前进行演讲，它必然以整体形象，包括形体、仪表、着装、发型、举止神态等直接诉诸听众的视觉器官。而整个主体形象的美与丑、好与差，在一般情况下，不仅直接影响着演讲者思想感情的表达，而且也直接影响着听众的心理情绪和美感享受。这就要求演讲者在自然美的基础上，要有一定的艺术美。而这种艺术美，是以演讲者本人为依托的现实的艺术美，它不同于舞台艺术的性格化和表演化的艺术美。这就要求演讲者在符合演讲特定的活动前提下，衣着要朴素、自然、轻便、得体，举止、神态、风度要潇洒、大方、优雅，只有这样，才有利于思想感情的表达，有利于取得演讲的良好效果。

三、演讲的特点

演讲是一种言语表现，但并非所有言语表现都是演讲，演讲有其独有的特点，具体如下。

1. 现实性

演讲属于现实公众活动范畴，不属于艺术活动范畴，它是演讲者通过对社会现实的判断和评价，直接向广大听众公开陈述自己的主张和看法的现实活动。

2. 艺术性

这里的艺术性是现实活动的艺术。演讲为了达到启迪心智、感人肺腑的目的，需要借助一些艺术的表现手段创造艺术感染力。演讲的艺术性在于它具有文学特征、朗诵艺术色彩和富有感召力的体态语言，从而形成了统一的整体感和协调感，即演讲中的各种因素(语言、声音、表演、形象、时间、环境)形成一种相互依存、相互协调的美感。同时，演讲还具备戏剧、曲艺、舞蹈、雕塑等艺术门类的某些特点，并将其与演讲融为一体，形成具有独立特征的演讲活动。

3. 鼓动性

演讲活动一向被喻为是进行宣传教育、政治斗争的有力武器，人们通过演讲来宣传真理、统一思想、赢得支持，从而引导他人的行为。所以说，没有鼓动性，就不成为演讲，其主要原因有以下四点。

(1) 一切正直的人们都有追求真善美的渴望，演讲者传播了真善美，自然会引起共鸣，激励和鼓舞听众。

(2) 演讲者以自己炽烈的感情去引发听众的感情之火，容易达到影响听众的目的。

(3) 演讲者的形象、语言、情感、体态以及演讲词的结构、节奏、情节等均能抓住听众的心。

(4) 演讲的直观性使其与听众直接交流，极易感染和打动听众。可以说，是否具有鼓动性是演讲成功与否的一个标志。

4. 工具性

演讲是一门科学，更是一个工具，是人们交流思想的工具。任何思想、任何学识、任何发明和创造，都可以借助演讲这个工具来传播。可以说，演讲是最经济、最实用、最方便的传播工具，任何人都可以利用它。

5. 针对性

演讲是一种社会实践活动，它所面对的听众也是社会的成员。因此，演讲应具有社会现实的针对性，要与时俱进。演讲者的观点来源于对现实社会生活的归纳和提炼，只有这样，演讲才有说服力、感召力，才能引人深思、发人深省。

6. 适应性

演讲的内容包罗万象，社会生活事无巨细，古今中外纵横千里，它适合于不同背景、不同文化层次、不同职业、不同身份、不同种族、不同阅历的所有人；同时，它不受时空、设备等限制，可以随时随地进行。因此，演讲是具有很强适应性的宣传教育形式之一。

四、演讲的作用

演讲作为一种社会实践活动，在公关实务活动和社会生活中，是较为常用的一种口头人际传播方式。它之所以从古到今发展得越来越兴旺，就因为它有着不可估量的社会作用和社会价值。

1. 演讲是一种重要的宣传手段

演讲是一种重要的宣传手段，它可以祛邪扶正，倡导正确的舆论，促进社会文明发展。人类社会的文明史、发展史在一定程度上就是真善美与假恶丑的斗争史，而演讲历来是这种斗争的主要工具之一。古今中外，一切正义的演讲家都是利用演讲这一武器来宣传真理，唤醒民众，推动社会进步的。我国商代盘庚为了迁都所作的演讲，将旧都比作被砍倒的树木，把新都比作刚生出的新芽，使民众深刻认识到了迁都的意义而欣然接受，实现了迁都的伟大壮举。1775 年，美国演讲家帕特里克·亨利在弗吉尼亚州会议上发表了激励人心的抗英演讲，迅速地唤起了千百万人民坚定地投身到斗争中。他的"不自由，毋宁死"的名言，至今仍教育着广大民众为自由而战。可见，正义的演讲可以启人心智，传播文化，宣传真理，祛邪扶正，把人类社会推向理想境界。

2. 演讲是一种重要的交际工具

演讲是一种重要的交际工具，它可以进行道德教化，培养高尚的道德情感，促进人类的文明建设。演讲者在演讲时，总是用正确的道德情感来感染和影响听众，从而培养听众的情感，诸如爱国主义情感、国际主义情感、集体主义情感、革命英雄主义情感等。古罗马统帅恺撒被以布鲁图斯和卡西乌斯为首的密谋者刺杀，布鲁图斯为了掩盖其不可告人的罪行，在当众演讲中颠倒是非，恶毒地诋毁恺撒是暴君、独裁者，轻信的听众便一致叫喊"杀得好"。而恺撒生前的执政官安东尼在演讲中历陈了恺撒的功绩，证明他是宽厚的君主，他友善、真诚的情感影响了听众的情感，使民众转变了原来的成见，并愤怒地烧了布鲁图斯的家。由此可见，演讲对培养、影响听众的情感作用之大。

3. 演讲是一种重要的舆论引导方式

演讲是一种重要的舆论引导方式，它可以增强人们的意志，唤起听众的行动和实践。一次成功的演讲，除了启迪人心、传播真理和培养情感外，最重要目的是增强人们的意志，唤起听众的行动和实践，使之投身于改造主、客观世界的实践活动中。我国伟大的民主主义革命先行者孙中山先生在致力于民主革命的 40 年间，始终以演讲为武器，启迪和呼唤民众投身于民主革命。后来许多参加辛亥革命的老人回忆道，他们之所以参加辛亥革命，就是因为听了孙中山先生激动人心的演讲。

实际上，演讲的功能是非常复杂的、多样的。就一次演讲来说，往往总是同时具有多种功能，只不过是有所侧重而已。而事实上，演讲的功能和作用是紧密相连、相互包容、相辅相成的。

第二节　演讲的分类

演讲的类型多种多样，它的分类方法没有固定的规定，但每种分类都必须从同一角度出发，采用同一标准。探讨演讲的分类，了解各种演讲的性质与特点、区别与联系，是演讲学研究的一个重要课题，对人们参加演讲实践具有一定的指导意义。

根据演讲活动的性质和特点，可以把演讲分成如下类型。

一、从演讲的内容上分类

从演讲的内容上分，演讲主要有政治演讲、生活演讲、学术演讲、法庭演讲、宗教演讲等。

1. 政治演讲

凡是为了一定的政治目的或出于某种政治动机，就某个政治问题以及与政治有关的问题而发表的演讲均属政治演讲。它包括外交演讲、军事演讲、政府工作报告、各种会议上的总结报告、政治评论、就职演说、集会演讲、宣传演讲等。

政治演讲的特点是：具有鲜明的思想性、严密的逻辑性和强烈的鼓动性。

2. 生活演讲

生活演讲是指演讲者就社会生活中存在的各种问题、风俗、现象而作的演讲，它表达了演讲者对这些问题的看法、见解和观点。这种演讲涵盖的内容更加广泛，如亲情友谊、悼贺(悼词、贺词)、迎送(欢迎词、欢送词)、祝酒词、答谢等均属此类。

3. 学术演讲

学术演讲是指演讲者就某些系统、专门的知识和学问而发表的演讲，一般指学校或其他场合的专题讲座、学术报告、学术发言、学术评论、科学讨论、科学报告或信息报告、学位论文的答辩等。它必须具有内容的科学性、论证的严密性和语言的准确性三大要素，这是与其他类型演讲的一大区别。

学术演讲的特点是：深刻的论证、高度的逻辑修养、严谨的语言风格，同时还有一系列专门的术语。

4. 法庭演讲

法庭演讲是指公诉人、辩护代理人在法庭上所作的演讲，以及律师的辩护演讲。它主要包括检察官的演讲(起诉词)、律师的演讲(辩护词)、社会起诉词、社会辩护词、被告的自我辩护等。

法庭演讲有其突出特征：公正性和针对性。

5. 宗教演讲

宗教演讲是指宗教神职人员在教堂宣传宗教教义、教规、讲授宗教故事或一切与宗教仪式、宗教宣传有关的激发宗教热情的演讲。它主要包括布道演讲(布道词)和一些宗教会议演讲，例如神甫、牧师等面对教徒们所作的训祷等。这种演讲在我国的影响不大，听演讲和作演讲的人都不多。

宗教演讲的基本特征是语言通俗、事例丰富、精神感染力强，其典型的特征是进行伦理道德方面的说教。

二、从演讲的表达形式上分类

从演讲的表达形式上分，演讲主要有命题演讲、即兴演讲和论辩演讲等。

1. 命题演讲

命题演讲即由别人拟定题目或演讲范围，并经过一定时间的准备后所作的演讲。它包括两种形式：全命题演讲和半命题演讲。全命题演讲的题目一般是由演讲组织部门来确定的。例如，某大学搞"青年志愿者在行动"主题演讲，为了让演讲者各有侧重，分别拟了《做一个文明的青年志愿者》《志愿行动，为社会亮起彩旗》《从一点一滴做起》三个题目，并给了三个演讲者，要求以此组织材料，准备演讲。半命题演讲是指演讲者根据演讲活动组织单位限定的范围，自己拟定题目进行的演讲。例如，2005年10月，中国美院第三届校园文化艺术节开幕式暨2005新生演讲比赛，就是以"青年·责任·未来"为演讲范围，具体题目自拟。

命题演讲的特点是：主题鲜明、针对性强、内容稳定、结构完整。

2. 即兴演讲

即兴演讲即演讲者在事先毫无准备的情况下就眼前场面、情境、事物、人物等临时起兴发表的演讲，如婚礼祝词、欢迎致辞、丧事悼念、聚会演讲等，它要求演讲者要紧扣主题，抓住由头，迅速组织语言，言简意赅。

即兴演讲的特点是：有感而发、时境感强、篇幅短小。

3. 论辩演讲

论辩演讲是指由两方或两方以上的人们因对某个问题产生不同意见而展开面对面的语言交锋。其目的是坚持真理、批驳谬误、明辨是非。比如，我们生活中常见的法庭论辩、外交论辩、赛场论辩，以及每个人都曾经历过的生活论辩等。论辩演讲较之命题演讲、即兴演讲更难一些，它要求演讲者必须具备正确的思想、高尚的品质、严密的逻辑性、较强的应变能力。

论辩演讲的突出特点是：针锋相对、短兵相接。

演讲的分类是由客观现实生活所决定，并为客观现实生活服务的。正如卡耐基所言："生命力、活力、热情是演讲者首先需要具备的条件。听众的情绪完全受演讲者左右。""最成功的演说家，他们的成功也就在于此：它们在特殊的时刻里绽放，如罕开的玫瑰，不多时便又凋谢不见；可是听众享受到的愉悦却绵绵不绝。"(卡耐基《语言的突破》)

第三节 演讲稿的写作

演讲是一种具体的社会实践活动，其有形的语言载体形式就是演讲稿。好的演讲者必定需要好的演讲稿。"巧妇难为无米之炊"，音质再好的歌手也无法将一首曲调驳杂刺耳的歌曲唱得人人喜欢；同样，技巧再好的演讲者也无力将肤浅空洞的内容演绎得天花乱坠。很多时候，人们过于追求太显眼、太技巧化的成分，反而忘了最实质的内容，这正是很多演讲者失败的原因。我们应当注意技巧，但演讲的内容同样不可忽视。好的演讲稿可以帮助演讲者加深对主题、内容的理解和熟悉，拓展思维，增强语言表现力；同时还可以恰当地把握演讲时间，做到心中有数，有助于消除紧张情绪。

演讲大师们的演讲，如果除去他们演讲时的怡人风采，除去演讲场面的热烈气氛，只看那些凝固成文字的演讲稿，就足以让人振奋。演讲不仅要从形式上吸引人，更需要从内容上打动人。同样，语言的力量不仅体现在如何说，还应体现在说什么。写出一篇好的演讲稿，让你的语言闪现出思想的光芒、迸发出智慧的火花，你就成功了一半。

一、演讲稿的概念

演讲稿是就一个问题对听众说明事理、发表见解和主张的讲话文稿，又称演(讲)说词或讲演稿。它是人们在宣传活动和工作交流中的一种常用文体，经常用于群众集会和某些公共场所，包括各种会议上的讲演、致辞、开幕词、闭幕词以及欢迎词、欢送词、贺词、祝酒词等。

二、演讲稿的分类及特点

前面我们已根据演讲的性质和特点对演讲进行了分类，作为演讲的语言载体形式，演讲稿与演讲是相对应的。

(一)演讲稿的特点

演讲稿不同于一般的文学创作,它有其独有的特点,下面将逐一介绍。

1. 针对性

演讲是一种社会活动,是用于公众场合的宣传形式。它为了以思想、感情、事例和理论来晓谕听众、打动听众以及"征服"听众,必须有现实的针对性。所谓针对性,首先是作者提出的问题是听众所关心的问题,评论和论辩要有雄辩的逻辑力量,要能为听众所接受并心悦诚服,这样才能起到应有的社会效果;其次是要懂得听众有不同的对象和不同的层次,写作时要根据不同场合和不同对象为听众设计不同的演讲内容。

2. 口语性

口语性是演讲稿区别于其他书面表达文章和会议文书的重要方面。书面性文章无须多说,其他会议文书如大会工作报告、领导讲话稿等,并不太讲究口语性,虽然由某一领导在台上宣读,但听众手中一般也有一份印制好的讲稿,一边听讲一边阅读,不会有什么听不明白的地方。而演讲稿就不同了,它有较多的即兴发挥,不可能事先印好讲稿发给听众。为此,演讲稿必须讲究"上口"和"入耳"。所谓上口,就是讲起来通达流利。所谓入耳,就是听起来非常顺畅,没有什么语言障碍,不会发生曲解。具体要做到的是:把长句改成适听的短句,把倒装句改为常规句,把听不明白的文言词语、成语加以改换或删去,把单音节词换成双音节词,把生僻的词换成常用的词,把容易误听的词换成不易误听的词,这样才能保证讲起来朗朗上口,听起来清楚明白。例如,在一次公安部门的演讲会上,一个公安战士讲到他在执行公务中被歹徒打瞎了一只眼睛时,歹徒说这下子他可成了"独眼龙",可是这位战士伤愈之后又重返第一线工作了。讲到这里,他拍了一下讲台,大声说:"我'独眼龙'又回来了!"会场里的听众立即报以热烈的掌声。

3. 鼓动性

演讲是一门语言的艺术,好的演讲自有一种激发听众情绪、赢得好感的鼓动性。要做到这一点,首先要做到演讲稿的思想内容丰富、深刻,见解精辟、有独到之处、发人深省,语言表达要形象、生动,富有感染力。如果演讲稿写得平淡无味、毫无新意,即使在现场"演"得再卖力,效果也不会好,甚至会相反。

4. 现场性

演讲活动是演讲者与听众面对面的一种交流和沟通,听众会对演讲内容及时作出反应:或表示赞同,或表示反对,或饶有兴趣,或无动于衷。演讲者对听众的各种反应不能置之不顾,因此,写演讲稿时,要充分考虑它的现场性,在保证内容完整的前提下,要注意留有伸缩的余地，要充分考虑到演讲时可能出现的种种问题，以及应付各种情况的对策。总之，演讲稿要具有弹性，要体现出必要的控场技巧。

(二)演讲稿的分类

根据演讲的性质和特点对惯用的演讲稿作如下分类介绍。

1. 政治类演讲稿

政治类演讲稿是指政治家或代表某一权力机构的要员阐述政治主张和见解的演讲稿。各级领导的施政演说、新当选的领导人的就职演说、政治家的竞选演说等都属于这一类型。著名的范例有林肯在葛底斯堡的演讲、丘吉尔在美国圣诞节的即兴演讲以及马丁·路德·金的《我有一个梦》的演讲等。

政治类演讲稿有以下三大特点。

(1) 话题的政治性。这类演讲所涉及的内容往往是重大的政治问题，关系到国家、政党、民族以及改革、和平与进步等。演讲者要表明自己的政治倾向，宣传自己的政治观点，力求正确把握历史的发展方向。

(2) 内容的鼓动性。这类演讲是为一定的政治目的服务的，通过演讲，让听众了解自己的施政纲领或政治观点，从而获得理解和支持，这是最基本的演讲目的。因此，这类演讲都要具备强烈的鼓动性、感召力和说服力。

(3) 严谨的逻辑性。政治鼓动类的演讲稿在提出问题、分析问题、解决问题的过程中，要显示出无懈可击的逻辑性，只有这样才能使听众口服心服，才能赢得听众的理解和支持。

2. 生活类演讲稿

生活类演讲稿是针对现实生活中人们存在的各种问题、风俗、现象而作的演讲，它表达了演讲者对这些问题的看法、见解和观点，以真切的事实、有力的论证、充盈的感情来讴歌真善美，鞭挞假恶丑，引导听众树立正确的人生观、世界观，激励听众为崇高的理想、事业而奋斗。这类演讲稿的内容更加广泛，如亲情友谊、悼贺(悼词、贺词)、迎送(欢迎词、欢送词)、祝酒词、答谢等均属此类，最适用于演讲比赛、主题演讲会、巡回报告等。

生活类演讲稿有以下特点。

(1) 时代性。生活类演讲稿所涉及的内容大都是现实生活中比较突出的问题，都具有浓郁的时代气息。撰写这类演讲稿时，要把握时代精神，如实宣传现实生活中的新人、新事、新思想、新风尚。

(2) 劝导性。生活类演讲的目的是劝说、引导和警示，让人们在人生的道路上走好每一步。为此，演讲者要站在特定的立场上，通过大量翔实的材料，具体、生动地阐明自己的观点，使听众在不自觉中受到感染，并引起思想上的共鸣，形成实践上的行为。

(3) 生动性。生活类的演讲，并不是用抽象的说教方式把自己的观点强加于人，而是运用具体、生动的事例和形象直观的表达，去打动听众、感染听众，使之自觉自愿地接受演讲者的观点。

3. 学术类演讲稿

学术类演讲稿是传播、交流科学知识、学术见解及研究成果的演讲文稿。随着科学事业的发展和经济建设的需要，国内外学术交流活动日益增多，学术演讲或学术报告也越来越多。不仅专业科学技术工作者要参加各种各样的学术活动，进行学术演讲，一些机关、企事业单位的领导也要经常参加学术类的活动，也要成为科学技术方面的内行。因此，学术演讲稿具有广泛的应用范围。

学术类演讲稿具有下列特点。

(1) 学术性。所谓学术性，首先，是指讨论的问题是科学的，而不是社会性的；其次，是对某一学科领域中的现象或问题的系统剖析和阐述，能够揭示事物的本质及其发展的客观规律。

(2) 创造性。所谓创造性，就是对科学问题有独特的发现和独到的见解，要在前人研究的基础上有所前进，而不是原地踏步。因此，学术类演讲不能泛泛地讲一般的知识，而要有自己的新材料、新观点、新见解。

(3) 通俗性。学术演讲具有很强的专业性，它要涉及许多有关复杂抽象的科学道理和不易被一般人所理解的专业术语，这样就给听众对演讲内容的理解造成了一定困难。另外，演讲这种口头传播方式稍纵即逝，听众不能像阅读文章那样可以反复咀嚼，这样也影响了传播的效果。为此，撰稿时演讲者要对某些专业知识进行必要的注解，要把抽象深奥的科学道理表达得深入浅出、通俗易懂。

4. 法庭类演讲稿

法庭类演讲稿是特指公诉人、辩护代理人在法庭上所用的演讲稿、律师的辩护演讲稿。它主要包括检察官的演讲(起诉词)、律师的演讲(辩护词)、社会起诉词、社会辩护词、被告的自我辩护等。

5. 宗教类演讲稿

宗教类演讲稿特指一切与宗教仪式、宗教宣传有关的演讲稿。它主要包括布道演讲(布道词)和一些宗教会议演讲。

三、演讲稿的写法和基本要求

(一)演讲稿的结构

演讲稿的构成因素主要有主旨、题材、材料等。通常一篇演讲稿"最多只能讲两三个问题,而且这两三个问题还得很紧密地在逻辑上串联起来,以层层推演的方式,一环扣一环地展开。这时最忌讳的是平面罗列:甲乙丙丁、1234 或 abcd。尤其成为大忌的是先亮论点,后举例子。这只能使听众停止思考,甚至昏昏欲睡。分散的论点和被动的(亦即无分析的,不能发展论点的)例子,无异于催眠曲。"而"在演讲比赛中,尤其要求集中论点,因为时间的限制更大"。(孙绍振《关于演讲稿的写作》)

演讲稿结构的一般模式就是古希腊亚里士多德所认定的"三一律"。它由意义各不相同的三个部分即开头、正文、结尾所组成。

"三一律"概括了任何演讲稿结构的形式特点。从形式上看,这三个部分各自独立,各有各的意义和作用;从内容上看,则是统一的,是同一个主题、题材和材料在不同部位的表现,要达到的是同一个目的。这里,开头处演讲稿的重要位置,应该力求迅速引起听众的注意,力避拖沓、冗长和客套;结尾则在于使整个演讲给听众留下一个完整、清晰的概念,力求做到揭示题旨、加深认识、促人深思、耐人寻味,文字不可过长。

(二)演讲稿的写法

1. 确定主题,选择材料

1) 根据演讲活动的性质与目的来确立主题

所谓主题,就是演讲的中心话题。演讲稿的撰写必须在一个有社会或科学价值、有现实意义或学术意义的特定问题中展开,否则将是无的放矢。

演讲者总是根据演讲的性质、目的来确定选题。若被邀请作学术演讲,演讲者就应该介绍自己最新的研究成果或自己掌握的最新的学术信息,这样的话题才最具有学术性;如果是在思想教育性的演讲活动上作演讲,就应该针对现实中最新鲜的现象和听众最关心的问题发表见解;就连竞选演说和就职演说,也要以把握住听众的理想和愿望来选题。

2) 根据演讲主题与听众情况来选择材料

材料是演讲稿的血肉,材料的选择和使用在演讲稿的写作过程中是一个重要的环节。

首先,要围绕主题筛选材料。主题是演讲稿的思想观点,是演讲的宗旨所在。材料是主题形成的基础,又是表现主题的支柱。演讲稿的思想观点必须靠材料来支撑,材料必须能充分地表现主题,有力地支持主题。所以,凡是能充分说明、突出、烘托主题的材料就应选用,否则就舍弃,要做到材料与观点的统一。另外,还要选择那些新颖的、典型的、真实的材料，使主题表现得更深刻、更有力。

其次，要考虑到听众的情况。听众的思想状况、文化程度、职业状况以及心理需求等，都对演讲有制约作用。因此，选用的材料要尽量贴近听众的生活，这样，不仅容易使他们心领神会，而且听起来也会饶有兴味。一般而言，对青少年的演讲应形象有趣，寓理于事，举例要尽量选择他们所崇拜的人和有轰动效应的事；对工人、农民的演讲，要生动风趣、通俗浅显，尽可能列举他们周围的人和发生在他们中间的事作例子；而对知识分子的演讲，使用材料则必须讲究文化层次。

2. 精心安排好开头、主体和结尾

不同类型、不同内容的演讲稿，其结构方式也各不相同，但结构的基本形态都是由开头、主体、结尾三部分构成。各部分的具体要求如下。

1) 开头要先声夺人，富有吸引力

演讲稿的开头也叫开场白，犹如戏剧开头的"镇场"，在全篇中占据重要地位。开头的方式主要有如下几种。

(1) 开门见山，提示主题。这种开头不绕弯子，直奔主题，开宗明义地提出自己的观点。例如，1941年李卜克内西在《在德国国会上反对军事拨款的声明》的开头就说："我投票反对这项提案，理由如下。"宋庆龄在《在接受加拿大维多利亚大学荣誉法学博士学位仪式上的讲话》的开头说："我为接受加拿大维多利亚大学荣誉法学博士学位感到荣幸。"

(2) 介绍情况，说明根由。开头向听众报告一些新发生的事实，比较容易引起人们的注意，吸引听众倾听。例如，1941年7月3日斯大林在《广播演说》的开头说："希特勒德国从6月22日向我们祖国发动的背信弃义的军事进攻，正在继续着。虽然红军进行了英勇的抵抗，虽然敌人的精锐师团和他们的精锐空军部队已被击溃，被埋葬在战场上，但是敌人又从前线调来了生力军，继续向前闯进……我们的祖国面临着严重的危险。"

(3) 提出问题，引起关注。通过提问，引导听众思考一个问题，并由此造成一个悬念，引起听众欲知答案的期待。例如，曲啸的《人生·理想·追求》就是这样开头的："一个人应该怎样对待自己青春的时光呢？我想在这里同大家谈谈我的情况。"弗雷德里克·道格拉斯于1854年7月4日在美国纽约州罗彻斯特市举行的国庆大会上发表的《谴责奴隶制的演说》，一开讲就能引发听众的积极思考，把人们带到一个愤怒而深沉的情境中去："公民们，请恕我问一问，今天为什么邀我在这儿发言？我，或者我所代表的奴隶们，同你们的国庆节有什么相干？《独立宣言》中阐明的政治自由和生来平等的原则难道也普降到我们的头上？因而要我来向国家的祭坛奉献上我们卑微的贡品，承认我们得到并为你们的独立带给我们的恩典而表达虔诚的谢意么？"

开头的方法还有很多，其余方法将在第四章"演讲应用技巧"中再作补充。总之，无论采用什么形式的开头,都要做到先声夺人,富有吸引力。

2) 主体部分要环环相扣,层层深入

演讲稿的主体要环环相扣,层层深入,步步推向高潮。所谓高潮,即演讲中最精彩、最激动人心的段落。在主体部分的行文上,要在理论上一步步说服听众,在内容上一步步吸引听众,在感情上一步步感染听众。要精心安排结构层次,层层深入,环环相扣,水到渠成地推向高潮。在行文的过程中,要处理好层次、节奏和衔接等几个问题。

(1) 层次。层次是指演讲稿思想内容的表现次序,它体现着演讲者思路展开的步骤,也反映了演讲者对客观事物的认识过程。演讲稿结构的层次是根据演讲的时空特点对演讲材料加以选取和组合而形成的。由于演讲是直接面对听众的活动,所以演讲稿的结构层次是听众无法凭借视觉加以把握的,而听觉对层次的把握又要受限于演讲的时间。那么,怎样才能使演讲稿结构的层次清晰明了呢?根据听众以听觉把握层次的特点,显示演讲稿结构层次的基本方法就是在演讲中树立明显的有声语言标志,以此适时诉诸听众的听觉,从而获得层次清晰的效果。演讲者在演讲中反复设问,并根据设问来阐述自己的观点,就能在结构上环环相扣,层层深入。此外,演讲稿用过渡句,或用"首先""其次""然后"等语词来区别层次,也是使层次清晰的有效方法。

(2) 节奏。节奏是指演讲内容在结构安排上表现出的张弛起伏。演讲稿结构的节奏主要是通过演讲内容的变换来实现的。演讲内容的变换是在一个主题思想所统领的内容中,适当地插入幽默、诗文等内容,以便使听众的注意力既保持高度集中而又不因为高度集中而产生兴奋性抑制。优秀的演说家几乎没有一个不擅长使用这种方法的。演讲稿结构的节奏既要鲜明,又要适度。平铺直叙,呆板沉滞,固然会使听众紧张疲劳,而内容变换过于频繁,也会造成听众注意力涣散。所以,插入的内容应该为实现演讲目的服务,而节奏的频率也应该根据听众的心理特征来确定。

(3) 衔接。衔接是指把演讲中的各个内容层次联结起来,使之具有浑然一体的整体感。由于演讲的节奏需要适时地变换演讲内容,因而也就容易使演讲稿的结构显得零散。衔接是对结构松紧、疏密的一种弥补,它使各个内容层次的变换更为巧妙和自然,使演讲稿富于整体感,有助于演讲主题深入人心。演讲稿结构衔接的方法主要是运用与两段内容、两个层次有联系的过渡段或过渡句。

3) 结尾要简洁有力,余音绕梁

结尾是演讲内容的自然收束。言简意赅、余音绕梁的结尾能够使听众精神振奋,并促使听众不断地思考和回味;而松散疲沓、枯燥无味的结尾则只能使听众感到厌倦,并随着时过境迁而被遗忘。怎样才能给听众留下深刻的印象呢?美国作家约翰·沃尔夫说:"演讲最好在听众兴趣到高潮时果断收束,未尽时戛然而止。"这是演讲稿结尾最为有效的方法。在演讲处于高潮的时候，听众的大脑皮层高度兴奋，注意力和情绪都由此而达到最佳状态，如果在这种状态中突然结束演讲，那么保留在听众大脑中的最后印象就特别深刻。

结尾或归纳，或升华，或希望，或号召，方式很多。好的结尾应收拢全篇，卒章显志、干脆利落、简洁有力，切忌画蛇添足、节外生枝。

(三)演讲稿写作时的注意事项

1. 了解受众，有的放矢

演讲稿是讲给别人听的，因此，写演讲稿首先要了解听众对象：了解他们的思想状况、文化程度、职业状况如何；了解他们所关心和迫切需要解决的问题是什么等。否则，不看对象，演讲稿写得再好，演讲得再天花乱坠，听众也会感到索然无味，无动于衷，因而也就达不到宣传、鼓动、教育或欣赏的目的。

2. 观点鲜明，感情真挚

演讲稿观点鲜明，显示着演讲者对一种理性认识的肯定，显示着演讲者对客观事物见解的透辟程度，能给人以可信性和可靠感。而演讲稿观点不鲜明，就缺乏说服力，也就失去了演讲的作用。

"从喷泉里出来的都是水，从血管里出来的都是血。"(鲁迅语)演讲稿还要有真挚的感情，才能打动人、感染人，有鼓动性。

美国著名政治家林肯有一句著名的政治格言："你能在所有的时候欺瞒某些人，也能在某些时候欺瞒所有的人，但不能在所有的时候欺瞒所有的人。"讲得就是无哗众取宠之心，有实事求是之意，感情真切，这也应当是演讲者的座右铭。

因此，演讲稿要求在表达上注意感情色彩，把说理和抒情很好地结合起来。既有冷静的分析，又有热情的鼓动；既有所怒，又有所喜；既有所憎，又有所爱。当然，这种深厚动人的感情不是硬"挤"出来的，而且要发自肺腑的，就像泉水喷涌而出。诗人贺拉斯指出："只有一条路可以打动人们的心，就是向他们显示你自己首先已经被打动了。"

3. 行文变化，富有波澜

影响演讲稿的要素很多，有内容，有安排，也有听众的心理特征和认识事物的规律。如果能掌握听众的心理特征和认识事物的规律，恰当地选择材料，安排材料，也能使演讲在听众心里激起波澜。换句话说，演讲稿要写得有波澜，主要不是靠声调的高低，而是靠内容有起有伏，有张有弛，有强调，有反复，有比较，有照应。

第二章 演讲

第四节 英语演讲稿的写作

随着中国改革开放步伐的逐步加快，各种类型的英语口语大赛在校园内外越来越盛行。赢得此类比赛不仅是为学校乃至选手来自的省、市、地区争得荣誉，对选手自身的发展也有着极其重要的意义。

中国现在初具规模并形成历年传统的英语口语大赛绝大部分还只限于在校大学生的竞争范畴。例如，历时最长、最正式、最具权威性的"21世纪·爱立信杯"全国大学生演讲比赛，由中国日报社主办，历时九届，以高素质的选手和专业的评委著称，但形式稍显单一，九年来定题演讲、即兴演讲和即席问答的三步流程从未变过；"CCTV杯"演讲大赛，由中央电视台第九套和外语教学与研究出版社联合主办，同样权威，并且由于在中央电视台转播而采取了辩论、面试、游戏等多样的形式，并邀请各界名流作为嘉宾来吸引观众的眼球；具有八年历史的"外研社杯"英语辩论赛，正由曲高和寡而转向逐年流行，并且由于近两年采用了英国议会式辩论而与国际大赛接轨；而不限选手年龄身份的比赛，较正式并有一定声望的就是"希望之星"英语风采大赛了，由中央电视台第十套主办，形式多样，选手分各年龄段组参赛。

众多的口语比赛最早产生的目的是为一些国际性的英语口语大赛在中国区选拔参赛选手。这些国际性大赛包括：伦敦ESU(English Speaking Union)演讲大赛(21世纪杯演讲赛为其中国区选拔赛)以及国际英语辩论赛、澳洲大学生辩论赛、亚洲大专英语辩论赛(外研社杯辩论赛及 CCTV 杯演讲赛为其选拔赛)。譬如，中央电视台的名嘴芮成刚、国际频道的一线主播刘欣、凤凰卫视的当家花旦陈鲁豫都是当年从此类比赛中脱颖而出的。

将英语口语作为基本交流技能的今天，各类口语大赛的流行不仅给我们提供了升级口语能力的机会，而且为我们的个人学习以及今后事业的发展都带来了良好的机遇。英语演讲稿的水平高低取决于演讲者的英语素质高低，但是，绝对不是英语水平高的人就能写出震撼人心的好稿子。

一、英语演讲稿的写作要求

1. 根据听众对象，明确演讲的总体措辞

英语演讲的总体措辞是严肃一些还是活泼一些，是有较明显的说教口气还是用平等的口吻等，都需要根据听众对象而定。一般情况下，如果场下听众是同龄的学生，那么演讲的内容只要风趣一些往往就能引起共鸣。但是，如果听众大多是上了年纪的教师，太多的笑料反而会被认为"不严肃""不尊重"而引起反感。所以，英语演讲应注意总体的

措辞。

用英语演讲时，表达中不要用太多的"I feel""I think"。老是用"I"，显得演讲者十分主观、狭隘。如果通篇全是"I feel""I think"的内容，更会让人觉得缺乏说服力。另外，"perhaps""maybe"这样的词语，虽然有"客气""谦虚"的成分，但使用太多会让人觉得你演讲的内容有不可靠之处，削弱了演讲的可信度。

此外，在英语演讲中，尽量要少用"you"，多用"we"。因为用"you"等于把演讲者自己与听众对立了起来，而用"we"则拉近了演讲者与听众的距离。比如：You should not smoke．听上去像教训人，相反如果用 Let's not smoke 表达，就让人听起来是一个不错的建议，容易让人接受。

2. 英语演讲要以短取胜，切忌无原则的长篇大论

英语演讲应该简洁扼要、直截了当，除非特别需要，一般不要采用中文中的那种迂回曲折的表达形式。据有关专家统计，一般人的注意力一次只能集中约 13 分钟。所以，演讲时间以 10~15 分钟为宜。美国总统林肯所作的著名的《葛登斯堡演说》，虽然全文只有短短 200 多个单词，却有振奋人心、扭转乾坤般的力量。其中"of the people, by the people, for the people"(民有、民治、民享)已成为不朽佳句。

其实，我们大学生练习写演讲稿时，可以从短处着手，从 4~5 分钟、500~600 个词、围绕一个主题开始练习。譬如，就每个主题写一段一分钟左右(视整体时间而定，一般占总时间的 1/2~1/3)的"段子"，表达方式要完全用记叙。最好是自己学习和生活当中的趣事，要有一定的教育意义，如果自己实在没有，就找与自己密切相关的朋友生活中的趣事。随着英语表达能力的不断提高和个人知识的不断丰富，可以根据主题需要不断丰富演讲词的内容，以期达到更有说服力和感染力。

二、英语演讲稿的语言特征

1. 多用实词和短句，少用结构复杂的长句

在英语演讲中"and""but""so""then"等虚词要尽量少用，"that""which"等词引导的定语从句也只会使句子结构变得复杂，而使听众难以跟上演讲者的思路，从而影响演讲的效果。相反，多使用实词、短句，可使演讲内容更清晰，气势更磅礴。

中国学生在紧张的时候说英语十分容易拖音，这是万万要不得的。演讲中，宁可停顿的时间长一些，或者加上一些"Well""You know"之类的发语词(组)，也要尽可能地避免拖音现象。

2. 英语演讲要注意使用各种修辞手法，来增加演讲的感染力和气势

英语演讲中常用的修辞手法有：渐进(Climax)、对照(Antithesis)、排比(Parallelism)、警句(Epigram)等。例如：

That government of the people, by the people, for the people shall not perish from the earth. (排比)

这个民有、民治、民享的国家将不会从地球上消失。

United, there is little we can not do; divided, there is little we can do. (对照)

团结，我们便将无所不能；分裂，我们则会一事无成。

Let every nation know, whether it wishes us well or ill, that we shall pay any price, bear any burden, meet any hardship, support any friend, oppose any foe to assure the survival and the success of liberty. (对照和渐进)

让世界各国都知道，无论对我们怀有好感与敌意，我们将付出任何代价，肩负任何重任，面对任何艰辛，支持任何朋友，反对任何敌人，以确保自由的生存与成功。

What we should fear most is the fear itself. (警句)

我们最应恐惧的是恐惧本身。

Ask not what your country can do for you, ask what you can do for your country. (对照)

不要问你们的国家能为你们做些什么，而要问你们能为你们的国家做些什么。

设想一下，假如在我们的演讲中能融入上述这样运用得当的修辞手法，那我们的演讲将会变得多么有力与动人。

三、英语演讲稿的基本结构

从大的方面看，英语演讲词实际上是属于一种特殊的说明文或议论文，其基本结构主要包括称呼、论题、论证、结论和结尾五部分。

1. 开始时对听众的称呼语

开始时对听众最常用的称呼语是"Ladies and gentlemen"，也可根据不同情况选用"Fellow students""Distinguished guests""Mr. Chairman""Honorable Judges"(评委)等。称呼的使用关键是要看现场的听众构成，这相当于中文演讲中的"分析听众"。

2. 提出论题

由于受演讲的时间限制，英语演讲必须开门见山，提出论题。提出论题的方法有多种，但最生动、最能引起听众注意的是举例法。比如：你要呼吁大家关心贫穷地区的孩子，你可以用亲眼看到的或者收集到的那些贫穷孩子多么需要帮助的实例开始。另外，用

具体的统计数据也是一个有效的引出论题的方法。比如：你要谈遵守交通规则的话题，你可以从列举一系列有关车辆、车祸等的数据开始等。

3. 论证

对提出的论题，不可主观地妄下结论，而应进行客观条理的逻辑论证，这是演讲中最需要下功夫的部分。关键是要针对演讲主题把道理讲清楚。英语演讲中常见的论证方法有举例法、因果法和对比法等，写作时可参照英语议论文的有关写法和要求。

4. 结论

英语演讲的结论要简明扼要，用词简约，反映主题，以便给听众留下深刻印象。

5. 结尾

结尾要简洁，不要啰里啰唆、说个没完。特别需要注意的是，不要受汉语的影响，说些类似"准备不足，请谅解""请批评指正"这样的废话，这容易引起听众的反感。

最普通的结尾就是：Thank you very much for your attention.

思考与练习

1. 演讲的概念是什么？演讲有什么特点？演讲的本质是什么？演讲有哪些分类？
2. 演讲稿的特点是什么？怎样写演讲稿？
3. 英语演讲稿的基本结构是怎样的？

第三章 口才训练技巧

学习要求

了解养成良好语言习惯的基本要求，掌握口语的表达技巧和各种常用口才的训练技巧，重点掌握社交口才、面试口才和辩论口才的训练技巧。

第一节 养成良好的语言习惯

口才作为一种重要的社交能力，将直接决定某人与他人成功相处与协作的能力，而这种相处与协作的能力又直接影响着其在人生道路上的成败。因此，把口才视为人生道路成败的决定因素之一，是非常恰当的。哈佛大学的职业辅导局曾研究过成千上万被解雇的青年男女的失业原因，发现其中的 1/3 是因为不能胜任工作而被解雇的，另外的 2/3 是因为不能很成功地与人相处而失去工作机会的。

一位英国文化官员告诫我国国内一些希望在外资企业求职的青年们说："请务须牢记，要让你们外国上司或同事的得力助手知道，作为当地人，你们所具有的关于中国、国家、人民和语言的知识，是最不可放弃的优势。"大多数人对自己的说话在习惯、语音语调方面都只有纯自我的感觉，这种感觉常发生失误。如果把自己日常生活中的语言录下再放出来听，很容易找到不尽如人意之处。所以很好地掌握母语，也就是说中国话的能力是养成良好语言习惯的前提。许多人在学习外语时很舍得花工夫模仿所谓的标准语音，却忽视了本国语言的重要性，不会说像样儿的普通话，或者在中文的表达中夹杂一串英语单词，并且意识不到这是语言缺陷的一种表现，这是十分可怕的。因为良好的语言习惯是形成优秀口才的必要条件，很难想象，一个连话都说不好的人会有好口才。

形成个人良好的语言习惯，决非一蹴而就之举，它需要自信、刻苦努力和持之以恒的毅力。不要小看任何一种习惯的力量，播下一个行为，收获一个习惯；播下一个习惯，收获一种品德；播下一种品德，收获一种命运。人的一天有 1440 分钟，将其中的 1%——仅仅 14 分钟，用于思考和锻炼，并养成习惯，你的语言表达水平将会有一个惊人的提高。

良好的语言习惯，一方面是指不犯语法错误，表达流利，用词得当，言之有物；另一方面是指说话方式要恰当，如发音清晰、语调得体、声音自然、音量适中、语速适宜等。说话时如果俚语不断，口头禅满篇，如同病句、破句一样，都是语言修养不高的表现。这里只对说话方式作一介绍。

1. 发音清晰

发音清晰，咬字准确，对一般人来说不是十分困难。但是，有些人由于发音器官的缺陷，个别音素发音不准，如果严重影响了人们理解，或影响讲话的整体质量，应少用或不用含有这个音素的字或词。当然，如果有办法矫正，应该努力矫正，不要采取消极的方法。古希腊演说家德摩斯梯尼口含鹅卵石练出了一副伶俐口齿的故事对我们就是一个很好的启示。

2. 语调得体

无论是哪一种语言，对各种句式都有一定的语调规范。得体的语调应该是起伏而不夸张，自然而不做作。在语言交流和表达过程中，富于感情变化的抑扬顿挫总比生冷平板的语调感人，容易让人接受。

中国的语言有着丰富的表达内涵，有些同样的句子用不同的语调处理，可表达不同的感情，收到不同的效果。例如：有人说"我刚丢了一份工作"，使用不一样的反问语调"是吗？"作答，可以表达出吃惊、烦恼、怀疑、嘲讽等各种意思。如果在交流过程中不注意这些细节，往往会造成一些意想不到的伤害或尴尬，从而影响交流效果。

3. 声音自然

在日常生活中，有的人快人快语，有的人斯文慢语，不同的表达会让人产生不同的心理感受，会对交流造成不同的影响。要养成良好的语言习惯，平日说话要用真嗓门，声调不高不低，不失自我，这样不仅听起来亲切自然，而且有利于缓解紧张情绪。

4. 音量适中

音量以保持听者能听清为宜。一般情况下，适当放低声音总比高嗓门听起来顺耳，不分时宜地喊破嗓门不一定会收到好的效果。喃喃低语是没有自信的表现，而嗓门太亮，既影响周围，又有咄咄逼人之势，这两种音量都是不可取的。

5. 语速适宜

适宜的语速并不是从头到尾用一成不变的速度和节奏，而是要根据内容的重要性、难易度、语调的高低及对方的注意力情况来调节语速和节奏。说话时节奏适宜地减缓比急迫的机关枪式的节奏更容易让人接受。

除了以上几个方面外，还应注意一个很容易破坏语言意境的现象——过分地使用语气词、口头语。例如，老是用"那么""就是说""嗯"等引起下文，或者在英语的表达中使用太多的"well""and""you know""OK"及故作姿态的"yeah"等，不仅有碍于语言的连贯性，还容易引人生厌。

一个人只要有坚定的信心和持之以恒的毅力，在思想上重视、时间上有保证、行为上有落实，就一定会养成良好的语言习惯。有了良好的语言习惯，逐渐形成良好的语言修养，我们就离优秀的口才不远了。

第二节　口才训练方法

口才并不是一种天赋的才能，它是靠刻苦训练得来的。古今中外，历史上一切口若悬河、能言善辩的演讲家、雄辩家，他们的口才无一不是通过刻苦训练而获得的。

美国前总统林肯为了练习口才，徒步 30 英里，到一个法院去听律师们的辩护词，看他们如何论辩，如何做手势，他一边倾听，一边模仿。他听到那些云游八方的福音传教士挥舞手臂、声震长空的布道，回来后也学他们的样子。他曾对着树、树桩、成行的玉米练习口才。

日本前首相田中角荣，少年时曾患有口吃症，但他不被困难所吓倒。为了克服口吃练就口才，他常常朗诵、慢读课文，为了准确发音，他对着镜子纠正嘴型和舌根的部位，严肃认真、一丝不苟。

我国早期的无产阶级革命家、演讲家萧楚女，更是靠平时的艰苦训练，练就了非凡的口才。萧楚女在重庆国立第二女子师范教书时，除了认真备课外，每天天刚亮就跑到学校后面的山上，找一处僻静的地方，把一面镜子挂在树枝上，对着镜子开始练演讲，从镜子中观察自己的表情和动作。经过这样的刻苦训练，他掌握了高超的演讲艺术，他的教学水平也很快提高了。1926 年，30 岁的他就在毛泽东同志主办的广州农民运动讲习所工作，他的演讲至今受到世人的推崇。

我国著名的数学家华罗庚，不仅有超群的数学才华，而且也是一位不可多得的"辩才"。他从小就注意培养自己的口才，学习普通话，他还背了唐诗四五百首，以此来锻炼自己的"口舌"。

这些名人与伟人为我们训练口才树立了学习的榜样，我们要想练就一副过硬的口才，就必须像他们那样，一丝不苟，刻苦训练。正如华罗庚先生在总结练"口才"的体会时所说的："勤能补拙是良训，一分辛苦一分才。"

练口才不仅要刻苦，还要掌握一定的方法。科学的方法可以使你事半功倍，加速口才的形成。当然，由于每个人的学识、环境、年龄等的不同，练口才的方法也会有所差异，但只要选择最适合自己的方法，加上持之以恒的刻苦训练，那么你就会在通向"口才家"的大道上迅速成长起来。

下面将介绍几种符合大学生特点的、简单、易行、见效的口才训练方法。

一、速读法

"读"指的是朗读,是用嘴去读,而不是用眼睛去看。顾名思义,"速读"也就是快速地朗读。速读法的优点是不受时间、地点、人员的约束。

这种训练方法的目的是锻炼人口齿伶俐,语音准确,吐字清晰。

速读法的训练技巧与要求如下。

找一篇演讲词或一篇文辞优美的散文,先查字典把文章中不认识或弄不懂的字、词查出来,排除朗读障碍,然后开始朗读。一般开始朗读的时候速度较慢,逐次加快,一次比一次读得快,最后达到你所能达到的最快速度。

读的过程中不要有停顿,发音要准确,吐字要清晰,要尽量达到发声完整。因为如果发声不完整,速度加快以后,就会让人听不清楚你在说些什么,也就失去了快的意义。我们的"快"必须建立在吐字清楚、发音干净利落的基础上。大家都听过体育节目解说专家宋世雄的解说,他的解说就很有"快"的功夫。宋世雄解说的"快",是快而不乱,每个字、每个音都发得十分清楚、准确,没有含混不清的地方。

二、背诵法

背诵的主要目的在于锻炼我们的口才。我们要求的背诵,一是要"背",二是还要求"诵"。背诵法训练的目的有两个:一是培养记忆能力,二是培养口头表达能力。

记忆是练口才必不可少的一种素质,没有好的记忆力,要想培养出口才是不可能的。只有大脑中充分地积累了知识,你才可能脱口而出、滔滔不绝。如果大脑中是一片空白,任你伶牙俐齿,也无济于事。记忆与口才一样,它并不是一种天赋的才能,后天的锻炼对它同样起着至关重要的作用,"背"正是对这种能力的培养。

"诵"是对表达能力的一种训练,它要求在准确把握文章内容的基础上进行声情并茂的表达。

背诵法不同于前面讲的速读法,速读法的关键在"快"上,而背诵法的关键在"准"上。背诵的演讲词或文章一定要准确,不能有遗漏或错误的地方,而且在吐字、发音上也一定要做到准确无误。

背诵法的训练技巧如下。

第一步,先选一篇自己喜欢的作品。

第二步,对选定的材料进行分析、理解,体会作者的思想感情。这需要我们逐句逐段地进行分析,推敲每一个词、句,从中感受作者的思想感情,并激发自己的感情。

第三步,对所选的作品进行一些艺术处理,比如找出重音、划分停顿等,这些都有利于准确表达内容。

第四步，进行背诵。在背诵的过程中，也可分步进行。首先，进行"背"的训练，也就是先将文章背下来。在这个阶段不要求声情并茂，只要能达到熟练记忆就行。在背的过程中，自己要进一步领会作品的格调、节奏，为准确把握作品打下更坚实的基础。其次，在背熟文章的基础上进行大声朗诵。将作品大声地背诵出来，并随时注意发声是否正确，而且要带有一定的感情。最后，用饱满的情感，准确的语言、语调进行背诵。

这里的要求是准确无误地记忆文章，准确地表达作品的思想感情。比如，我们要背诵高尔基的《海燕》，首先我们就应明白，这是篇散文诗，它是在预报革命的风暴即将来临，讴歌的是海燕——无产阶级革命战士的形象，整篇散文诗都是热烈激昂的，表达了革命者不可遏制的爱憎分明。那么在朗诵《海燕》时就要抓住这个基调，同时还应对作品进行一些技巧上的处理，比如划分段落、确定重音、停顿等。平平淡淡、没有波澜、没有起伏、一调到底的朗诵是不会成功的。

三、练声法

练声也就是练声音，练嗓子。在生活中，我们都喜欢听那些饱满圆润、悦耳动听的声音，而不愿听干瘪无力、沙哑干涩的声音。因此，锻炼出一副好嗓子，练就一腔悦耳动听的声音，是我们必做的工作。

(一)练声法训练技巧

第一步，练气。俗话说"练声先练气"，气息是人体发声的动力，就像汽车上的发动机一样，它是发声的基础，气息的大小对发声有着直接的关系。气不足，声音无力；用力过猛，又有损声带。所以我们练声，首先要学会用气。

吸气：吸气要深，小腹收缩，整个胸部要撑开，尽量把更多的气吸进去。我们可以体会一下，闻到一股香味时的吸气法。注意吸气时不要提肩。

呼气：呼气时要慢慢地进行，要让气慢慢地呼出。因为我们在演讲、朗诵、论辩时，有时需要较长的气息，那么只有呼气慢而长，才能达到这个目的。呼气时可以把上下两齿基本合上，留一条小缝让气息慢慢地通过。

学习吸气与呼气的方法很多，最基本的是，你可以每天到室外、操场等去做这种练习，做深呼吸，天长日久定会见效。

第二步，练声。我们知道，人类语言的声源是在声带上，我们的声音是通过气流振动声带而发出来的。

在练发声以前，先要做一些准备工作：先放松声带，用一些轻缓的气流振动它，让声带有点准备，发一些轻而缓慢的声音，千万不要张口就大喊大叫，那只能对声带起破坏作用。这就像我们在做激烈运动之前，要做些准备动作一样，否则就容易使韧带拉伤。

声带活动开了，还应在口腔上做一些准备活动。我们知道，口腔是人的一个重要的共鸣器，声音的洪亮、圆润与否与口腔有着直接的联系，所以不要小看了口腔的作用。

(二)口腔活动练习方法

第一，进行张、闭口的练习，活动嚼肌，也就是面皮。这样，等到练声时嚼肌运动起来就轻松自如了。

第二，挺软腭。这个方法可以用学鸭子叫作"gā、gā"声来体会。

人体还有一个重要的共鸣器，那就是鼻腔。有人在发音时，只会在喉咙上使劲，根本就没有用上胸腔、鼻腔这两个共鸣器，所以声音单薄，音色较差。但一定要注意，平日说话时如果只用鼻腔共鸣，那么也可能造成鼻音太重。

特别注意的是，练声时千万不要在早晨刚睡醒时就到室外去练习，那样会使声带受到损害。特别是室外与室内温差较大时，更不要张口就喊，那样冷空气进入口腔后，会刺激声带。

第三，练习吐字。只有发音准确无误、清晰、圆润，吐字才能"字正腔圆"。

每个字都是由一个音节组成的，而一个音节又可以把它分成字头、字腹、字尾三部分。从语音结构来分，大体上可以说字头就是我们所说的声母，字腹就是我们所说的韵母，字尾就是韵尾。

吐字发声时一定要咬住字头。有一句话叫"咬字千斤重，听者自动容"，说的就是这个意思。所以我们在发音时，一定要紧紧咬住字头，这时嘴唇一定要有力，把发音的力量放在字头上，利用字头带响字腹与字尾。

字腹的发音一定要饱满、充实，口形要正确。发出的声音应该是立着的，而不是横着的；应该是圆的，而不是扁的。如果处理得不好，就容易使发出的声音扁、塌、不圆润。

字尾，主要是归音。归音一定要完整，也就是不要念"半截子"字。当然字尾也要能收住，不能把音拖得过长。

如果我们能按照以上的练习要求去做，那么你的吐字一定圆润、响亮，你的声音也就会变得悦耳动听了。

这里再向大家提供一些其他的辅助练习方法。

(1) 深吸一口气，然后数数，看能数到多少。

(2) 跑 20 米左右，然后朗读一段课文，尽量避免喘气声。

(3) 按字正腔圆的要求读下列成语。

  英雄好汉 兵强马壮 争先恐后 光明磊落 深谋远虑 果实累累

  五彩缤纷 心明眼亮 海市蜃楼 优柔寡断 源远流长 山清水秀

(4) 读下面的绕口令。

① 八面标兵奔北坡，炮兵并排北坡炮；炮兵怕把标兵碰，标兵怕碰炮兵炮。

② 哥挎瓜筐过宽沟，赶快过沟看怪狗；光看怪狗瓜筐扣，瓜滚筐空怪看狗。

③ 洪小波和白小果，拿着箩筐收萝卜。洪小波收了一筐白萝卜，白小果收了一筐红萝卜。不知是洪小波收的白萝卜多，还是白小果收的红萝卜多。

四、复述法

复述法就是把别人的话重复叙述一遍。复述法训练的目的在于锻炼人的记忆力、反应力和语言的连贯性。

复述法的训练技巧如下。

选一段长短合适、有一定情节的文章，最好是小说或演讲词中叙述性强的一段，然后请朗诵较好的同学进行朗读，最好能用录音机把它录下来。然后听一遍复述一遍，反复多次地进行，直到能完全把这个作品复述出来。这种练习的目的绝不仅仅在于背诵，而在于锻炼语言的连贯性。如果能面对众人复述就更好了，这样可以锻炼你的胆量，克服紧张心理。

开始时，只要能把基本情节复述出来就可以，在记住原话的时候，可以用自己的话把意思复述出来；第二次复述时就要求不仅是复述情节，而且要求能复述一定的人物语言或描写语言；第三次复述时，就应基本准确地复述出人物的语言和基本的描写语言，逐次提高要求。

在进行这种练习之前，最好能根据自己的实际情况和所选的文章，制定一个具体的要求。比如，选了一段共有 10 句话的文章，那么第一次复述时就要把基本情节复述出来，并能把几个关键的句子复述出来；第二次就应该能复述出 5～7 个句子；第三次就应能复述 8～10 个句子。当然，速度进展得越快，也就说明你的语言连贯性和记忆力越强。

开始练习时，最好选句子较短、内容活泼的材料进行，这样便于把握、记忆、复述。随着训练的深入，可以逐渐选一些句子较长、情节较少的材料进行练习。这样由易到难，循序渐进，效果会更好。这个训练有时显得很烦琐、麻烦，甚至是枯燥乏味，这就需要我们有耐心与毅力，要知难而进，勇于吃苦，不怕麻烦。没有耐心与毅力，那么我们将注定是一事无成的。

五、描述法

简单地说，描述法就是把你看到的景、事、物、人用描述性的语言表达出来。

描述法比以上几种训练法更进了一步，这里没有现成作品做自己的练习材料，而是要求自己去组织语言进行描述。所以，描述法训练的主要目的就在于训练语言组织能力和语言的条理性。

无论是演讲还是说话、论辩都需要有较强的组织语言的能力，组织语言的能力是口语表达能力的一项基本功。

描述法的训练技巧如下。

选一幅画或一个景物作为描述的对象。

第一步，对要描述的对象进行观察。比如，我们所要描述的对象是秋天的小湖边，那么我们就要观察这个湖的周围都有些什么。有树？有假山？有凉亭？还是有游人？并且树是什么样子，山是什么样子？凉亭在这湖光山色、树影的衬托下又是什么样子？这秋天里的游人此时又该是一种什么心情？这一切都需要我们用自己的眼睛去观察，用自己的心去体会。只有有了这种观察，描述才有基础。

第二步，描述。描述时一定要抓住景物的特点，要有顺序地进行。其要求是：抓住特点进行描述。语言要清楚、明白，要有一定的文采。千万不要描述成流水账，平平淡淡，一定要用描述性的语言，尽量生动、活泼一些。要讲究顺序，不要东一句、西一句的。描述出的东西，让人听了以后能知道自己所描述的到底是什么景物。描述的时候允许有联想与想象。比如，你观察到秋天的湖边有一位白发苍苍的老爷爷，孤独地坐在树荫下，你就可能有一种联想，你可能想到了自己的爷爷，也可能想到这个老人的生活晚景，还可能想到"夕阳无限好，只是近黄昏"这样的诗句……

此外，如角色扮演法、讲故事法等，都是训练口才的有效办法。

训练口才的方法很多，并不仅限于以上几种，而且同学们在练口才时，一定也会总结出一些适合自己的训练方法。只要选定的方法对练口才有益、有效，就不失为一种好的方法。另外，同学们也不要仅仅拘泥于一种方法，不妨找几种适合自己的方法，见缝插针，相信这种综合训练收效会更大。

第三节　口语表达技巧

一、重音运用

在生活中，我们经常运用重音，重音在生活中必不可少。例如，"这篇文章的大意是什么"，"大意"是大概的意思，如果把"意"轻念，就是"粗心"的意思。所以，重音具有区别词意的作用，读重读轻表达的意思不一样。

(一)重音的分类

重音可分为以下三种。

(1) 语法重音：是按句子的语法规律重读的音。

(2) 逻辑重音：是根据演讲说话的内容和重点自己确定的重音。

(3) 感情重音：是根据表达强烈的感情或细微的心理来安排的重音。

重音不一定重，日常生活中的口语表达有时放轻了也会起到强调的作用。

(二)重音的表达技巧

重音的表达技巧：一是加大音量(就是提高说话的声音)，二是拖长音节(就是加长声音的长度)，三是一字一顿，四是夸大调值(调值有一个五度标识法，即阴平 55，阳平 35，上声 214，去声 51)。

二、停连的控制技巧

停连是指语言表达中的停顿和连续，停连的运用能使语言表达更具感染力和表现力，是口才训练中必须注意的要点。

(一)停顿的分类

1. 语法停顿

语法停顿，又叫自然停顿。在一个词中间是不能停顿的，例如"新疆代表团长途跋涉来到北京"，若念成"新疆代表团长，途跋涉来到北京"，就把意思搞反了。从语法上说，中心语与附加语往往有一个小小的停顿，书面语用标点符号表示的地方要停顿，并且停的时间长短不一样。那么哪些地方该停呢？表达中语法停顿时间的一般要求是：句号(包括问号、感叹号)＞分号＞冒号＞逗号＞顿号。从结构上讲是：段落＞层次＞句子。

2. 逻辑停顿

逻辑停顿是根据表达需要强调的停顿。苏联研究表演的斯坦尼斯拉夫斯基说："如果没有逻辑停顿的语言是文体不通的话，那么没有心理停顿的语言是没有生命的。"逻辑停顿是表达感情需要的停顿。

3. 感情停顿

感情停顿，又叫心理停顿。如果说逻辑停顿是为表达者的理智服务的，那么感情停顿就是为表达者的感情服务的，是表示一种微妙和复杂的心理感受而停顿的。

4. 特殊停顿

特殊停顿是指为加强某种特殊效果或应付某种需要所作的停顿。

(二)停顿的作用

(1) 停顿可以使语言表达变含糊为清晰。例如："最贵的一张(停顿)值一千元"，表示最贵的只有一张，其他的不足一千元。

(2) 停顿可以使语言变平淡为波澜。例如："我非常非常(停顿)爱你"，使语义更加突出、真挚。

(3) 停顿可以使语言变平直为起伏。例如"大堤上的人|谁|都明白"就有起伏。

(4) 停顿可以使语言变松散为整齐。有些排比句通过停顿变得很美，节奏很好。例如，写交通安全的一篇演讲稿："每天的太阳是您的，晚霞是您的，健康是您的，安全也是您的"，要声断，气不断，情不断。要重复强调的是停顿而不是中断，只是声音的消失，它绝对是气流与感情连起来的。有停就有连，而且在某种激烈、紧张的情况下需要连接。

(三)连接的作用

连接就是在书面上标有停顿的地方赶快连起来，不换气、不偷气，一气呵成。连接的作用主要表现为：第一，渲染气氛；第二，增强气势，能表达激情，推进内容。

表现停连的技巧有三种。第一，气息要调解。比较大的停顿地方要换气，小的停顿要偷气(不明显的换气)，另外要就气(一气呵成)。第二，接头要扣"环"。即两个内容相连的句子，第一句的结尾压低，第二句的起音也要低，这样两个句子中的音位差就小，给人以环环相扣之感。第三，层次要"抱团"。句子的末尾音节不要往下滑，每层的意思要有鲜明的起始感、整体感。

三、节奏变化技巧

平日我们说话时会根据不同的表达需要进行语速、语调等方面的调节，在演讲时同样要有节奏，该快的时候要快，该慢的时候要慢，该起的时候起。这样有起伏、有快慢、有轻重，才形成了口语的乐感和悦耳动听，否则演讲的话语不会感人，更不会动人。

口语中体现出来的带有规律性的变化叫节奏，有了这个变化语言才生动，否则是呆板的。有位意大利的音乐家，他上台不是唱歌，而是把数字有节奏地、有变化地从 1 数到 100，结果倾倒了所有的观众，有的甚至感动得流下了眼泪。可见，节奏在生活中多么重要。节奏与语速有关系，但它们不是一回事，语速只表示说话的快慢，而节奏包括起伏、强弱。

(一)节奏的种类

节奏一般可分为慢节奏和快节奏两种类型。

(1) 慢节奏：通常情况下，叙述一件事情、描写一处景物和表现一次行动的迟缓时节奏宜慢；表现平稳、沉郁、失望、悲哀情绪时节奏宜慢。

(2) 快节奏：表现情绪紧张、热烈、欢快、兴奋、慌乱、惊惧、愤怒、反抗、驳斥、申辩时节奏宜快。

(二)节奏的使用技巧

(1) 步韵。如同汉语表达中的押韵一样，体现语言表达上的一种韵律美。

(2) 对应。对应指的是口语表达中的前后格式、结构上的一致性，包括表达中运用对比句和对偶句等修辞方法。

(3) 排比句。演讲中的排比使用能让演讲气势连贯，产生强烈的感染力和震撼力。

(4) 复沓。反复使用形式和意义相近的词、句、段，通过复沓手法的使用能让听众产生思想上的重视，甚至灵魂上的震撼，从而使演讲效果更加突出。

(5) 层递。一层递进一层，形成语言形式及气势上的递增，从而加强语言表达效果。

(6) 联珠和回环。联珠即把第一个句子末尾的词作为第二个句子开头的词，回环即是一个词反复运用，如"疑人不用，用人不疑"。联珠和回环的使用会增强语言的表达节奏，使演讲者所要强调或突出的内容更加鲜明。

第四节　社交口才训练技巧

行业不同，其口才特点不一，这在第一章中已经讲过，在此不再赘述。但无论哪一行业的口才都是有规律可循的，都有一定的表达技巧。从本节开始，将就生活中常用的一些口才训练技巧分三节作简要介绍，希望能对大学生口语训练起到积极作用。

社交口才的应用技巧有很多，我们需要根据不同的社交场合进行恰当地选择使用。这里只介绍最突出的几个方面。

一、社交中的称呼技巧

称呼主要用来表达对交际双方关系的认定，也可作为交谈的起始语。在社交场合中，人们对别人如何称呼自己是十分敏感的，称呼得当，能使双方产生心理上的相容性，有利于交际的开展；称呼不当，则会产生隔阂，使交际出现障碍。

恰当地使用称呼，要注意以下七个方面的问题。

1. 地域关系

中国地域辽阔，方言土语繁多，即使同一个称呼，也往往因地区不同而含义迥异。因此，在社交中"到哪山唱哪歌"是一种聪明的做法。

2. 时代关系

有些称呼带有旧社会的烙印，必须慎重使用。如"伙夫""戏子"等。但像"先生"

"小姐""夫人""阁下"等称呼，随着时代的发展在某些场合使用还是非常恰当的。

3. 等级关系

现代社会中的等级关系虽不同于森严的旧社会，但是合适的称呼可体现出上下长幼，以示亲切或尊敬，因此是必要的。一般，对年长者、知名人士要用尊称；对上级领导或其他单位的领导可称其职务；对职务低于自己的，也要选择有敬重之意的称呼，不宜直呼其名。

4. 场合关系

同一称呼在有些场合中使用合适，而换了场合就不适合了。例如，一般场合叫"爷爷"显得自然亲切，而换成"祖父"就生硬别扭了。对一人兼有几种身份的，也应因时因地而定，否则也容易产生尴尬，影响交往。

5. 褒贬关系

有的称呼本身带有明显的褒奖色彩，如"老同志""老领导"等。如果使用一些带有贬义的绰号，那是修养不高的表现。而恋爱中的一些称呼，如"傻瓜""坏蛋"之类，则是一种表达特殊情感的特殊称呼，另当别论。

6. 心理关系

同样的称呼，有人乐于接受，有人则讳莫如深。例如，渔民忌"沉"字，如果对方正好姓陈，你若"老陈老陈"地叫个不停，对方肯定不高兴。所以在开口前揣摩对方的心理接受情况，不失为灵活。

7. 主次关系，或称先后关系

同时对多人称呼时，一般要考虑先长后幼、先上后下、先疏后亲。1972 年 2 月 21 日，周总理宴请尼克松一行时，开头是"总统先生、尼克松夫人，女士们、先生们、同志们、朋友们"，既恰当，又有主次。

社交中灵活恰当地使用称呼，有助于社交的顺利开展，从而达到社交目的。

二、社交中的拒绝技巧

卡耐基在《语言的突破》中说："当一个人说'不'而且真心如此时，他所做的又岂是一个四画的字而已。他整个身体——腺体、神经、肌肉——把自己收拢起来进入一个抗拒的状态。"这从一个方面说明了拒绝的一些体表状态，不无道理。

拒绝，是在人际交往中对做不了或做不好的事采取的回绝态度。通常的拒绝方式是明确地说"不"，这样能够防止误解的产生，使问题迅速澄清。

但在现实生活中，常常会遇到这种情况：对方向你提出某种请求，你心里确实难以接受，但又碍于情面或某种利害关系，使你难以直接拒绝。这时就需要采取一些委婉的方式进行拒绝，既表达了自己的意愿，又将对方失望与不快的情绪降到最低程度，从而不影响彼此之间的人际关系。下面就是一些委婉拒绝的技巧。

1. 暗示拒绝

通过体态语言或非直接的语言把自己拒绝的意思传递给对方。如转动脖子、用手帕拭眼、按太阳穴及眉毛下部等。这些动作传递着这样的信息：我较为疲劳、身体不适，并希望早点终止谈话。此外，微笑的中断、长时间的沉默、目光的游离不定等也同样会表达出对谈话不感兴趣等心理，间接地表达了拒绝。

2. 转换话题

当对方提出某项请求时，你却有意识地回避，转移话题。这样既不让对方感到难堪，又可逐步减弱对方的企求心理，从而达到委婉拒绝的目的。

3. 先肯定后否定

对对方的请求不是直接说"不"，而是先表示理解、同情，然后再据实陈述无法接受的原因，以获得对方理解。

4. 引荐别人，转移目标

实事求是讲清困难，同时热心推荐合适的其他人选。这样，对方不仅不会因为你的拒绝而失望、生气，反而会对你的关心表示感谢。

5. 诱导否定

对对方的请求不马上回答，而是先讲一些理由诱使对方自我否定、自动放弃，以减少不愉快的情况。

6. 缓兵之计

不当场拒绝，而是采取拖延的方法。可以说："让我再考虑一下，明天答复你。"这样，你既赢得了思考的时间，也会让对方认为你是认真的。

委婉拒绝是在实情不便直接拒绝的情况下使用的，现实生活中更多的是直截了当地明确拒绝。用在该用时，使在当使处，是委婉拒绝的运用窍门。如果运用不当，会给对方造成不真诚的误解，影响彼此间的友谊。

三、社交中的冷场处理技巧

冷场，无论对于交谈、聚会，还是议事、谈判，都是令人窘迫的局面。一般情况下，当事人对交往缺乏内在动力(即需要)的时候，容易出现冷场；当相互吸引力不强或存在沟通的心理障碍时，当心境影响相互认识与情感交流时，当情境因素发生作用时，冷场也多常见。社交出现冷场，双方都会尴尬，我们有必要对可能出现的冷场有所预见，并加以预防，则社交成功的可能就更大了。意料之外的冷场不可避免了，不妨尝试用以下方法打破冷场。

1. 以物(或事)引兴致

介绍一件事、一个人或某件东西，以期吸引大家的注意力，激发他们的发言兴趣。

2. 以问题引话题

提出多数人都感兴趣并有可能参与意见、发表看法的问题，以引出新的话题。

3. 以幽默调气氛

来段幽默，开个玩笑，活跃一下气氛，再适时巧妙地转入正题。

4. 以家常找话题

增加亲和力，用聊天的方式，同几个人谈谈家常，引出众人关注的话题。

5. 以争论求同论

从生活积累中迅速搜索，并提出一个有争议的问题，故意挑起一场争论。

6. 以现场谋共鸣

就地取材，对现场环境、陈设等发表个人看法，引起议论，激活氛围。

四、社交中的禁忌处理技巧

禁忌，就是忌讳。在社交中，人与人之间的关系复杂，彼此不甚了解，不宜说话太随便。一般来说，忌讳主要有三个方面：一是生理上的，二是心理上的，三是个人隐私。社交中最好避开这三方面，以防碰触对方的禁忌，使得双方不欢而散，导致社交的失败。此外，要做到避开禁忌，还需注意以下三个方面。

1. 不谈对方不高兴的事

凡是双方不高兴说的事、不高兴做的事，不强求对方说，而且自己也不去说、不去做。"以尊重他人意愿为意愿"的做法，是社交中的明智做法。

当对方声明"你不要说这件事""别提这个人了"或有其他的体态语言表示出不情愿时，应当适可而止，及时打住话头，微笑致歉"对不起，请别见怪"等，以修过失。同时，不要触人霉头，更不能揭人疮疤，即使双方关系再好，对对方痛心疾首或要回避的事，如受过处分、失落、失意的事，以及个人隐私等，也是应当忌讳的。

2. "来说是非者，必是是非人"

首先，自己不在背后非议别人，以免"言者无心，听者有意"，让人发生错误判断，产生误会。其次，当有人向你说别人的坏话时，要保持警惕，不宜参与这些无意义、伤和气的事情。"来说是非者，必是是非人"是前人社交中的箴言，值得我们思忖、借鉴。

3. 错开交锋，避免不必要的争论

在社交中，常有人喜好无谓的争论，搞得大家面红耳赤、大伤和气，这样做最终会失去友情，得不偿失；有时会因自己的想法、意见与人相左，或者你的言行遭人非议时，往往容易产生争论。

避免无谓的争论，必须做到以下几点。一要学会了解对方，"知彼知己"是社交的必需。要知道对方是哪一类性格的人，是外向还是内向，脾气急躁还是性格温和，据此确定自己的社交方略，方能得心应手。当争论不可避免发生时，应当学会宽宏大量、忍让三分，"退一步海阔天空，忍一时风平浪静"，在把握原则的前提下，可采取退让策略，以免发生争执，影响交际氛围。二要学会用商量的口气。在社交中，我们应该多使用礼貌语言，多用探讨、商量的口气，态度和善些，语气委婉些，这样就不会从语言、口气上招惹是非。一个有涵养的人，是不会因对方出言不逊而斤斤计较的。三要学会控制自己的好胜心理。"好胜心"在工作中可能是好事，但在社交中就不适合了。谁没有一点自尊心和虚荣心？但得有分寸，有理有节。如果一味为了满足自己的虚荣或一时痛快，是不应该的。应该与人为善，多多结交，维持和建立良好的友情，为成功的人生铺好每一段路。

五、社交中的试探技巧

"探查别人的观点，并且在他心里引起他对某项事物迫切渴望的需要"(卡耐基《人性的弱点》)，是成功的社交中应该注意的很重要方面。为了更准确、恰当地把握社交对象的思想、态度、性格、情趣，适当调整自己的言行，提高社交成功率，必要的技巧性试探是必要的。这里介绍几种常用的试探方法，大家不妨在实践中择机应用。

1. 言语试探

言语试探，即通过巧妙的问话、交谈来了解对方的内心需要，摸清对方的思想动态。

这就要求选取最恰当、最自然的话题,采取最恰当、最自然的问话方式,顺水推舟地来试探,而不是无话而问,无题可谈,否则就显得生硬、别扭,给人以虚伪、笨拙的印象,结果适得其反。

2. 表情试探

表情试探,即通过向对方发出一些面部表情信息,观察对方的反应来探测对方的内心。皱一皱眉头、使一个眼色,或微微一笑,或一摆头、一耸肩等,都可以向对方发出代表自己内心意向的信息,你可以从对方的表情或动作中探查出其内心所趋,从而确定自己的表达方向。

3. 行为试探

行为试探,即通过自己的主动行为发出信息,以观察对方的反应。邀请喝茶、共同做某件事等,都可以试探到对方的态度。比如,你与同学闹过一点儿意见,不久你回心转意,欲续友好之情。为了试探对方对你的态度如何,不妨选择某一恰当机会,邀请他一同去图书馆阅览。倘若他欣然应邀,说明他早已将不快抛之云外,你就可以推心置腹,重结友情;倘若对方应允并不痛快,表态含糊,说明他内心还有矛盾,你应向他作必要的解释或自我批评,以真诚的姿态求得对方的谅解和信赖;倘若对方一口回绝,说明对方仍抱有成见,最好不要纠缠不放,需要再寻机会,求得合好,否则后果会更糟。

此外,向对方赠送一些有象征意义的礼物也是行为试探的一种好方法。给对方送一束鲜花、一张贺卡,或一份精美的工艺品,或一本好书等,都可以探测到对方心理的动向和态度倾向,这对于你选择下一步的行动有很好的指导作用。

总之,试探在社交中是经常用到的一种处理双方关系的方法,只要你的心是真诚的,态度是坚决的,行动是真实的,观察是细致的,语言是恰当的,机会是适宜的,就一定会大大提高你的社交成功率。

六、社交中的应答技巧

应答,是对提问的反馈。真正的妙答,绝不是对方问你什么你就答什么,或他怎么问你就怎么答。回答对方的提问,需要头脑冷静,不能被提问者牵着鼻子走。对于提问的问题,能答的即答,不便回答的可以设法回避。

应答的技巧主要是在提问的前提中,在回答之前一定要认真分析对方的问题。如果不加分析,脱口而出,就有可能掉进对方的"语言陷阱"。

1. 假设条件,欲擒故纵

罗斯福担任美国总统前,曾在海军担任要职。一天,一位朋友问起海军在加勒比海的一个小岛上建立潜艇基地的计划。罗斯福向四周看了看,压低声音问:"你能保密吗?""当然能。"罗斯福接着说:"我也能。"对方的提问很愚蠢,作为朋友不能不答,但作为军事机密又不能回答,罗斯福就是采用了假设条件法,结果不言而喻,而且极幽默地讽刺了问话者的愚昧。

2. 言此而义彼,就是所谓的双关

在社交中利用双关的修辞方法回答问题,具有含蓄、幽默与讽刺多重功能,能让社交取得意想不到的效果。这里有一个著名的例子,一个美国记者在一次社交场合问周恩来总理:在美国,人们把道路叫公路,所以美国人总是挺胸昂头地走路;为什么在中国人们把道路叫马路,走路时总是低着头?很明显,这位美国记者是在借此来显示美国的强大,言词中带有一定的歧视、讽刺意味。周恩来总理不慌不忙地说:"因为我们中国人走的是马克思主义之路,简称马路,而人们在走上坡路的时候总是低着头,走下坡路时才是昂着头,这说明我们中国人正在走上坡路。"周总理的回答可谓一语双关,针锋相对、寸步不让,既没有失一个大国的风度,又让对方碰了一鼻子灰,如意算盘自然落空。

3. 巧借前提

巧妙地利用对方的问话,仿照和借用问话中的情态和词句,演绎成出人意料的应答,是应付问话的一种理想方法。例如,第一章中提到的出身于贵族的苏联首任外交部长莫洛托夫回答英国工党外交官的话,首先莫洛托夫肯定了双方的出身,但莫洛托夫没有继续当他的贵族,英国工党的外交官也没有去做矿工,都是事实上的"叛徒",回答巧妙而又在外交上没有受辱,可谓精彩之至。

4. 答非所问

答非所问是在社交中的一种回避性回答。对对方的提问我们不能或不便明答时,可以巧妙地转移话题,答非所问,让对方无法得到想要的答案。第 24 届奥运会在汉城举行,第二批中国奥运代表团到达汉城时,记者纷纷问李梦华:"中国能拿几块金牌?""中国能超过韩国吗?"李梦华答道:"10 月 2 日以后,你们肯定知道。"记者又问:"中国的新华社曾预测能拿 8 到 11 枚金牌,你认为客观吗?"李梦华回答得巧妙:"中国有充分的言论自由,记者怎么想,就可以怎么写!"对于这种不好回答的问题,怎样回答都不会准确,而不回答也是问题,所以采取答非所问的方法,就会取得比较理想的效果。

七、社交中的空间语应用技巧

空间语属于人类空间统计学或界域学范畴,是一种特殊的无声语言。双方在交流过程中所处的空间距离也会传递信息:空间距离反映了双方关系的远近、亲疏。如果空间距离过大，则会被认为是有意疏远，不懂交情；如果空间距离过小，打破了对方的心理承受范围，则又会被认为是鲁莽、轻率，甚至引起敌意。那么，怎样的空间距离才是恰到好处的呢？这需要交际者善于察言观色，根据社交实际情况适时调整，以期达到双方最佳的空间距离。

社交中空间语的表达主要受以下几方面因素的影响。

1. 性别因素

不同性别之间的交流空间距离往往是不同的，在我国，通过专家研究，认为不同人群中最适宜的空间距离如下。

(1) 男性与男性间的交流空间距离通常为 106 厘米。
(2) 女性与女性间的交流空间距离通常为 84 厘米。
(3) 以女性为交际主体，其交流空间距离为 88 厘米。
(4) 以男性为交际主体，与异性间的交流空间距离为 134 厘米。

2. 亲疏因素

一般来说，双方关系越亲密，其空间距离越小；反之，空间距离越大。

空间距离在 0~50 厘米为亲密距离。亲密距离又可分为近距离亲密空间距离和远距离亲密空间距离。近距离亲密空间距离一般为 0~15 厘米，多用于情爱关系、父母子女关系；远距离亲密空间距离一般为 20~50 厘米，多半用于上述相应的人与人之间。这是他们在不专门表示亲近意味时保持的距离。在特殊的社交场合中，我们可以根据具体情况来选择这样的空间距离。

空间距离在 50~120 厘米，即伸直胳膊，双方指尖能接触到的距离为个人空间距离。个人空间距离又可分为近距离个人空间距离和远距离个人空间距离。近距离个人空间距离一般为 50~75 厘米，家庭、亲友、熟人交往多在这一空间进行；远距离个人空间距离一般为 75~120 厘米，这一距离可以容纳陌生人的短暂逗留。超过 120 厘米，就超出了个人心理承受范围，无论关系亲疏，对方都不会给自己带来过多压力。

当然，除以上两种因素外，民族传统和生活习惯也是影响社交空间距离的因素，这些一般人基本都能够掌握，故不再赘述。

第五节　面试口才训练技巧

在毕业生双选就业过程中，一般单位都要求对毕业生进行面试。所谓面试，顾名思义就是对应聘者进行当面的考试、测试，一般以口试为主。在当今社会，招聘单位在注重学历层次的同时，更看重的是应聘者的能力，而应聘者的很多才能和素质可能会因条件限制而无法展示。口才则是一个人综合素质的表现，一个人的经历、专业知识、职业技能、组织领导才能、沟通协调能力等都可以通过口才得以展现。因此，在不知不觉中，口才就成为面试中检验大学生基本素质和能力的一个标准。对毕业生来说，如何在短暂的面试交谈中很好地展现自己，给用人单位留下一个美好而深刻的印象，是自我推荐能否成功的关键。

一、面试口才的特点

1. 目的性

从形式上看，面试是用人单位对应试者挑选而采取的手段。而实际上，如果应试者换一个角度看问题，把面试当成推销自己、展示才华的过程和机会，当成表现自己的舞台，那么，应试者就可以在一定程度上表现出很大的预见性、主动性和创造性。

2. 诚实性

虚言假语总会招致别人的反感，在面试中很可能会导致失败。

品学兼优的化工专业大学本科毕业生李某，从年前开始就为毕业后的出路四处奔波，一家合资企业的外方总经理约定时间对他进行面试。那天，他迟到了 10 分钟，解释说公交车误点。面试过程十分顺利，无论是专业知识，还是质量管理方面的大胆设想，都赢得了总经理的频频点头，双方用英语交谈了近一小时，李某离开时颇有点踌躇满志。

几天后，李某却接到一张不予录用的通知书。事后他了解到总经理对他作出了这样的评价："不守时，不诚实。"何谓不诚实？李某心里自然明白。原来那天面试他是骑自行车去的，怕迟到不好交代顺口撒了谎。他原以为自行车停在厂门外无人察觉，没想到精明的老总在办公楼的窗口看见了李某骑车的身影。

3. 准确性

面试的语言一定要准确，不能模棱两可、含含糊糊。有些考生形成一种语言习惯，经常使用绝对肯定或很不确定的词语。例如，一些考生总是说"肯定是……""绝对是……""当然了……"；而另一些考生却总把"也许""可能""大概""差不多""还可以吧"等挂在嘴边，这两种情况都应该避免。再如，面试的考官问："请你告诉我你的一次失败的经历。"答曰："我想不起我曾经失败过。"如果这样说，在逻辑上讲不通。又如考官问："你有何优缺点？"答曰："我可以胜任一切工作。"这样的回答也不符合实际，容易引起对方的反感。

4. 礼貌性

表现无礼是最容易令面试失败的因素，没有哪位老板愿意聘请粗鲁、傲慢、懒散、冲动、不守常理的应试者。面试时所要求的礼貌是日常公事之中普通的待人仪态礼节，并不要求谦恭卑下。例如：走进室内轻轻关门后，向主试人打招呼(如问好)、微笑；交谈当中，最好不要打断其他人的说话(特别的情况除外)；主试者示意面试结束时，微笑、起立、道谢及再见；等等。

二、面试中典型问题举隅

在面试中，有些问题经常会被问到，如果求职者事前做些必要的思想准备，在面试表达时就会做到有的放矢。这些典型的问题如下。

(1) 教育程度、工作经验和个人成长背景。
(2) 与你履历表和作品集相关的问题。
(3) 项目管理和专业技巧的能力，例如你在团体中的领导统御能力、沟通技巧和专业技术能力等。
(4) 你的优点和缺点。
(5) 你的嗜好和休闲活动。
(6) 你希望获得这项职务的原因。
(7) 公司为何要聘用你？
(8) 在学校时学业表现如何？
(9) 修过哪些课程与应征的职务有关？
(10) 介绍你的社团经验。
(11) 描述你的个性。

三、面试中应该做和不应该做的事情

现代就业形势的严峻，给面试工作形成了很大的压力，对于怎样在面试时做到表达自然，合理得体，应当作一些理性的分析。不少业内人士做过这类调查和总结，这里对他们的研究成果作一介绍，希望能对就要走向社会的大学生有所帮助。

大学生在就业面试时应该做的事情是：准时；表现自然、大方；态度友善、积极；主动参与；精神焕发、充满活力；言简意赅；回答准确；温文尔雅、有教养；耐心倾听别人的意见；集中注意力；穿着得体；提问富有建设性；自我表现得当；有幽默感；突出工作方面的事。

大学生在就业面试时不应该做的事情是：迟到或根本不到；过分拘谨紧张；态度生硬、过分悲观；回答冷淡或无话可说；精神萎靡、懒散；滔滔不绝、炫耀口才；答非所问、不着边际；言语粗鲁、举止夸张；打断别人说话、急于表现自己；东张西望；衣冠不整、过分打扮；刻薄、随意、提不出意见；处处强调自己的优势、过分卖弄才干；言语枯燥、过分幽默、刻意引人发笑；对待遇斤斤计较。

当然该做与否，还要考虑面试时的实际情况，以上所说并非绝对。关键是"腹有诗书气自华"，只要你实事求是、学有所长，对方用有所值，加上你出色的表达口才，成功地就业不会太难。

四、面试中辅助语言应用技巧

在实际的面试过程中，语言表达是一方面。此外，作为一个应聘者，还应当注意自己在面试时一些辅助语言的表达。有时不是口才不帮你，而是你的一些小细节拖累了你。这里向大家介绍一些面试中常用辅助语言的表达技巧。

1. 握手坚定有力

坚定有力地和主考官握手是一个小秘诀，但对女性却不宜太用力。虚弱地或随便地和人握手，表示你是一个软弱、不稳定的人，没有一位主考官希望和一个软弱的人面试。然而，你也不能为了表示坚定而握得太用力，毕竟这是在和可能是你未来的老板握手，而不是在和他比腕力。就女性而言，握手握得太用力也会失掉女性应有的气质，所以适度即可。不管如何，让自己的手保持干净和干燥，绝对是和别人握手的礼貌，肮脏或出汗过多的掌心只会让人觉得讨厌。

2. 坐姿端正，两眼凝视对方

千万不要忽视这件事情，记得随时保持坐姿端正，两眼永远注视着对方，身体微向前倾并适时响应。这种肢体语言表示你对对方的话题感兴趣。如果你是坐在桌子的后面，你可以随意摆放双手和双脚，因为他们只能看到你的上半身；如果你是直接坐在主考官们的前面，没有任何东西遮住你，也不要一直僵硬地坐着，一动不动地像个机器人，你可以放松地将坐姿调整到一个舒服的位置，端正坐好即可。另外，如果现场的主考官超过一人以上，记得将你的视线随时移到发言的人身上，注视对方，保持接触。

3. 随身携带作品集

表现自己最好的方法就是将你过去的作品整理成册，当场面呈主考官参考，这会让你打败很多竞争者。如果你是作家，可以将最好的文章收集在一个档案夹里；如果你是艺术家，可以带来最好的画、照片或其他艺术作品；如果你是程序设计师，记得将你写的程序展现给主考官看。作品集是你工作品质的证明。这个方法尤其适用于刚毕业的学生，因为学生没有工作经验，无法证明自己的能力，如果能提供在校时的一些作品，就可以让主考官更容易肯定你的能力。

收集整理自己的作品集，通常也代表着你是个积极能干又有条理的人。如果你把自己的作品当成面试的开场白,也会让整个焦点集中在你想强调的重点上。想让主考官对你的印象更为深刻,最好能将事前对这家公司和这项职务的调查,结合自己的作品,突显出你非常适合这项工作的能力,未来能够愉快胜任,这样才能表现出你的确与众不同。

五、面试中礼貌行为有助于创设轻松的交流氛围

轻松的交流氛围是成功表达自己思想的积极因素,对于下面的做法不妨在面试时适当运用,将会有助于提高你的面试成功率。

(1) 进入办公室之前先敲门(有公司职员引入的情况例外)。

(2) 走进室内轻轻关门后,向主试人打招呼(如问好)、微笑,按照指示坐下。

(3) 根据具体情况,一般不需要主动伸出手来握手。

(4) 未得许可不得抽烟。

(5) 尽可能记住每位主试者的姓名及称谓(如某某博士、某某经理等),不要记错(如把某某小姐错记为某某太太),整个面试过程应保持一种认真、谦虚的态度。

(6) 主试者示意面试结束时,可以表现出一种有信心、充满活力的状态。

(7) 微笑、起立、道谢及再见,没有必要时,不要主动伸出手来握手。

(8) 交谈中,最好不要打断其他人的说话(特别的情况除外)。

六、面试口才表达策略

求职面试时,为了能在较短的时间内成功地推销自我,应试者的讲话策略与口才是关键因素。

1. 把紧自己的嘴巴,三思而后答

面试场上,考官们经常采用的一个基本策略就是尽量让应试者多讲话,目的在于多了解一些应试者在书面材料中没有反映的情况。

有一位求职者在面试时,当考官问"你有什么缺点"时,他按事先准备好的答案作了回答。但他一看考官听了之后没有吱声,就以为是自己答得不好,又怕冷场,于是又讲了一个缺点。可是考官一直静静地听着还是不说话,就这样,求职者一个又一个地讲了下去,而且都是没有经过预先考虑过的。

俗话说:"言多必失。"这样应答是不明智的,其结果吃亏的往往是应试者自己。面试时一定要注意把紧自己的嘴巴,如果认为已经回答完了,就不要再讲。最好不要为了自我推销而试图采用多讲话的策略,来谋求在较短的时间内让招聘方多了解自己,事实上这种方式对大多数人来讲并不可取。该讲的讲,不该讲的决不要多讲,更不要采取主动出击的办法,以免画蛇添足、无事生非。

2. 留足进退的余地，随机而应变

面试当中，对那些需要从几个方面来加以阐述，或者"圈套"式的问题，应试者要注意运用灵活的语言表达技巧，不要一开始就把话讲满了，否则，很容易将自己置于尴尬的境地或陷入"圈套"之中。

当考官提出"……你认为应抓住几个要点"之类的问题时，你的回答最好这样开头："我认为这个问题应抓住以下'几个'要点。"在此用"几个"而不用具体的数字"三个"或"四个"来回答，就给自己预留了灵活发挥的空间，这样可以边回答边思考边丰富。反之，如果话说得非常肯定，一旦出现卡壳，就会慌乱、紧张，本来完全可以应答的问题也会答不好。

当考官提出"据说你对'××'问题很有研究，不妨谈些你的看法"这样一些诱导式的问题时，你的应答须特别谨慎。因为考官提出问题的时候就把你界定在一个特定的背景下，实际上是为了对你作深入了解所设定的"圈套"。即使你真的对'××'问题很有研究，也切不可自以为是，否则你将面临难度更大的追踪性问题。你不妨这样回答："谈不上很有研究，只是略知一二，可以共同探讨一下。"这表面上是对考官的谦恭，而实际上在给自己留下回旋的余地，以便随机应变。

3. 稳定自己的情绪，沉着而理智

有的面试，考官会出人意料地提出一个应试者意想不到的问题，目的是想考察应试者的应变能力和处事能力。这时，你需要的是稳定情绪，沉着而理智地回答问题。

有一家外贸进出口公司在一次人才交流会上招聘秘书，某小姐过关斩将，各方面的条件都符合招聘单位的要求。正当招聘单位欲拍板录用她时，一名考官灵机一动，又提了一个问题："小姐，如果在将来的工作中，你接待的客人要你陪他跳舞，你不想跳，但不跳又不行，你会怎么办？"

没想到考官的话音刚落，那位小姐当即涨红了脸，对着招聘人员愤怒地说："你们是什么鬼单位，在这里摆摊招舞女！"说完，连求职材料也未取回就气呼呼地扬长而去。

其实那家公司是一个很正派、很有声望的企业，那位考官提出的问题可以说是工作中常会碰到的问题，并没有什么不健康，也不难回答。如果是你，不妨这样回答："我们这个公司是一个正规企业，我想不会碰上不三不四的人，正常情况下跳跳舞也不是什么坏事。"

4. 不置可否地应答，模棱而两可

应试场上，考官时常会设置一些无论你作肯定的回答还是作否定的回答都不讨好的问题。比如，考官问："依你现在的水平，恐怕能找到比我们公司更好的单位吧？"如果你的回答是肯定的，则说明你这个人心高气傲，或者"身在曹营心在汉"；如果你的回答是否定的，不是说明你的能力有问题，就是自信心不足；如果你回答"我不知道"或"我不清楚"，则又有拒绝回答之嫌，真是左右为难！

当遇到这种任何一种答案都不是很理想的问题时，就要善于用模糊语言来应答。可以先用"不可一概而论"作为开头，接着从正反两方面来解释你的观点。"或许我能找到比贵公司更好一点的企业，但别的企业在对人才培养方面或许不如贵公司重视，机会或许也不如贵公司多。我想，珍惜已有的是最为现实的。"这样的回答，不仅能让自己置于一个有利的位置，而且会让考官领略到你的高明和"厉害"。

5. 圆好自己的说辞，滴水而不漏

在面试中，有时考官所提的一些问题并不一定要求有什么标准答案，只是要求面试者能回答得滴水不漏、自圆其说而已。这就要求应试者在答题之前要尽可能考虑得周到一些，以免使自己陷于被动。

有一位商场的采购经理参加一次面试，当考官提出"请你举一个实例说明你的工作规范和流程"时，他回答说："这有可能涉及我们的商业秘密。"考官说："那么好吧，请你把那些不属于商业秘密的内容告诉我。"这样一来，问题的难度更大了，他先得分清楚哪些是商业秘密，哪些不是，一旦说漏了嘴，则更显出其专业水平不够，不能自圆其说，很可能会被逼入"死角"。

有两个典型的考题，在面试场上出现的频率最高：一是"你最大的优点是什么"，二是"你最大的缺点是什么"。这两个考题看似简单，其实很难答好。因为接下来考官会追问："你的这些优点对我们的工作有什么帮助？""你的这些缺点会对我们的工作带来什么影响？"之后，还可以层层深入，"乘胜追击"，应试者是很容易陷入不能"自圆其说"的尴尬境地的。面试在某种程度上就是一种斗智，你必须圆好自己的说辞，方能滴水不漏。

6. 不拘一格思维，"歪打"而"正着"

面试中，如果考官提出近似游戏或笑话式过于简单化的问题，你就应该多动一动脑子，想一想考官是否另有所指，是否在考察你的 IQ 或 EQ。如果是，你就得跳出常规思维的束缚，采用一种非常规思维或发散式思维的方式去应答问题，切不可机械地就事论事地回答，以求收到"歪打正着"的奇效。

有一位学历并不高的女青年到一家大公司应聘管理人员的时候，一位考官突然提问："请问，一加一是多少？"女青年先是一愣，略一思索后，便出其不意地反问考官："请问，你是说的哪种场合下的一加一？如果是团队精神，那么一加一大于二；如果是单枪匹马，那么一加一小于二。所以，'一加一是多少？'这就要看你想要多少了。"由于女青

年采取了非常规性应对方式，因此在众多应试者中，她便脱颖而出了。

7. 摆平自己的心气，委婉而机敏

应试场上，考官往往会针对求职者的薄弱点提出一些带有挑战性的问题。比如，对年轻的求职者会设问"从你的年龄看，我们认为你担任经理这个职务太年轻了，你怎么看"；对年龄稍大的求职者又会设问"我们觉得你的年龄稍大了点，恐怕在精力方面不如年轻人，你怎么看"；等等。面对这样的考题，如果回答"不对""不会""不见得吧""我看未必""完全不是这么回事"等，虽然也能表达出自己的想法，但由于语气过于生硬、否定过于直接，往往会引起考官的不悦。

比较好的回答应该是"这样的说法未必全对""这样的看法值得探讨""对这样的观点可以商榷""这样的说法是有一定的道理，但我恐怕不能完全接受"等。

总之，面对这样一些带有挑战性的考题，你一定要心平气和、较为委婉地加以反驳和申诉，绝不可情绪激动，更不能气急败坏，以免引起考官的反感而导致应试失败。

8. 放飞想象的翅膀，言之而有物

面试中，偶尔也会出现一些近乎怪异的假想题，这类题目一般都具有不确定性和随意性，这也使应试者在回答时有了发挥想象的空间和进行创造性思维的领域。你只要充分利用自己积累的知识，大胆地以"假设"对"假设"，就能够争得主动，稳操胜券了。

一位华裔小姐到一家美国公司应试，在"微软"众多稀奇古怪的问题中，她遇到了这样一道怪题："在没有天平的情况下，你该如何称出一架飞机的重量？"这是一个假设性的问题，刁钻怪异得近乎天方夜谭。

这位华裔小姐采用"以牙还牙"的方式，也用假设法作了应答："这要看你用中国式还是美国式的方法了。假如是中国人，他会从古老的'曹冲称象'中得到启迪；假若是美国人，他或者现实一些，拆下零件来分别过磅即可；也可以浪漫一些，发明一种特大型吊秤也并非不可能。"这种颇有想象力且极富创意的应答，令考官不得不为之惊叹，于是她顺理成章地通过了面试关。

9. 尊重自己的人格，含蓄而大度

一些女性应试者在应聘诸如公关小姐、秘书、演员等特殊岗位时，经常会遇到考官提出比较敏感的问题，一般来说，应试者可以采取较为模糊、含混而又大度的方式予以回答。因为这种情形下，考官的用意主要在于测试你的应变能力或智商，所以，模糊、含混一些非但无伤大雅，有时反而还能起到证实应试者智力和应变能力的作用。

一位少女到某影视传播公司应试，考官提出这样一个匪夷所思的问题："如果你被录用了，遇到这样一个剧本，其中有裸体的镜头，你该如何对待，是接，还是不接？"

面对这令人难以启齿的问题,少女脸一红,旋即答道:"这要看哪种情形了。如果跟剧情关系不大,仅仅是为了招徕观众,取悦观众,我是不会主动接它的。当然,如果确实是因剧情需要,我想,我也会要求导演用其他方式来处理,比如,画面的朦胧感、镜头的调整等。"

这种既不肯定又不否定的应答,看似模棱两可,却在护卫自己人格的同时,又巧妙地避开了问题的实质。考官们被她的聪明所打动,使她顺利走向了银幕。

10. 面对"刁难"巧"较量",针锋而相对

应试场上,若遇考官"刁难",善于"较量"也是一个"撒手锏"。

一位华裔女生前往牛津大学面试,为了一个实验课题,她与主持人发生了争执。主持人有些恼怒道:"你以为这就能说服我吗?不,不!"应试的华裔女生平静地说:"当然不一定,因为我还没出生时,你就是心理大夫了。不过,如果没有人来做这个实验,那就永远不会有人知道我和你谁对谁错。"

主持人仍然不依不饶:"就凭你那个实验方案?它有十处以上的错误!"华裔女生道:"那只能表明它还不成熟;正因为这样,我才向您拜师来了啊。"

主持人愣了一下,又说:"你以为我会指导一个反对我的人吗?"华裔女生笑了:"我选择这个课题,是因为你在自己的专著里提出了这样一个问题——'行为治疗的目的,是为了给饱受痛苦折磨的人一个正常人生活的权利',老实说,您书中的其他话我不一定赞同,可这句话却成为我前来求学的动力。"

在一番"针锋相对"的"较量"之后,主持人不得不对这位东方女生刮目相看,他欣然录取了这位颇有胆识与个性的华裔女生。显然,这里的"撒手锏"无疑是应试者在"较量"中巧妙地引用了主持人的专著。

七、求职案例四则

【成功案例一】

中央财经大学研究生蒋东宇求职诺基亚公司一举成功

求职单位:北京诺基亚(中国)有限公司

求职现场:从 12 月投递简历到第二年 1 月份接到面试电话,经历了漫长的等待。在电话里考官问我对自己有没有长远打算,我理直气壮地回答:"5 年以后成为行业领域的专家,10 年后要做 CIO 信息官。"到了真正面试的时候,我和六七个人一组在诺基亚大楼,每个人都志在必得的样子。第一轮面试很简单,大家一起做游戏,很多人放不开,我却玩得很开心,组织大家一起玩。笔试也不难,智力测验题比较多。随后我们被分开,人

事部把我们一个个叫去面试,都是很专业的问题,整个过程大概需要 6 个小时。出于礼貌,面试结束后我还表达了对这份工作的向往。后来,过完年回到学校的第二天就接到了现在我老板的电话。老板和我谈了两个多小时,话题很随意。例如:我有什么爱好、如何在没人帮助的情况下完成工作。我的回答也很轻松。我列举了在学校读研时很多课程都是以自学为主,高级程序员和一些职业资格证书也都是通过自学获得;并且表示自己有很强的沟通能力,知道如何利用资源充实自己,帮助他人。过了一个多星期,芬兰方面的老板要面试我,让我不得不紧张。这次的面谈半个小时就结束了,谈的内容和专业无关,只问了一些生活化的问题。就这样我走进了诺基亚,成了它的信息咨询顾问。

【成功经验】大学生在求职中表现的一个很大的缺点就是没有长远目标和规划,对自己没有一个比较准确的定位。

【成功案例二】

复旦大学广告专业阿努汗求职麦肯广告公司获得成功

求职单位:麦肯广告公司客户部

求职地:北京麦肯公司

求职现场:麦肯并没有招人,我试着把简历发 E-mail 给客户部的总监,但没有任何回音。我就干脆打电话给麦肯,电话转到了总监秘书那里,我对她说只要总监收到我的简历就好,没有太多的要求。第三天我被通知客户部总监直接面试。总监是台湾人,中英文面试双管齐下。由于没有面试经验紧张是必然的,开始总是一问一答,我的话很少。他可能也怕我紧张,问题设得很简单,如为什么选择广告公司?是否知道客户部如何运作?为什么选择客户部。随后,总监开始问我在大学里参加的活动。这时候我才打开话匣子。我介绍自己是漫画社副社长,参加过很多社团活动。大四时参加了广告研究小组,我们的论文《新形态的消费者研究模型 CASSY》得到了导师的首肯,并成为学校的一个品牌讲座。组织过广告专业的沙龙活动,帮助广告公司接过很多广告业务。我说得很兴奋,甚至忘了用英文,他对我的能力很感兴趣,也配合我说中文。

接着,品牌督导开始面试我,问我在客户部想干什么。我比较幼稚,说最想做大的广告策划。回答后我看到女督导的眉头明显皱了一下说:"客户部可能不像你想的那么有成就感,工作很细很累,你能承受吗?"我恍然大悟,立即满口答应没问题。由于刚才说的话太大,督导对我还是不放心,又把刚才的问题重复了一遍,给我打第二遍预防针。我坚决表示任何琐碎的工作都可以承受,女督导这才带我到总监办公室说"OK"。

【成功经验】求职时最好直接找人事部的成员或负责人,如果遇到挫折不要放弃,试着主动和你想求职的部门领导联系,或许有意外的收获。

【失败案例一】

原北京广播学院在读研究生张小月求职宝洁公司的失败

求职单位：宝洁市场部

求职现场：宝洁的求职表是全英文的，问得特别详细，我花了整整一个晚上翻英文词典一栏栏地填写。我知道宝洁希望通过这份表考查求职者的团队协作精神，哪怕一件小事仿佛都要写明来龙去脉。

大学时我参加过多种社团活动和社会调查，但真正体现团队合作精神的不是很多，我绞尽脑汁用漂亮的英语把自己装饰了一番，一个多星期后如愿以偿地接到了面试通知。第一次面试，宝洁面试方没有提令人措手不及的问题，问题都是围绕着我的简历内容。那份求职表特别烦琐，我当时是把它当作作文来填写的，有些细节自己都不很清楚。毕竟没有真正经历过，光靠编造没有很深的印象。招聘的人不放过任何一个细节，让我举例证明我的团队精神，我就开始现场编故事、讲故事，故事中的每个环节都好像被提到很高的重视程度，被反复询问，眼睛也一直盯着我。毕竟是"做贼心虚"，我的思维开始混乱，手里都是凉汗，后来干脆不去看招聘的人。

结果可想而知。

【教训启发】 没有过的经历最好少写甚至不写，被人追问的感觉真不舒服。多参加一些面试，可以帮助你增强自信，获得更多的面试经验。

【失败案例二】

复旦大学法律专业樊童求职大众汽车制造有限公司的失败

求职地：上海大众汽车制造有限公司

求职现场：我直接把简历贴在东方律师网上，上海大众的法律顾问从网上挑了20个人进行面试，我在其中。第一轮面试由人事部和法务部共三个人主持，面试大约用了两个小时。印象最深的问题是问过去做过什么有建设性的事情。我很会论证表达，法律还是没有白学，面试的人对我不停地点头。

笔试是用英语做一份合同，这可把我难住了，我在卷子上写了两句话——"实在写不出来。有其他的事，先走了。"在大家埋头答题时我就像英雄一样交卷打道回府了。没想到我竟然接到了补考通知，可能是我的口才让他们舍不得轻易放过。我被安排到一个单间的办公室答题，不过最令他们难忘的是补考我还是不会。两次考试机会我都没有把握住，看着试卷我就后悔为什么没有好好学英语。

【教训启发】 专业知识在面试中还是占一定比例的，很多时候不经意的问题会暴露你专业知识的匮乏。口才好在面试中占很大比重，平时要有意识地练习在众人面前讲话。此外，一定要学好英语。

第六节 辩论口才训练技巧

墨子说过:"夫辩者,将以明是非之分,审治乱之纪,明同异之处,察名实之理。处利害,决嫌疑。"用今天的话来解释就是说,辩论的目的就是要弄清是非界限,考察治乱的原因,懂得同一和差别的客观根据,考察概念和事物的关系,权衡利弊得失,解决心中的疑惑。只要世界上存在是与非,只要真理没有穷尽,那么辩论永远是需要的,永远是有意义的。正因为如此,学习和掌握一定的论辩技巧也是必需的。

本节将着重介绍辩论赛中的一些实用技巧。

一、辩论赛的特点

(1) 论辩的题目、论辩的程序、发言的时间等,都是由论辩赛的组织者所决定,参赛者必须按规定进行论辩,不能随意改变。

(2) 比赛胜负的标准包括立论、材料、辞令、风度以及应变技巧等综合因素,胜负由评委根据标准及主观印象进行裁定。

(3) 论辩时只能针对对方的观点和理由进行攻击,而不能涉及对方的立场和人品。

二、论辩命题与思路的确立

孙子曰"上兵伐谋",高水平的辩论赛首先是辩论双方在论辩思路与立场上的较量。对于一个已经确定下来的命题,如果能找到一个最佳的思路,确立好自己的立场,那么就能为整个论辩的胜利奠定基础。

论辩命题一般可分为价值命题、事实命题和政策命题三种。

价值命题一般是讨论某件事是否较好,如"发展旅游业利大于弊/弊大于利"。这类命题要求论辩员要有很强的逻辑推理能力,对辩题的背景知识有通盘、深入的了解。事实命题是讨论某件事是否真实,如"人类是环境的保护者/破坏者"。事实命题注重举例实证,要求论辩者掌握大量材料。政策命题是讨论某事该不该做,如"避免人才外流,是政府的责任/不是政府的责任"。政策命题要求理论与实践相结合,既需逻辑推理,又应有大量材料佐证,所以论辩比赛中政策命题较为常见。

三、辩论立场的确立原则

确立立场就是针对对方在辩论中可能出现的思路,在本方可以选择的各种思路中找出对本方观点论证最有利、例证材料最丰富的思路。

确立立场有以下两个基本原则。

1. 弱化本方命题，强化对方命题

确立立场不仅应确立本方对辩题的理解，还须限定对方对辩题的理解。也就是必须明确指出对方应该论证的内容，使对方的论证受控于本方，尽可能扩大本方的立论范围，从而给本方留下较大的周旋余地。

其主要方法有两种。一是对辩题中的主要概念作限制性解释。例如，在南大队对台大队"人类和平共处是一个可能实现的理想"的论辩中，正方南大队一辩开始就指出："人类和平共处是和战争相对而言，消除了战争也就实现了人类和平共处。"这样就把其他形式的暴力行为排除在外，为本方以后的论述打下了较好的基础。

二是给辩题附加条件。例如，1986年亚洲大专辩论会北大队对香港中文大学队的比赛中，辩题是"发展旅游业利大于弊"，北大队是反方，正方香港中文大学队举出了大量例子论证许多国家由于具备某些条件，发展旅游业获得了成功。北大队马上指出，正方的立场并不是"在一定条件下"发展旅游业利大于弊，所以香港中文大学队跑题了。这实际上是要正方证明"在任何情况下"发展旅游业都利大于弊，当然使正方无从论证，陷入了被动。

2. 选择逻辑性强、不易受攻击的立场

其主要方法是"高立论"。在任何一个细节上都和对方纠缠不休往往会丧失本方的优势，到最后仍是"一笔糊涂账"；不如干脆对一些显而易见的事实、众所周知的观点予以承认，接着立即指出这些仅仅是问题中的一个方面，但我们应该讨论的是更重要的东西，把争论上升到更高层次，使对方精心准备的材料无从发挥，在本方熟悉的阵地上与其交锋，高屋建瓴，势如破竹。

例如，在北大队和澳门东亚大学队的比赛中，辩题是"贸易保护主义可以抑制"，北大队是正方。具备一点经济学知识的人都知道，当今世界范围内贸易保护主义越演越烈，而新加坡更是饱尝贸易保护主义之苦。东亚大学队一开始就大谈"贸易保护主义是否严重"，在这一层次上与对方纠缠，显然要占下风，而且很可能引起评委和观众的反感。所以北大队经过仔细斟酌，论辩伊始就明确说明："当今世界范围内贸易保护主义确实相当严重，在这一点上我们非但不否认，而且还可以举出比你们多得多的例子。但是，我们应该讨论的是贸易保护主义是否可以抑制，而不是贸易保护主义是否存在或是否严重。"这样就避开了对方拥有大量材料的事实，把论辩中心提高到对本方有利的"可以抑制"层次上来，避其锋芒，争取主动。

确立立场时还应该注意的是：立意要新奇，要能够"言人所未言，见人所未见"。从新的角度来分析问题，给人以耳目一新之感，往往会起到很好的场上效果。同时，对手对

此准备不足，也会措手不及，仓促应战，给本方以有利的战机。

四、反客为主的辩论技巧

在论辩赛中，被动是赛场上常见的劣势，也往往是败北的先兆。因此，在论辩中要注意始终使本方处于主动地位，以利最终。论辩中的反客为主，通俗地说，就是在论辩中变被动为主动，为此，下面试以技法理论结合对实际辩例的分析，向大家介绍几种反客为主的技巧。

1. 借力打力，以其人之道，还治其人之身

在论辩过程中，可以借对方攻击之力反击对方，以期取得"以其人之道，还治其人之身"之效。

例如，在关于"知难行易"的辩论中，有以下一个回合。

正方：对啊！那些人正是因为上了刑场死到临头才知道法律的威力。法律的尊严，可谓"知难"哪，对方辩友！（热烈掌声）

当对方以"知法容易守法难"的实例论证"知易行难"时，正方马上转而化之，从"知法不易"的角度强化本方观点，给对方以有力的回击，扭转了被动局势。

正方之所以能借反方的例证反治其身，是因为他有一系列并没有表现在口头上的、重新解释字词的理论作为坚强的后盾。辩题中的"知"不仅是"知道"的"知"，更应该是建立在人类理性基础上的"知"；守法并不难，作为一个行为过程，杀人也不难，但是要懂得保持人的理性，克制内心滋生出恶毒的杀人欲望却是很难。这样，正方宽广、高位定义的"知难"和"行易"借反方狭隘、低位的定义攻击之力，有效地回击了反方，使反方构建在表浅层面上的理论框架崩溃了。

2. 移花接木，四两拨千斤

剔除对方论据中存在缺陷的部分，换上对本方有利的观点或材料，往往可以收到"四两拨千斤"的奇效，我们把这一技法喻为"移花接木"。

例如，在"知难行易"的论辩中曾出现过如下一例。

反方：古人说"蜀道难，难于上青天"，是说蜀道难走，"走"就是"行"嘛！要是行不难，孙行者为什么不叫孙知者？

正方：孙大圣的小名是叫孙行者，可对方辩友知不知道，他的法名叫孙悟空，"悟"是不是"知"？

这是一个非常漂亮的"移花接木"的辩例。反方的例证看似有板有眼，实际上有些牵强附会：以"孙行者为什么不叫孙知者"为驳难，虽然是一种近乎强词夺理的主动，但毕竟在气势上占了上风。正方敏锐地发现了对方论据的片面性，果断地从"孙悟空"这一面

着手，以"悟"就是"知"反诘对方，使对方提出关于"孙大圣"的引证成为抱薪救火，反而惹火烧身。

移花接木的技法在论辩理论中属于强攻，它要求辩手勇于接招，勇于反击，因而它也是一种难度较大、对抗性很高、说服力极强的论辩技巧。更多的"移花接木"需要辩手对对方当时的观点和我方立场进行精确恰当的归纳或演绎。

3. 顺水推舟，柳暗花明

在论辩过程中，表面上认同对方的观点，顺应对方的逻辑进行推导，并在推导中根据我方需要，设置某些符合情理的障碍，使对方观点在所增设的条件下不能成立，或得出与对方观点截然相反的结论。

例如，在"愚公应该移山还是应该搬家"的论辩中，有这样的辩词。

反方：……我们要请教对方辩友，愚公搬家解决了困难，保护了资源，节省了人力、财力，这究竟有什么不应该？

正方：愚公搬家不失为一种解决问题的好办法，可愚公所处的地方连门都难出去，家又怎么搬？……可见，搬家姑且可以考虑，也得在移完山之后再搬呀！

神话故事都是夸大其事以显其理的，其精要不在本身而在寓意，因而正方绝对不能让反方迂旋于就事论事之上，否则，反方符合现代价值取向的"方法论"必占上风。从上面的辩词来看，反方的就事论事，理据充分，根基扎实，正方先顺势肯定"搬家不失为一种解决问题的好办法"，既而转入"愚公所处的地方连门都难出去"这一条件，自然而然地导出"家又怎么搬"的诘问，最后水到渠成，得出"先移山，后搬家"的结论。

4. 纲举目张，正本清源

"纲举目张，正本清源"就是在论辩过程中，指出对方论据与论题的关联不紧或者背道而驰，从根本上矫正对方论据的立足点，把它拉入本方的"势力范围"，使其恰好为本方观点服务。

例如，在"跳槽是否有利于人才发挥作用"的论辩中，有这样一节辩词。

正方：张勇，全国乒乓球锦标赛的冠军，就是从江苏跳槽到陕西，对方辩友还说他没有为陕西人民做出贡献，真叫人心寒啊！(掌声)

反方：请问到体工队可能是跳槽去的吗？这恰恰是我们这里提倡的合理流动啊！(掌声)对方辩友戴着跳槽眼镜看问题，当然天下乌鸦一般黑，所有的流动都是跳槽了。(掌声)

正方举张勇为例，他从江苏到陕西后，获得了更好地发展自己的空间，这是事实。反方马上指出对方具体例证引用失误：张勇到体工队，不可能是通过"跳槽"这种不规范的人才流动方式去的，而恰恰是在"公平、平等、竞争、择优"原则下的"合理流动"，可信度高、说服力强、震撼力大，收到了明显的反客为主的效果。

5. 釜底抽薪，不攻自破

刁钻的选择性提问是有预谋的，它能置人于"两难"境地，无论对方作出哪种选择都于己不利。对付这种提问的一个具体技法是，从对方的选择性提问中，抽出一个预设选项进行强有力的反诘，从根本上挫败对方的锐气，这种技法就是釜底抽薪。

例如，在"思想道德应该适应(超越)市场经济"的论辩中，有如下交锋。

反方：……我问雷锋精神到底是无私奉献精神还是等价交换精神？

正方：……对方辩友这里错误地理解了等价交换，等价交换就是说，所有的交换都要等价，但并不是说所有的事情都是在交换，雷锋还没有想到交换，当然雷锋精神谈不上等价了。(热烈掌声)

反方：那我还要请问对方辩友，我们的思想道德它的核心是为人民服务的精神，还是求利的精神？

正方：为人民服务难道不是市场经济的要求吗？(掌声)

第一回合中，反方有"请君入瓮"之意，有备而来。显然，如果正方以定势思维被动答问，就难以处理反方预设的"两难"：选择前者，则刚好证明了反方"思想道德应该超越市场经济"的观点；选择后者，则有悖事实，更是谬之千里。但是，正方辩手跳出了反方"非此即彼"的框框设定，反过来单刀直入，从两个预设选项中抽出"等价交换"，以倒树寻根之势彻底推翻了作为预设选项的正确性，语气从容，语锋犀利，其应变之灵活、技法之高明，令人叹为观止！

6. 明其软肋，攻其要害

双方纠缠在一些细枝末节的问题、例子或表达上争论不休，结果表面上看辩得很热闹，实际上已离题万里，是辩论的大忌。一个重要的技巧就是要在对方一辩、二辩陈词后，迅速地判明对方立论中的要害问题，抓住要害，一攻到底，从理论上彻底地击败对方。如"温饱是谈道德的必要条件"这一辩题的要害是：在不温饱的状况下，是否能谈道德？在辩论中只有始终抓住这一要害，才能给对方以致命的打击。善于敏锐地抓住对方要害，猛攻下去，务求必胜，乃是辩论的重要技巧。

7. 明察秋毫，利用矛盾

辩论双方各由四位队员组成，四位队员在辩论过程中常常会出现矛盾，即使是同一位队员，在自由辩论中，由于出语很快，也有可能出现矛盾。一旦出现这样的情况，就应当马上抓住，竭力扩大对方的矛盾，使之自顾不暇，无力进攻本方。比如，在与剑桥队辩论时，剑桥队的三辩认为法律不是道德，二辩则认为法律是基本的道德。这两种见解显然是相互矛盾的，本方乘机扩大对方两位辩手之间的观点裂痕，迫使对方陷入窘境。又如，对方一辩开始把"温饱"看作是人类生存的基本状态，后来在本方的凌厉攻势下，又大谈"饥寒"状态，这就是与先前的见解发生了矛盾。本方"以子之矛，攻子之盾"，使对方于急切之中，理屈词穷，无言以对。

8. 诱敌深入，引蛇出洞

在辩论中，常常会出现胶着状态：当对方牢牢守住其立论，不管本方如何进攻，对方只用几句话来应付时，如果仍采用正面进攻的方法，必然收效甚微。在这种情况下，要尽快调整进攻手段，采取迂回的方法，从看来并不重要的问题入手，诱使对方离开阵地，从而打击对方，在评委和听众的心目中造成轰动效应。

在本方和悉尼队辩论"艾滋病是医学问题，不是社会问题"时，对方死守着"艾滋病是由HIV病毒引起的，只能是医学问题"的见解，不为所动。于是，本方采取了"引蛇出洞"的战术，本方二辩突然发问："请问对方，今年世界艾滋病日的口号是什么？"对方四位辩手面面相觑，为了不至于在场上失分太多，对方一辩站起来乱答一通。本方立即予以纠正，指出今年的口号是"时不我待，行动起来"，这就等于在对方的阵地上打开了一个缺口，从而瓦解了对方坚固的阵线。

9. 开山辟路，李代桃僵

当碰到一些在逻辑或理论上都比较难辩的辩题时，不得不采用"李代桃僵"的方法，引入新的概念来化解困难。

比如，"艾滋病是医学问题，不是社会问题"这一辩题就是很难辩的，因为艾滋病既是医学问题，又是社会问题，从常识上看，是很难把这两个问题截然分开的。因此，按照本方预先的设想，如果让本方来辩正方的话，我们就会引入"社会影响"这一新概念，从而肯定艾滋病有一定的"社会影响"，但不是"社会问题"，并严格地确定"社会影响"的含义，这样对方就很难攻进来。后来，我们在抽签中得到了辩题的反方，即"艾滋病是社会问题，不是医学问题"，在这种情况下，如果我们完全否认艾滋病是医学问题，也会悖于常理，因此，我们在辩论中引入了"医学途径"这一概念，强调要用"社会系统工程"的方法去解决艾滋病，而在这一工程中，"医学途径"则是必要的部分之一。这样一来，本方的周旋余地就大了，对方得花很大力气纠缠在本方提出的新概念上，其攻击力就大大地弱化了。

"李代桃僵"这一战术的意义就在于引入一个新概念与对方周旋，从而确保本方立论中的某些关键概念隐藏在后面，不直接受到对方的攻击。经验告诉我们，只有使知识积累和辩论技巧进行巧妙结合，才可能在辩论赛中取得较好的成绩。

10. 缓兵之计，以慢制胜

在日常生活中，我们可以见到如下情况：当消防队接到求救电话时，常会用慢条斯理的口气来回答，其实这种和缓的语气，是为了稳定说话者的情绪，以便对方能正确地说明情况。又如，夫妻俩争吵，一方气急败坏，一方不焦不躁，结果后者反而占了上风。再如，政治思想工作者常常采用"冷处理"的方法，缓慢地处理棘手的问题。这些情况都表明，在某些特定的场合，"慢"也是处理问题、解决矛盾的好办法。论辩也是如此，在某些特定的论辩局势下，快攻速战是不利的，缓进慢动反而能制胜。

　　1940年，丘吉尔在张伯伦内阁中担任海军大臣，由于他力主对德国宣战而受到人们的尊重。当时，舆论欢迎丘吉尔取代张伯伦出任英国首相，丘吉尔也认为自己是最恰当的人选，但丘吉尔并没有急于求成，而是采取了"以慢制胜"的策略。他多次公开表示在战争爆发的非常时期，他将准备在任何人的领导下为自己的祖国服务。

　　当时，张伯伦和保守党的其他领袖决定推举拥护绥靖政策的哈利法克斯勋爵作为首相候选人，然而主战的英国民众公认在政坛上只有丘吉尔才具备领导这场战争的才能。在讨论首相人选的会议上，张伯伦问："丘吉尔先生是否同意参加哈利法克斯领导的政府？"能言善辩的丘吉尔却一言不发，足足沉默了两分钟之久。哈利法克斯和其他人明白，沉默意味着反对。一旦丘吉尔拒绝入阁，新政府就会被愤怒的民众推翻。哈利法克斯只好率先打破沉默，说自己不宜组织政府。丘吉尔的等待终于换来了英国国王授权他组织新政府。

　　从上面的例子中我们可以概括出，在论辩中要正确使用"以慢制胜"法，至少要注意以下三点。

　　1) 以慢待机，后发制人

　　"以慢制胜"法实际上是论辩中的缓兵之计，缓兵之计是延缓对方进兵的谋略。当论辩局势不宜速战速决，或时机尚不成熟时，应避免针尖对麦芒式的直接交锋，而应拖延时间等待战机的到来。一旦时机成熟，就可后发制人，战胜论敌。

　　2) 以慢施谋，以弱克强

　　"以慢制胜"法适用于以劣势对优势、以弱小对强大的论辩局势。"慢"中有计谋，缓动要巧妙。这里的"慢"并非反应迟钝，不善言辞，而是大智若愚、大辩若讷的雄辩家定计施谋的法宝之一。如上例中，丘吉尔面对张伯伦的追问装聋作哑，拖延时间，实际上是假痴不癫的缓兵之计。在这种韧性的相持中，张伯伦一方终于沉不住气了，丘吉尔以慢施谋终于取得了胜利。

　　3) 以慢制怒，以冷对热

　　论辩中唇枪舌剑，自控力较差的人很容易激动。在这种情况下，要说服过分激动的人，宜用慢动作、慢语调来应付。以慢制怒，以冷对热，才能使其"降温减压"，只有对方心平气和了，你讲的道理他才能顺利接受。

五、辩论中自由辩论的技巧

自由辩论是整个论辩过程中最精彩的阶段,但如果稍有不慎就会酿成大错,导致整个论辩的惨败。实际上,自由辩论是有技巧可循的。当然,在辩论中也不能过于依赖技巧,因为技巧毕竟只是技巧,它不能代替辩手作出全面周密的辩答。辩手对于技巧应该有一定的了解和认识,但是不能代替对辩题的钻研。反之,仅钻研辩题还不够,还需要一般的了解和认识技巧。

(一)攻击技巧

攻击,即在自由辩论中的主动进攻,主动发问。这在每个辩论队都是不可或缺的,然而,攻击能不能有效,又是由多方面因素决定的。

1. 攻击的准备技巧

这在辩论战略方案确定、辩词定稿之后就应该着手准备了。一般而言,每位辩手应该根据自己所阐述的内容准备向对方发问的问题,可根据自由辩论时间的长短来准备,如果初次上场,则应该准备 20 个左右的问题。如果是这样,四个辩手准备的问题就应该大约有 80 个,一般有足够的可能坚持到自由辩论结束。我们经常看到在有的比赛中,有的队员有时间却没有问题可以问,这就是准备不足导致的。

准备提问的问题,应该从以下三个层面进行。

(1) 现象层面的问题,又称事实层面问题。这类问题极易引起听众的共鸣,提的好则很容易出彩、出效果。但需要注意的是,不可故作新奇而偏离辩题,那样会产生负效果。

(2) 理论层面的问题,又称论据层面问题。即对本方论点给予引申,对对方的论据予以驳击的问题。这类问题,直问要提得尖锐,曲问要问得巧妙,反问要提得适时,逼问要问得机智,其效果就是让对方不好回答而又无法回避。

(3) 价值层面的问题,又称社会效应层面问题。即把对方论点、立场引申,从价值层面、社会效应层面去延伸它的效应,看其是否具备说服力,能否站得住。这类问题,一是能够扩大自由辩论的战场,给对方造成被动,同时也是争取听众、评委认同的重要方面。当然,如果辩题立场对本方不利,就应该慎重使用,以免搬起石头砸了自己的脚。

这三类问题中,事实层面的问题可包括历史事件、现实事实、国别事实、数字事实等;而理论层面的问题周围除了立场中的论据,也可以延伸到公理、哲学的层面。有了这三个层面的问题准备,就能够构成立体阵势,可以打自由辩论的立体战,让对方陷入立体包围之中的被动局势就会很容易形成。我们看到在比赛中,不少辩论队只准备了一个层面的问题(大多是现象层面的问题),只在有趣上花时间,其结果是攻击力不强,且问来问去总是流于肤浅的现象之争，有时则由事实引发事实而偏题，变成了一般的语言游戏、提问游戏，辩论的深度不容易看到，这就令人遗憾了。

2. 攻击的组织技巧

自由辩论中的有效攻击，应当体现出攻击的有序性，即看得出轮番上阵的脉络，而其基本就是在场上要有主动权，处于控制场面的主动地位。为了达到这个目标，场上应该有"灵魂队员"，或者称为"主力辩手""主辩"。由哪个辩手来充当这个人物都可以，但是一般由三辩或一辩、二辩来充当。有时，四辩也能很好地充当此角色。他的任务就是不仅要透彻地知道本方的立场，也要透彻地知道对方的立场，规定陈词一结束就能够发现对方的主要问题，从而有效地发起进攻。

灵魂队员的任务如下。

(1) 具有把握整个自由辩论局势的敏锐眼光，攻击务求有效。

(2) 充当场上的指挥员。发问不在多，而在精。其发问不仅是对对方的攻击，也是对本方立论的揭示和强化。

(3) 承担主动转移战场的任务。例如，在一个层面上问久了，则转向另一个层面发问；在一个层面上处于被动，僵住了，则要转向另一个层面，开辟新的攻击点和战场。

(4) 对对方提出的危及本方底线、事关要害的问题，能够有效地化险为夷、转危为安、化被动为主动。

(5) 对本方误入对方圈套、远离本方、陷于被动之中的局面，要能够挽回并再发起攻击。

当然，这需要其他队员的主动配合和主动呼应，才能形成整体的力量，这就要求队员之间配合默契，形成"流动的整体意识"。

攻击的组织，其要害就在于形成整体的有序流变性，而不是东一榔头西一棒槌，游击盲攻。零碎的攻击谈不上组织，它或许也能够有鳞光耀金的效果，但是对于群体辩论而言，是不可能握有主动权的。

攻击的组织是否完备，在上场前可以参考以下检查标准。

(1) 有没有组织者，也就是有没有"灵魂队员"，其组织、应变能力如何？

(2) 整个队伍与之有没有心悦诚服的默契和感应？

(3) 整个队伍对特定的辩题的立场认识是否完全一致，有没有大的异议？

(4) 准备了几个层面的问题，这些问题可以对付、支撑多难的场面，能够支持多长时间？

(5) 对于非常艰难的、苛刻的尖锐问题，本方研究到什么程度，有没有更好的应对策略？

(6) 自由辩论中将会出现的最为险难的局面，将会是一种什么状况？本方应该怎么应付？

只要在辩论前把这六个问题都理清楚了，都有了合适的解决办法，那么攻击的组织也就有序了、主动了。

3. 攻击的发问技巧

攻击的发问技巧主要有以下几种。

(1) 巧设两难。即设置两难的问题，无论答此或答彼都将陷入被动，但是一定要扣准话题，不可无病呻吟。

(2) 主动引申。即将对方的某个事实、某句话加以引申，造成本方主动、对方被动的局面。

(3) 以矛攻盾。即将对方论点和论据间的矛盾、这个辩手和那个辩手陈述中的矛盾、某个辩手陈词中的矛盾、答这个问题和答那个问题之间的矛盾或其他方面的矛盾予以披露，令其尴尬，陷其于难堪和慌乱的境地。

(4) 归谬发问。即将其论点或论据或其他问题引申归谬，陷其于左右被动、无力自救的境地。

(5) 问简义深。即问题很简单，但含义很深刻，与辩题密切相关。答准确很难，但是答不出来就很落魄，模棱两可的回答，很容易使对方陷入被动。

(6) 撕隙揭漏。即将对方的一小道缝隙撕裂扩大，将其明显的漏洞失误给予揭发提问，令其难堪。

(7) 俗事新提。人们往往对于身边的、自身很熟悉的事物不经意，所谓熟视无睹，充耳不闻，或非常熟悉却只知道大概而不明确它的周详。一般对这类事情提问，也很容易让对方陷入被动。

(8) 逼入绝境。即抓住对方的软肋，把对方的问题逼入死角，再发问，令其难以逃脱。

(9) 追问合围。即从几个方向、几个侧面、几个层次上同时问一类问题。但需要注意的是，这类问题必须对准一个核心，即辩论的主要立场和观点，以造成合围的阵势，使对方没有招架能力，更没有回手还击的能力。

(10) 夹击发问。即两个或多个人同时问同一类或一个问题，造成夹击态势，使对方顾此失彼。

(11) 同题异问。即面对同一个问题，以不同的角度提问，使对方难以自圆其说，应接不暇。

(12) 异题同问。抓住对方的不同问题、不同表述加以归纳、概总而问，从问题的深度与高度上使其无法把握,无力应答。

(13) 反复逼问。对本方提出的对方非答不可的问题,对方闪避了,就可以反复逼问,但是一般不能超过三次,不可以无限发问,那样反会造成无题可问或令听众厌烦的负面效果。

(14) 辐射发问。即在提出一个问题时,同时威慑到对方四个辩手,犹如子母弹一般,达到一石四鸟之效。这类问题,一般多在哲学或价值层面上发问。

(15) 同义反复。对于同一个问题,用不同的语言方式(或角度不同,或问语不同)发问。这类问题多为辩论的主要立场、观点方面的问题。

(16) 避实就虚。对于看似很近、很现实的事,用远视点来透视和提问。对方遥答往往答不得,近答又很难接上,陷入了难以捉摸、无从下手的窘境。

(17) 攻心激情。即用心理调控的手段,直击对方的情绪层,使其激动,引发其情绪连动,从而淹没对方的理智。但要注意的是,不能够进行人身攻击与情绪对情绪,更不可陷入无理纠缠甚至胡搅蛮缠的境地,那就画虎不成反类犬了。

(18) 请君入瓮。也就是布置一个辩论陷阱,让对方来钻,或想方设法将之套进去。其更高技巧就是连环套。

(19) 机智周旋。即忽然提这样的问题,忽然又提那样的问题,不离辩题却又忽东忽西,以思维的快捷与机智来取得主动。

(20) 答中带问。它分为两种情况:一种是在对方答问时发现问题(包括陈词阶段发现的问题)予以提问,另一种是在自己回答对方问题时的反问。

以上技巧是对自由辩论技巧的总括,在实际的辩论中未必都用得上,但只要掌握了以上技巧,自由辩论将会显得驾轻就熟、游刃有余,大家可在实践中体会应用。

4. 攻击的风格

由于自由辩论犹如疾风迅雷,不同场次、不同队伍的辩论风格也不尽相同。没有形成风格的队伍即使辩胜,也只是初级层次的。因此,有风格意识并力争形成自己的辩论风格则是一支辩论队有追求、有实力的表现,它其实是一支队伍整体人格的体现。

攻击的风格,一般而言有情绪型、理智型、稳健型三种。

情绪型的队伍往往只在趣事、情绪化的层面上实施攻击。它也能够引发一些活跃的效果,但是易于耽于情绪、就事论事,甚至会误入漫骂的泥淖,使辩论流于表面,层次不高,缺乏应有的深度。

理智型的队伍往往执着于理辩的层面,这容易体现思辨与深度,但是又会失于辩论的活泼不足,弱化了应有的欣赏性。

稳健型的队伍因为其理智和稳健,也因为其稳健而注意到了应有的活泼,是兼取了前二者之长的。显然，自由辩论的风格当以稳健为上。从比赛实践来看，稳健型风格的辩论队不仅易于取胜，且留给观众、评委的印象也比较深刻。

5. 攻击的节奏

攻击的节奏应以张弛有度、疾徐有致为佳。一味快疾或一味徐缓都有缺陷，前者易流于狂躁，后者易流于沉闷。

(二) 防守技巧

辩论中的自由辩论阶段就是由进攻和防守两个方面组成的，因此，不仅要有进攻的准备，还要有防守的准备。只会进攻不一定能够取胜，只会防守当然就更容易陷入被动。该防守就防守，该进攻就进攻，能攻能守的队伍才能游刃有余。

防守时，应该注意以下技巧。

1. 盯人技巧

盯人技巧，即各人盯住各人的对象防守。一般就是一辩盯一辩，二辩盯二辩……即一辩回答一辩的问题，二辩回答二辩的问题……这样各人都会有关注的具体目标，就不会出现容易回答的问题抢着回答，难回答的问题就你推我让的。当然，在分工之后又讲究合作，对于最难回答的问题，就由"灵魂队员"进行补救。

2. 优势优用

优势优用，即根据各人的长项来分工，首先确认辩手各人的长项，如长于说理、长于说史、长于记忆、长于辨析等，则承担相应的问题来防守，这样不至于出现混乱局面或冷场。

3. 合围技巧

假如对方有一位非常突出的辩手，不仅对方整个局面靠其支撑，且对本方的威胁很大，甚至本方队员对其有畏惧感，在这种情况下，一对一的战术是不太可能奏效的，那就采取合围技巧，即以全队四个人的力量来围击、合击，从四个人不同的侧面对准他的问题，以守为攻，一般都会有效。只要他顶不住了，那对方的阵脚就会乱了，自然就会垮了。但要注意的是，有实力甚至实力更强大的队员靠一两个回合是难以被制服的，因此要有韧劲，不可太急切，争取五六个回合使其难以招架，提不出更尖锐的问题，内在的进攻力度大大减弱，才能有取胜的机会。

4. 夹击技巧

夹击技巧就是对有的问题、有的队员采用二人夹击的方式来对待。

5. 高压技巧

一般在辩论赛中，由于参赛队的实力比较接近，所以在自由辩论中容易出现同位推顶的情况，一方面容易浪费时间，另一方面不容易取胜。破解的办法是采用高位迫压防守。如果对方提出的是现象问题，就将之上升到理论高度上来回答；如果对方提出的是现实问题，那就从历史的角度来回答；如果对方提出的是具体问题、微观问题，就以全景认识、宏观认识来回答，依次类推。若此，对对方的问题以高位下罩的方式使对方感到自己的思维、气势稍逊一筹，从而内心产生动摇，攻击力也就弱化了。

6. 指误技巧

指误技巧，即不正面回答问题，而是指出对方所问问题在逻辑上、理论上、事实上、价值上、立场上、表达上和常识上的错误，使之陷入尴尬局面。

7. 归谬技巧

归谬技巧，即对有的问题不作正面回答，而是将之作概括引申归谬，直指其终端的谬误，陷其于被动的境地。

8. 反问技巧

反问技巧，即从反方向上反问其问题的悖常性、悖题性、悖理性、悖逻辑性，从而化被动为主动。

9. 幽默技巧

幽默技巧，即面对自己能从容回答且有宽余的问题，适时幽对方一默，效果一定是绝佳的。

10. 简答技巧

介于一字、一词、一个成语、一个句子就能够答清，且能够反陷对方于被动的问题，就应该果断而适时地使用简答技巧。

11. 诱导技巧

对于那些喜欢滔滔不绝有演讲欲而又容易动情、不易冷静理智的辩手，表现欲特盛的辩手，以及语词啰唆繁复的辩手，在回答问题时不妨巧妙启发他的教导意识，任由其滔滔不绝地讲，其直接效果是消耗了对方的规定时间。

12. 揭弊技巧

在回答问题时，巧妙合理地揭示其弊端。例如，一个人陈词与发问中的弊病与矛盾，前一个问题与后一个问题的矛盾，两个或数个人问题中的矛盾等。揭示其弊端与矛盾，使其问题本身站不住脚，攻击便转为防守，目的自然也就达到了。

13. 激"怒"技巧

在答问时巧激其怒，使之心理由理智层进入情绪层，无法冷静，无从自控，就可能令他自己扰乱自己的心绪。但是，切忌不可使用人身攻击，这是违规行为。

14. 评价技巧

评价技巧，即不正面回答问题，而是对其问题予以评价，指其目的，断其归路。

15. 闪避技巧

闪避技巧，即对那些一两句话难以答清的问题，采用合理闪避的方式，其基点是不离开辩题的立场。

16. 反复技巧

反复技巧，即以同义反复的方式回答。也就是意思一样，但语言不同。

17. 类比技巧

类比技巧，即面对对方的问题不作正面拦截，而是用同类比较的方式，把问题抛回给对方。

18. 陷阱技巧

陷阱技巧，即在答问中巧设陷阱让对方进入，然后在下一个回合中予以反驳，使对方露馅。

19. 联动技巧

联动技巧，即本方二人以上联动，回答问题时一唱一和，此唱彼和、你呼我应，以整体的优势对之。

20. 侧击技巧

侧击技巧，即不正面回答问题，而从侧面引出相关问题，反请对方来回答。

21. 连环技巧

连环技巧，即在答问中故设连环，环环相扣，将对方的问题定格在某一环中，将其扣死。

22. 组接技巧

组接技巧，即将对方自己的立场或陈词、反问、答问中的语言予以组合回答，即以子之矛攻子之盾。

23. 名言技巧

名言技巧，即恰到好处地巧借名言、警语、格言、民谚、诗歌、歌词、流行语等来回答。当然也可以改头换面，重组搭配来回答。

24. 错接技巧

错接技巧，即有意错接问题，反让对方判断，以之主动防守。

25. 引申技巧

引申技巧，即将问题引申开来，揭示其实质与要害，再一口咬破，直断其喉。

(三)自由辩论中的其他技巧

1. 把握节奏

自由辩论的时间不长，但是由于争锋激烈，对抗性强，故往往呈现出很强的快节奏。一般而言，一强到底、一胜到底的队伍不多，这就需要有韧劲和持久力量才能取胜。故有经验的辩论队往往是先弱后强，欲擒故纵。其利在于先让对方强，以观察其底气，辨别其优劣，再制服他。

2. 避锋折锐

针锋相对，往往会陷于对峙和僵持。针尖对麦芒、你推我搡，既不利于取胜，现场效果也不好。故有经验的辩论队往往不正面迎击，而是闪避一旁，轻轻折断其锋锐。这种闪避不是回避问题，而是巧用智力，或侧击，或高压，或机智，或幽默，巧击要害，巧借场上效果来使对方退却。简言之，即以大智大巧而对，而不以表面热闹、直硬相拼见高低。

3. 把握时间

把握时间，即从严把握本方的时间，有意诱导对方在无意识中把规定的时间及早耗尽，以造成缺席审判的情势，这对本方极为有利。

4. 打乱阵脚

组织有序进攻，打乱对方的阵脚，使之兵未败而阵先乱，岂有不败之理？

5. 直击底线

有意识地对对方底线全力猛攻，使其自我动摇，无力接济，仅有招架之功，却无还手之力，处于被动境地。

以上所列技巧，仅是自由辩论中的一般技巧。由于辩论如战争，场上情况瞬息万变，这些技巧未必都对辩手有用。但只要辩手根据具体赛势，熟能生巧，就会有相应的制胜技巧。有道是"无招胜有招"，那当然是高境界了。而对于新辩手，了解一些一般技巧还是有必要的。

思考与练习

1. 怎样才能形成良好的语言习惯？
2. 口才的训练方法和技巧有哪些？
3. 利用学到的社交口才训练技巧、面试口才训练技巧在社会实践中进行一些有意识的实践练习，提高自己的社交能力和应对面试的能力。
4. 辩论赛的特点是什么？如何在辩论中确立论辩的思路？辩论中反客为主的技巧有哪些？
5. 辩论赛中自由辩论的技巧有哪些？

第四章 演讲应用技巧

学习要求

掌握演讲的准备技巧、演讲稿的准备技巧和演讲语言的表达技巧,以及演讲过程中的实用技巧,提高演讲的表达效果。

第一节 成功演讲需要解决的五个关键问题

学"演讲"到底学些什么?这是每一个初学演讲者必然会提出的问题。学什么?往简单了说就是要既学会讲又学会演,这可以称作是演讲的第一层次(或叫初级阶段);再进一步说就是要学会在别人,甚至是众人面前(公共场合)既会讲又会演,这可以称作是演讲的第二层次(或叫中级阶段);如果再往高了说,就是你的演讲能让人听、让人信、让人喜、让人忧,一句话,就是能让听众和演讲者同欢乐、共悲戚,这可以称作是演讲的第三层次(或叫高级阶段)。要想真正做一次成功的演讲,不是一朝一夕之事,它需要一个人不断地去积累、锻炼。但更重要的是在每次演讲前必须解决好以下五个关键问题。

1. 你是谁

就是要向听众作自我介绍,介绍的关键是"两真",即真诚、真实,这是让听众接受自己、信任自己的前提,是演讲的第一步。自我介绍要把握好如何介绍自己的职业、职务、业绩、荣誉以及一些有特点和个性的东西,要让听众感到你不仅是值得信任的,而且是权威的、专业的,这就为你成功的演讲奠定了基础,铺平了道路。切忌的是啰唆、含糊,如果第一眼、第一耳就让人大煞风景,是注定要失败的。

2. 我为什么要听你讲

当今社会是一个公平的经济社会,人与人之间的关系有真情,但也不可否认利益关系是造成人际交往中的一大障碍。基于这样的认识,听众就有疑问了:"我为什么要听你讲?"所以,演讲者务必要打消听众的这一疑问,让听众主动地、积极地愿意听你讲,而不是被压抑地、被逼迫地听,这样演讲的质量和效益就有了。因此,你一定要在开始部分向听众讲明:我所讲的内容某一天一定会帮到你,对你是有用的,听了是收获,不听是损失,这样听众就会服帖、尊重你。也就是说,你与听众建立了良好的、积极的听和说的演讲机制。

3. 你讲的跟我有关系吗

据有关人士调查统计，一般情况下无论会议形式、大小、会议内容以及重要程度如何，人们在听会时，往往听到心里的都是与自己关系最密切的内容，而对领导或其他什么人讲的其他什么内容往往没有多少记忆。譬如：单位开会时，员工记忆最深的可能是与人事、工资、福利有关的内容；学生可能最关心的是考试形式、内容方面的话语(老师一旦讲到这些地方是考试的重点，相信绝大多数同学的精力一定是高度的集中)。人永远都是最关心自己的，从这一意义上说，人是最自私的。所以，你在演讲前一定要申明这次演讲的重要性以及与听众的关系。做到了这一点就抓住了听众的心，因为他最关心地就是与自己的利害关系，他会急切地想知道跟自己的关系到底怎样。这种积极的听取心理为成功演讲创造了一个积极的心理氛围。

4. 你讲的是真的吗

其实，有了前三个问题巧妙地处理和预置，当演讲者侃侃而谈时，听众还是有疑问的。俗话说"耳听为虚，眼见为实"，这一习惯意识的作用千万不可忽视，更何况现今社会耳听未必是虚，眼见也未必是实，真真假假纷繁复杂的社会现象让人们产生了一种戒备心理，总是对一些事物抱有一种怀疑态度，这是可以理解的。作为演讲者切不可对这些不利因素置若罔闻，这需要你学会充分利用演讲中的道具：实物、具体的人和事(必要时甚至应用到现场的人和事)、数据、证书、音影以及其他凡是对你的演讲有利、有用、有说服力的道具。这些有声或无声的道具的使用，不仅使演讲在这一特定的时空中的作用非言语可比，而且打消了听众的怀疑心理，使演讲又向成功迈进了一步。

5. 建立最终信任感

这是在前四个问题都成功解决的前提下自然而然的一种结果，不管演讲者如何口若悬河，文采飞扬得如"大珠小珠落玉盘"，但是如果没有了信任，根本无法成功交流。这不仅是演讲中强调的，就是在日常生活中，人与人之间如果没有了充分的信任，我们很难想象这世界将会怎样？所以，建立最终信任感也是为演讲建立最有效、最直接的交流通道，是演讲成功的最大保障。

五个问题归结起来实际就是第五点的意思，其核心是"信任"。但要做到第五点，就必须做好一加二加三加四。这就解决了演讲的第一难题，接下来就是演讲的具体准备工作了。

第四章　演讲应用技巧

第二节　演讲心理准备

"只要遵循正确的方法，做周全的准备，任何人都能成为出色的演说家。反之，不论年纪及经验多么老到，若没有适当的准备，仍会在演讲中出窘。"(卡耐基《语言的突破》)

要想使自己的演讲富有吸引力和感染力，达到良好的效果，演讲前的准备工作是必不可少的。全美最享有盛名的口才和演讲学家多罗茜·利兹(Dorothy Leeds)在其《口才》一书中对演讲的准备工作作了较为详细的阐述，本节将结合其理论和其他一些演讲名家的经验，对演讲准备工作作一介绍。

在公共场合中，能让自己的语言像清泉潺潺流出，激人奋进，启人心智，是大多数人的愿望。但对于多数人来说，胆怯、缺乏自信是最大的心理障碍。要成为一名好的演讲者，必须从消除恐惧，建立自信开始。

西塞罗曾经说过，一切好口才的真正价值都是被紧张情绪所激发出来的。恐惧其实是帮助和保护自己的一种本能，全新的或危险情况都会激发人们"战斗"或"逃跑"的反应：脉搏加快，肌肉抽紧，肾上腺素猛然增高，从而使得你能够提供人体作出任何反应所需要的能量。无论你面对的是真实的或臆想的恐惧，或者身体将遭受伤害、情感上受到压抑，人体作出的反应都是同样的。而讲演者则将从中受益：肾上腺素转化为能量，人的头脑变得更为灵敏，新的思想、事实和创意由此源源而生。

而事实上，每个人都有自己解决恐惧的方法，例如，温斯顿·丘吉尔喜欢假装把每位听众都当成裸体的；富兰克林·罗斯福则会假设所有的人袜子上全都有破洞；而卡罗·贝内特会认为听众全都坐在抽水马桶上等。相信你也有自己的解决办法。

根据调查，我们知道演讲者一般都要经历四种恐惧情绪：担心表现不佳；担心听众的反应；担心遭遇尴尬场面；担心材料准备不够充分。下面的方法，对消除这四种恐惧情绪会有启发。

一、相信自己是最棒的

如果用录像机录下演讲者的演讲实况，95%的人看到自己讲话时拍摄下来的录像都会非常惊讶，因为从屏幕上听众根本察觉不出自己当时的紧张情绪，他们也无法知道自己其实有多么紧张，同时他们也不能看到自己内心深处的思虑。其实，大多数人在同样情况下也都会有如此心理过程。有这样一个例子，一个男孩在深夜走过一片墓地，刚开始他大大咧咧地走着，还随口吹着口哨，什么事也没发生。不过后来他决定走快点儿，可是加快了速度之后他就忍不住开始跑了；等到他真的撒开腿往前跑的时候，他已经觉得非常害怕了。可见一个人的心理作用是非常大的。下面三种方法会帮助你消除紧张情绪。

1. 深呼吸

注意用鼻子深呼吸，做深呼吸的目的是供给你充足的氧气，帮助你在演讲中更好地控制自己的声音。这里所讲的"呼吸"当然指的是腹呼吸而不是肺呼吸。这样一来你就不会轻易感到口渴，从心理到精神都会有一种放松感。

2. 肌力均衡运动

肌力均衡运动是指有意识地让身体的某一部分肌肉有规律地紧张和放松。比如你可以先握紧拳头，然后松开；你也可以固定脚掌，做压腿动作，然后放松。做肌力均衡运动的目的在于让你某部分肌肉紧张一段时间，然后你便不仅能更好地放松那部分肌肉，而且能更好地放松整个身心。

3. 放松颈部肌肉

从一侧肩膀至另一侧肩膀活动头部，这可以有助于放松你的喉咙和声带。

二、听众与演讲者是一体的

在演讲中，听众并非单独撇开你，将你弃置于不顾。事实上，听众也许正在瑟瑟发抖，暗自庆幸站在台上的是你而不是他们。他们希望将控制权交到你手上，专心倾听和学习，只有你表现得自信、大权在握时，他们的倾听才是最有效的。无论内心有多么紧张，伟大的演说家总能够向听众证明他的完全控制能力。如果讲演者看上去局促不安，听众也会难以放松，只要充分展现出自信的一面，你就已经赢得了观众的欣赏。

三、面对尴尬，从容镇静

凡事预则立，不预则废。你必须预先估计到会场上会有片刻的停顿和静默，等到事情真正发生时就不会感到难以接受。此外，不同的听众自然会作出不同的反应，你不能指望普通大众和一位专业的技术爱好者会发出同样的呼声。多罗茜·利兹在《口才》一书中介绍了她的一次尴尬经历："我站在讲台上做一场演示，当时穿的是休闲裤。讲演进行了一个小时以后，听众里的一位男士向我打手势说，'多罗茜，你的裤子拉链开了。'我的脸一下子红得好像新泽西的西红柿，而且我也不知道该怎么办才好。随后我发现了角落里的白板。于是我赶紧溜到后面，拉上拉链，转身回到舞台中央，张开双手说'我回来了！'观众对此十分欣赏。只要我能够正视这一时刻，他们也就能够，而且他们知道他们完全可以相信我能够处理好可能发生的其他一切事情。听众之所以希望信任你，是因为当你站在他们面前的时候，你就是他们的领袖。他们希望你能够照顾他们。如果你在某些小问题上失败了，他们可以理解你，但他们不希望领袖辜负自己的期望。"我们不妨从中得到些启发。正视尴尬，从容镇静，这也是听众所希望的。

四、提炼材料，让真理发光

有时演讲也会存在一定的"遗憾"，总感觉讲得还应更好，材料应该再充实些。其实，在广泛占有材料的基础上，最关键的应该是对材料的提炼，哪怕是最平常的材料，如果演讲者也能提炼出别具一格的真知灼见，其影响力同样强大。真理并不一定存在于深奥偏僻的角落，在平常的材料中，只要找准了你演讲所需要的情感兴奋点，同样会有震撼力。

通过以上分析，我们不妨对冲破恐惧心理障碍的处理技巧作以下梳理。

(1) 承认内心的恐惧，并且了解恐惧的源头，让自己有主动的控制权。
(2) 利用恐惧所产生出来的能量，打破自己的心理壁垒。
(3) 认识到恐惧对于当众讲演者来说是非常正常的，关键是要说"我能"。
(4) 领悟到你的恐惧无须向公众展示，听众同样盼望着精彩。
(5) 唯我独尊，通过情境预设把自己假设成出色的演说家。
(6) 把听众当成你的同盟军，因为听众"和你在一起"；在听众的需求上集中注意力。
(7) 就你关注的问题演讲——我知、我思，故我讲。
(8) 充分的准备加上反复的练习，只待"东风"话春秋。
(9) 我的隐私我知道，通过无伤大雅的小诀窍驱散恐惧。
(10) "我是主角"，学会用积极的态度看待自己。

辩证地说，恐惧也有其好的一面。人们认为有好口才很难，对人的要求也极为严苛，这种印象增加了一位自信的讲演者的权威，能够征服讲演这一可怕的任务的人总是会由此被当成更加睿智和更富自信的。这一信心来自于内心深处，只要你相信自己有能力成为自信的演讲者，那么要达到这一目标就已经容易得多了。

支持讲演或演示前你的自信的最佳方式就是积极地思考。用积极的和正面的念头把你的大脑填塞满，对自己重复带有正面暗示色彩的类似呼呼的句子："我不仅泰然自若，充分做好了准备，而且循循善诱，积极向上，强大有力；我同时也沉着冷静、自信，令人信服，能够发号施令，引人注目。"

第三节 演讲的准备程序

亚伯拉罕·林肯向来以长达数天或数周的时间准备一场演说而闻名。他会在帽子上草草写下随时想起来的提示，最终再将这些提示重新整理一番，抄写下来并进行修改，进而形成他的演讲稿。但是直到演讲最后一刻来临之前，他依然在不断地沉思和推敲。在发表著名的《葛底斯堡演讲》前的周日，他告诉一个朋友演讲词还没有最后完稿。"我已经写过两三遍了，但是我还得重新修改一遍才能满意。"演讲的前一个晚上，他把自己和人群远远隔离开来练习演说。他忙碌了一整个晚上，连去墓地的路上依然在不停地琢磨。然而等到演讲的时候，他用了不到 5 分钟的时间，发表了这个国家最著名的演说，其中仅仅包含了 266 个单词。

林肯的故事向我们阐明了一个深刻的道理：要想有成功的、精彩的演讲，精心的准备是必不可少的。演讲活动是一项复杂的语言表达形式，需要演讲者精心准备，运筹帷幄，以决胜现场。

解决了演讲的心理恐惧屏障，我们再来介绍一下演讲的具体准备程序问题。

1. 明确演讲的目的

每一场演讲都会有自己的主题和存在的理由，这是演讲成败的关键因素。你演讲的目的是通告信息呢，还是取悦或者说服听众，或唤起听众的行动？只有明确了演讲的目的，在演讲的过程中才能做到有的放矢，有力地进行现场调控。

2. 认真分析听众

听众的思想状况、文化程度、职业状况，以及心理需求等，都会对演讲有制约作用。分析听众即对听众的年龄、性别、宗教取向、种族和民族以及文化背景、所属团体、听讲的意愿性质等特征进行分析。

以上分析涉及听众的构成因素和需求因素，此外，分析听众还应考虑听众的意愿情况，以确定自己的演讲方式。

根据听众的意愿情况，可将听众分为三种：随意听众、必听者和自愿者。对于随意听众，要先让他们同意你是演讲主体，使其感兴趣，进而抓住其注意力；对于必听者，兴趣仍然很重要，需要演讲者精心组织演讲词，让其产生思想上的共鸣；对于自愿者，由于是对演讲者或演讲内容有兴趣而来，演讲者可深入主题，直接按预定方案演讲即可，不必担心失去听众。

听众的接受与否是衡量演讲成败的标准，演讲中一定要记住面向你的听众讲话；了解其成员及他们的兴趣、态度、目标和恐惧，谈论他们知道的和关心的话题，如此你就已经向令人印象深刻的目标迈进了一大步。

3. 收集足够多的材料

材料是演讲的支撑，要在演讲前思考为什么你已经知道和相信这一主题是和听众相关的，以及什么样的额外研究是你能够并且应该做的。由于互联网技术的广泛应用，我们能够马上得到希望的数据，这一过程已经变得容易得多了。当你被脑海中不断浮现出来的主题折腾得筋疲力尽时，可以去图书馆或者询问同事，做做调查研究工作。这不妨效仿那些新闻记者，虽然大部分的调查结果他们从来不会使用，但是研究工作却使得他们能够有充分的储备量以供随时从中汲取营养，从而他们可以比开始接触某个主题前更加专业。只要学习了足够多的知识，你不但真的能与听众交流，而且也能增加自身的知识储备。

4. 用一个句子精确概括演讲目标

这将是演讲准备的重点所在，也是演讲的主题所在，甚至还包括如何撰写标题。在组织讲稿里的其余部分时，你还需要不断重温这一纲领性的句子，以确保不会偏离总体目标。

5. 准确制定提纲

演讲提纲的目的是帮助你记住想说的话，提纲强调了演说中最重要的因素，剔除了多余的材料，并帮助你选择最佳的论证信息。提纲将迫使你分析演说的逻辑并揭示推理中的缺陷或瑕疵。条理分明的提纲也能帮你演说时更出色地表现，因为此时你的脑海里可以清晰地重现主要要点。

从某些方面来说，提纲里面应该包含关键词或短语来刺激你的记忆，还有一些基本的统计数字与引语。但是，演讲提纲中还应该包括没有包括在准备提纲中的一些材料，尤其是引导和强化表达的一些线索。

起草准备提纲实际上就是指把演讲合成一个整体。在这个阶段，你要决定自己在演讲的开场白部分说什么、如何在演讲的主体里组织要点和论证材料，以及在演讲的结语部分说什么。提纲中你应把观点精简至两三个主要句子或关键性段落，并按照最令人信服的顺序排列先后。

6. 周密添加论据

有了提纲只是完成了第一步，此外，你应该用各种各样的释义、论据、事实、实例和故事来充实提纲，使得你的主要论点有血有肉，从而具有深度。根据经验而言，你可以用5%的时间解释讲演的目的和基调，10%的时间列出提纲，其他10%的时间花在视觉教具上，再用25%的时间进行训练。

这种时间的分配事实上意味着将要有50%的时间都花在对论点的支撑上，演讲将会因此而丰富和生动起来。讲话的基调既可以是严肃的或者愉快的，也可以和听众拉近距离、建立亲密联系。但无论确立何种基调，你选择的论据必须是加强这种基调的并确保讲话的生动性。

7. 备好所有辅助性的视觉教具

视觉教具指的是在演讲过程中辅助演讲的一些实物。如图片、视听设备资料等具体实物。如果讲话中需要视觉教具，一定要提前准备好；但如果你不需要它们，稿中的材料也无须借助它们的演示，那么千万不要勉强，以免画蛇添足。

如果运用得当，视觉教具自有其效用。当人们同时听到和看到时，他们能够记住 40%的内容。可以使用的视觉教具其实非常简单。有一位销售人员在讲话时突然举起一只破了一个大洞的皮鞋向听众展示，他的观点是，鞋子经常会因过多地行走而磨损——这一示范果然令人印象深刻。

8. 精心准备一段富有冲击力的开场白

作为演讲者，不管你准备了多少演讲内容，最初的 30 秒是最重要的。不要小看这短短的开场白，它将决定此后你所说的每一句话的命运，听众将根据你给他们留下的第一印象来决定是否耐心聆听你的演讲。因此，你必须把握好自己的开篇，事先反复练习。

开场白既可以是一则风趣幽默的小品，也可以是一个令人惊讶的故事，或者向大伙通告一条消息甚至发起挑战。总之，针对具体情况，开场白可以是任何有创意的发言，这将奠定人们对你的第一印象，它可能会抹杀随后的全部内容，也可能会吸引人们仔细聆听你的演讲。

"先声夺人"也是演讲中的一个技巧，不要把最重大的惊人之事放到最后，用事实和论点抓住人们的心——越早越好。

9. 认真提炼结论

用浓墨重彩全力推出结论，即使你最终只不过是在总结主要的观点而已。随后用强有力的语气向听众提出挑战，你期望他们根据你提供的信息有所行动。就像开头一样，结论也必须是令人瞩目的，这样演讲的效果将会大大提高。

10. 潜心写演讲稿，反复锤炼和修改

成功的经验告诉我们，一篇好的演讲词除非有了丰富积累和沉淀，以及恰当的表达方式，否则很难一气呵成而没有瑕疵。因此，你可先将讲演稿搁置一两天，随后回过头来将你认为需要的部分重写一遍，这样做会使你的演讲词有很大的提高并进一步完善。

有效的书面交流和口头传播是不同的。讲演只是暂时性的事件，一个个词语飘浮在空气中，随后马上就消散了。如果你能够充分利用口头沟通非正式的特性和优势，那么你的听众肯定能更好地倾听和理解你的发言。运用短小精悍的句子和词语、生动的语言，强调和重复以及提问……这些手法都可以使你的语言更加生动形象和易于记忆。

第四章 演讲应用技巧

11. 准备好信心卡片

信心卡片其实就是为自己的演讲而准备的提示卡片，主要看上面是不是全部清晰地标上了号码，以及你演讲的所有要点或重要的引文提示。

12. 有效控制演讲时间

即使你无法精确地按秒计时，把讲演录下来随后估测时间仍然不失为一种无可替代的好方法。如果你准备了一大堆笑话、故事和问题，那么你应该替它们额外留出多余的时间来，以免因时间不足而影响演讲质量。

讲演时，在讲台上容易看到的地方摆上一只数字计时器或手表，也可以安排一位听众在讲演只剩下最后 5 分钟时给你发出暗号。此时你就知道在剩下的这 5 分钟里，当你结束发言或提问之前，你的时间只能用来阐述一个重要论点了。

各种类型的演讲对时限的要求不尽相同。比如比赛性演讲，就是在特定的目的（"比赛"）下，机关、单位或者团体、组织为了考核和评价人才素质而集中组织多人参加的演讲活动。为了防止参赛者因信口开河而浪费时间，一般都有"三至五分钟"这样的明确要求，参赛者虽或多或少有"戴着镣铐跳舞"的感觉，但不得不按这个特定的时限要求精心准备。一旦出现超时现象，就会削弱演讲效果从而导致"失分"。又如在一些国家的公众性发言场合，为了防止一些"雄辩家"漫无目的的长篇大论，还采取手拿冰块、打铃警告、单腿站立这样一些"新奇"的办法，这也是人为限制演讲时间的表现。但有两种情况例外，具体如下。

一是非短不可。如社交礼仪类中的欢迎词、贺词等，主要讲究规范性、程式性和礼仪性，大都必须在较短的时间内完成，如果冗长啰唆，就会显得"失礼"而贻笑大方。比如在文艺晚会上，观众对精彩节目望眼欲穿，此时若有不识时务的领导或"贵宾"手执话筒就老掉牙的所谓"意义"唠叨不休，一定会引得嘘声四起，从而影响了演讲的效果。

一是非长不可。比如学术研讨类的演讲，一般是就某一门类专业知识进行说明和论证，讲究理论性、逻辑性和科学性，要求把所讲述的观点和所使用的材料、数据准确无误地传达给听众，演讲者如果急于求成，一味求"简"，就会降低演讲本身的学术价值。据载，古希腊的一位国王曾要求阿基米德用最经济、最简洁的语言把几何原理讲清楚，尽管阿基米德尽了最大的努力，国王还是不能听懂，阿基米德只好坦率地说："陛下，乡下有两种道路，一条是供皇家走的坦途，一条是供老百姓走的坎坷小路，但是在几何学里，大家只能走同一道路。走向科学，是没什么皇家大道的。"由此可见，这类演讲是不能用几句话就说得清的，这就需要演讲者根据演讲类型和特点恰当处理，准确把握。

13. 详细列出最后需要明确的事项清单

准备工作的一个关键方面是准备和控制你的演讲环境。为了避免上台前最后一分钟时出现问题，你必须确保照顾到所有琐碎的细节。真正有备而来的演讲者汇集的事项清单必定是事无巨细、全面具体的。

14. 注意演讲时间的控制

通盘考虑，我是否在演讲中协调了提问和回答的时间，这将有助于在有限的演讲时间里，合理、完整地结束你的演讲。

准备工作无捷径可言，这14个步骤组成了人们讲演时依据的最终概要。当然，你完全可以跳过其中一条，或者略掉某个生僻的环节，然而观众的眼睛是雪亮的，成功讲演的每一分钟都要有一小时的准备工作作支撑。

当然，演讲前到现场实地了解一下环境，以及演讲使用的设施情况，与听众或工作人员做一些必要的沟通，对演讲是非常有利的，甚至有些信息会充实到你的演讲中，收到一些意想不到效果。

第四节　演讲稿的准备技巧

成功的演讲不外乎两点：一是内容上的，即精彩的演讲词；一是形式上的，即语言的表达。这里先向大家介绍内容上的，即演讲稿的准备。

一、演讲词的篇幅

一篇演讲稿多长为宜，这很难说，需要根据演讲的性质而定。但事实上，好的演讲其文字载体——演讲稿，并不以长取胜。

马克·吐温曾针对"演讲是长篇大论还是短小精练"这一问题讲过一个故事："有一个礼拜天，我到教堂去，适逢一位传教士在那里用哀怜的语言讲述非洲传教士的苦难生活。当他说了5分钟后，我马上决定对此事捐助50元；当他接着讲了10分钟后，我决定把捐助的数目减少5元；当他继续接着讲了10分钟后，我又在心里减到35元；当他再讲了一个小时，拿起钵子向听众哀求捐助并从我面前走过的时候，我却从钵子里偷走了两元钱。"马克·吐温形象地表达了演讲需要简练，太长了不但不能给人以振奋，反而令人讨厌。

在日本，婚礼致辞通常被称为"3分钟演讲"，其他一些政治性或学术性的演讲，一般也不会超过10分钟。恩格斯在马克思墓前的演说有1200多字，大约5分钟；毛泽东悼念张思德同志的悼念演讲《为人民服务》不到 1000 字，大约 4 分钟；1954 年丘吉尔访问美国，副总统尼克松的欢迎词只用了 90 秒钟。

林肯的世界著名的《葛底斯堡演讲》，总共 10 句话，600 余字，不到 3 分钟。与林肯共同演讲的还有当时享有成名的演说家爱德华·埃弗雷特，他对同一主题做了两个小时的演讲。事后，他曾写信给林肯说："我花了两个小时才刚刚接触到的主题，你几句话就表达到了……"埃弗雷特当时的演讲效果还不错，但早已被人遗忘，而林肯那铿锵有力、简洁明快的演讲，则使后人难以忘怀，成为世界上不朽的文献之一。

以上事例都说明，演讲稿不是以长短论成败，关键是短小精悍、言简意赅，能说明主题；否则，即使再长也没有意义。

二、演讲词的题目

演讲词的好题目如同人的好名字一样，听起来舒服，有感染力。名字是人听觉上的第一感受，同样，演讲的题目是听众对你的演说耳闻或目睹到的第一个要素，理应获得更多关注。给演讲词命名需要下一番功夫，动一番脑筋。这里向大家介绍三种常用的命名方式，以资借鉴之需。

1. 点睛之笔，诠释主题

演讲是向众人宣讲一种观点、主张，任何演讲都是有主题的，这一主题都可用一句话概括出来，如果将这句浓缩了全部演讲词精义的话再作压缩，精练成一个短句或是一个更简练的词组，就是演讲词的题目了。

恺撒在公元前 48 年对他的将士们发表了一篇演讲《不战胜，决不离战场》，题目就是一个短句，坚决之意、必胜之信心跃然纸上，极具鼓动性。

孙中山在同盟会成立前几天发表了一篇演讲《中国决不沦亡》，题目就是一个简练的句子，其中所包含的救亡图存和不做亡国奴的拳拳之心自不待言。

毛泽东在新中国成立前夕，在中国人民政治协商会议第一届全体会议上致了开幕词，题目是《中国人民站起来了》，一个受压迫、受奴役的民族获得解放、当家做主的喜悦之情一言蔽之，可谓精彩之致。

以上例子是用主题句子作的题目，其特点是具有口号式的特点和作用，极具煽动性。

1962 年 5 月 2 日，麦克阿瑟将军在西点军校被授予西尔韦纳斯塞耶荣誉奖章时，发表了一篇题为《责任——荣誉——国家》的演讲，他认为军人的荣誉就是担负责任，保卫国家，演讲题目很好地诠释了这一主题。

1892 年 11 月 6 日，梁启超先生发表了一篇题为《人权与文权》的演讲，也是一个词组式的题目。

词组式演讲的题目比句子式的更为精简，并且还有含蓄的、极强的暗示作用。

2. 欲说还休，牵着听众的感觉走

演讲是为了让人有所听，有所驱使，如果将话说了一半欲言又止，必然会引起人们的兴趣，急切盼望着想知道你下面将会是什么内容，从而产生一种神秘感，这样演讲的效果会不错。

美国第一任总统华盛顿就职演讲的题目是《我的热情驱使我这样做》，怎样做？没有明说，恐怕只有听完了他的演讲，你才能有明确的答案。

19 世纪初，美国著名演讲家韦伯斯特在悼念美国独立战争时期杰出的政治家亚当斯时，演讲的题目是《我将时刻准备着》，准备着干什么？是一悬念，听下去就知道了。

此外，疑问句式的题目也属此类，都具有同样效果。

3. 领异标新，独出心裁

领异标新，独出心裁就是出其不意，避免陈词滥调，给人以耳目一新的感觉。

马克·吐温有一篇非常著名的演讲，题目叫《我也是义和团》，语出惊人，不同凡响，引人注目。在这篇演讲词里，马克·吐温表达了他对中国人民友好的感情以及对义和团运动的支持，作为一个美国人，有这样的态度，说出这样的话，是不简单的，是非常难能可贵的。这样的题目不仅让美国人感到新奇，就连中国人也感到新奇，看(听)完演讲，我们才知道这个题目奇而不怪，恰如其分。

1978 年 3 月 31 日，郭沫若在全国科学大会上发言，题目是《科学的春天》，也属此类。人们不禁会问，科学也会有季节吗？而了解中国当代历史的人都知道，"文化大革命"中，中国的一切都受到了摧残，如同荒凉的严冬，没有一丝生气。而"文化大革命"的结束，中国的科学发展及其他工作才迎来了新的春天。"科学的春天"后来成为一句惯用语。"没有邓小平同志，就没有知识分子的春天"，就是邓小平逝世后，人们从这里演化而来的。

再如鲁迅先生的一篇杂文题目是《我要骗人》，印度大文豪泰戈尔的一篇演讲的题目是《我们不向别人借贷历史》，都是领异标新，别有洞天。

可见新颖的演讲题目不仅会让人产生一种心理上的趋向性，还会产生意想不到的文化延伸作用。

三、演讲词的开头

自我介绍是听众了解演讲者的第一个窗口，也是给他们留下良好印象的绝佳机会，有经验的演讲者绝不会放过这个关键的环节。通过自我介绍，你可以让听众了解你的概况，信赖你的权威，同时自然地将听众引入你的演讲。

第四章　演讲应用技巧

良好的开端是成功的一半,其实不论是写文章、面试、约会,还是演讲,第一印象都非常重要。尤其演讲,一开始就必须抓住听众的心,吸引其眼球,这对演讲的成败很关键。

中国古代写文章有"凤头、猪肚、豹尾"之说,意思是说文章开头一定要写得文采飞扬,像凤凰的头一样美丽,有吸引力;中间部分要写得充实、圆润;结尾部分一定要有气势,不能虎头蛇尾。演讲词的撰写也是一样。

演讲词的开头,实际上就是演讲的开场白,开场白是否有冲击力,关系着整个演讲的成败。演讲词的开头应该尽量简短,正常情况下,应该只占演讲的 10%~20%。这里向大家介绍几种常用的演讲开场白。

1. 设置悬念式

演讲伊始就设置悬念,可以抓住听众的心,起到一种"镇场"作用,激发起听众强烈的兴趣,推动演讲的顺利展开。

一位演讲者一上台便问听众:"朋友们,我想问大家一个问题,人是从哪里衰老的?"台下立即活跃起来,有的说大脑,有的说心脏,有的说肚皮……答案各异,妙趣横生。可演讲者一言不发,总微笑着摇头,等大家安静下来,这才不慌不忙地说:"我看,有的人是从屁股先衰老的。"全场哄堂大笑,霎时一片寂静,欲听其详。接着演讲者说:"某些领导不深入实际,整天泡在'会海'里,坐而论道,屁股可受苦了!既要负担上身的重压,又要与板凳摩擦,如此一来,岂不是屁股先衰老么?"接下来的效果可想而知。

2. 援引事实式

用一些初看不太可能,但的确是现实的典型事例来开头,同样能抓住听众的心,吸引其注意力。

卡耐基曾说他的一个学生在一次演讲中是这样开头的,"各位听众:你知道吗?现在世界上还有 17 个国家未取消奴隶制。"听众自然大吃一惊:"什么?目前还有奴隶制?什么年代了?是哪些国家?在哪儿?"吊起了听众的胃口,演讲自然就顺利了。

3. 幽默故事式

用幽默诙谐的语言和新奇有趣的比喻开头,紧扣主题,给人以启迪,既引人发笑,又能让听众在笑声中思考,也是演讲中常用的开场白。

有位演讲者在作一个题为《看了金牌之后》的演讲时,借用了相声中的一个故事,逗人发笑,妙趣横生,又与主题联系紧密,演讲效果极佳。

有一段相声说,在李莲英大总管大红大紫的年月,中国曾派过体育代表团参加奥运会,这位只会喊"喳"的小李子不懂什么是国歌,一直是以《贵妃醉酒》来代替。而且选了会飞檐走壁的大侠去跳高，选了皇宫里传旨的小太监参加短跑。找了北京天桥几个变戏法的，每人怀里揣一个篮球去和洋人比赛，结果把篮球变来变去，不见传球，只见入网。打那以后，打篮球都只穿背心和裤衩，就是因为吃了李莲英的苦才作出这一国际性规定。

4. 个人体验式

用一个与自己相关的故事开场也是一个特点鲜明的选择。任何一个故事，尤其是一个亲身经历的故事，其有效与否取决于故事的内容，也取决于演讲人讲故事的水平。演讲人可以利用停顿、视线接触和声调的变化来使话语的效果达到最佳状态，并使听众注意到演讲。

通过这种亲身经历可以迅速拉近你与听众的距离，博得听众的同情与好感，同时也使你的主题得以认可。

此外，比如情景资料式、引经据典式、视觉教具式、引用权威言论式、作比较式、下定义式、提问式、透露话题式等，演讲词的开头很多，其作用就是要唤起听众的好奇心，引起其兴趣，以便取得良好的演讲效果。至于哪一种更适合演讲者本人，这需要演讲者在广泛的演讲实践中，根据不同的演讲主题进行选择。

无论你的开场白如何精彩，如果听众不买账，演讲就不会成功。这就涉及演讲者的可信度和信誉的问题，也是在演讲伊始就应解决的重点。

可信度大部分是关于是否有资格就既定的话题发言的问题，也是关于听众是否感觉到你有资格来谈这一话题的问题。如：

我对民权运动的历史产生兴趣已经有好几年了，我看了大量关于这方面历史的书籍和文章。

关于儿童早期教育的大量问题，我是从我母亲那里得知的，她是圣弗兰西斯科学校系统的一位教师。

信誉，是听众对演讲者的声望、名望等的了解。这需要演讲者应当在生活中建立好的声望，如果演讲中话题引起某些听众的敌意，必须努力在演讲的开始就消除敌意，以免影响整个演讲。

四、演讲词的结尾

演讲的结尾是让自己的想法深入听众内心的最后机会，并且，最后的印象也许会在听众的心里存留下去。

梨园有句行话："从上场和下场，就可以知道他们的本领。"同样，演讲的开头和主体尽管好，但结尾如果平淡无奇，也很难说是成功的。以下几种结尾形式是值得演讲者学习的。

第四章　演讲应用技巧

1. 把最炽热的感情放在最后，把激动留给听众

聪明的演讲者在结尾之前不把话全说完，而是把最精彩的留在最后说，等到感情一层层升华到顶峰，演讲也就结束了。因为不在高潮处打住，就必然是走向低谷了。学会演讲控制，也是一种技巧。

亨利的著名演讲《不自由，毋宁死》就是最典型的例子。开始，亨利说"没有人比我更钦佩刚刚在会议上发言的先生们的爱国精神与见识才能了"。然后慢慢展开陈述其不同意见：求和不是出路，只有战争才能换来自由。随后再反驳保守派们提出的力量单薄、难以取胜的问题。随着感情的步步升华，最后达到高潮。

回避现实是毫无用处的。先生们会高喊：和平！和平！！但和平安在？实际上，战争已经开始，从北方刮来的大风都会将武器的铿锵回响送进我们的耳鼓。我们的同胞已身在疆场了，我们为什么还要站在这里袖手旁观呢？先生们希望的是什么？想要达到什么目的？生命就那么可贵？和平就那么甜美？甚至不惜以戴锁链、受奴役的代价来换取吗？全能的上帝啊，阻止这一切吧！在这场斗争中，我不知道别人会如何行事，至于我，不自由，毋宁死！

这暴风雨般的情感，掷地有声的质问，震撼人心！难怪当时会场响起了"拿起武器"的激烈呼声。假若亨利再说一通，有这样的效果吗？恐怕只有冲淡感情而起不到强化作用了。

闻一多先生《最后一次演讲》的结尾是这样的：

我们不怕死，我们有牺牲的精神！我们随时准备像李先生一样，前脚跨出大门，后脚就不准备再跨进大门！

"前脚跨出大门，后脚就不准备再跨进大门！"多么生动形象，多么英勇无畏，多么气壮山河，这也是把最精彩的留在最后说产生的强烈效果。

闻一多先生如此正义、如此英勇的演讲自然要得罪特务们了，在他发表这次演讲后不久，就被特务们暗杀了，6000多市民为他举行了极其隆重的追悼大会。闻一多先生的儿子代表家属致答谢词，他那满怀悲愤的凭吊演讲，同样强劲有力，让人感奋。其结尾是这样的：

我爸爸被杀死了，有人造谣，说是共产党杀死的，是在什么地方杀死的？还有的人说是我爸爸的朋友杀死的。我奇怪他们为什么不痛快地说，是我哥哥把我爸爸杀死的(群众愤怒到了极点，掌声震耳欲聋)。我爸爸死了半个月，现在还没有捉到凶手，现在我请求大家援助我，我们要求取消特务组织！(全场爆发出"我们要求取消特务组织"的怒吼声)

强烈的语言感召力，把群众的愤怒情绪调动到了最高潮，让群众振臂高呼，场面极其壮观。

2. 任真情释放，让听众把感动带回家

"动人心，莫先乎情"，在演讲结尾时，不妨将你的真情释放，用真挚的语言把听众感动，让演讲留存听众心里。

美国的麦克阿瑟将军不仅是一位叱咤风云的军事统帅，而且还是一位极富激情的演讲家。1951 年，告别军事生涯之际的他，应邀在国会联席会议上发表了《老兵不会死》的演讲，结尾是这样的：

我就要结束我 52 年的戎马生涯了。当在本世纪开始之前参加陆军时，我孩童时期的全部希望和梦想便实现了，自从我在西点军校进行虔诚的宣誓以来，世界已经几度天翻地覆，希望和梦想从那以后就已经泯灭了。但我仍然记得那里军营中最流行的一首歌谣中的两句，歌中极自豪地唱道，"老兵们永远不会死，他们只是慢慢地消逝。"像那首歌中的老兵一样，我现在结束了我的军事生涯，开始消逝。我是一名在上帝圣明指引下尽心尽职的老兵，再见了！

这段饱含深情的演讲，博得了参议员和众议员们经久不息的雷鸣般的掌声，许多国会议员和在收音机、电视机前收听收看的听众与观众都热泪盈眶，正所谓"余音绕梁，三月不绝"。

不必追求言辞的华丽，不必追求情感的夸张，真诚地倾诉你内心的真情，这足以让听众感动。

此外，结尾还有抒情性式、号召性式、总结性式、引用名言警句式等不同方式，内容决定形式，只要用得恰当，迎合主题，效果明显，达到你要表达的目的，讲出你的风格，就是好的演讲结尾。

结尾是灵活多变的，不同的演讲有不同的结尾，并没有一成不变的模式。总体而言，好的结尾恰到好处，行其所当行，止其所当止；好的结尾总是要点题，进一步揭示演讲的主题，加强听众对演讲的认识。用一种简洁而独到的方式把你的主题和结论重申一遍，听众在认识上便有一个新的飞跃。

五、演讲词的主体

演讲词的主体是最长的部分，也是最重要的部分。其实，我们在写演讲词时，一般都是先准备好演讲的主体，最后才去斟酌、推敲开头和结尾。如何组织演讲词的主体呢？

(一)选择要点，建构框架

一篇演讲词无论长短，都能从中归纳出统领全文的主要观点，这些主要观点就是要点。要点是演讲的重要特征，写演讲词时一定要选择好要点，条理性地安排好要点，准确

地表达要点，只有如此演讲词才能够更加系统。

大部分的演讲一般只包含两三个要点。如果太多，在演讲过程中听众不易接受，效果不理想。这些要点将构成整篇演讲词的主体框架，其他的内容、论证将在这些要点的统领下进行有机填充、组合。

例如，你演讲的主题是"让听众明白奥林匹克特殊运动会的起源、赛事和原则"，那么演讲词就应该体现三大要点。一是起源。奥林匹克特殊运动会创立于 1968 年，旨在促进有智力和生理障碍的人的身体健康；二是赛事。奥林匹克特殊运动会每年在各地举行一次，第四年进行一次国际比赛，它的比赛项目跟奥林匹克运动会相似。三是原则。尽管奥林匹克特殊运动会也颁奖，但是，这个运动会主要强调人们的努力和参与，而不是获取奖牌。

(二)最佳排序，塑造初型

有了演讲要点，还应注意要点的排序问题，否则就会使演讲没有条理，影响演讲的效果。要点的排序主要受演讲主题、目的和听众的影响。这里介绍全美演讲学首席导师 S.卢卡斯在《演讲的艺术》中所谈及的几种排序方式，供大家参考。

1. 时间顺序

演讲要点是按事件发生的时间顺序来讲述事件的，有时用在解释一个过程或展示如何做某事的演讲中。如主题是"让听众知道中国的长城是如何建造起来的"的演讲，其要点排序应该是：一是公元前 4 世纪开始建造长城；二是从公元前 221 年—公元前 618 年期间的秦、汉及隋朝期间增补了部分长城；三是 1368—1644 年明朝期间，长城得以完成。这样的排序条理清楚，符合历史发展，容易让听众接受。

2. 空间顺序

空间顺序是指按从上到下、从左到右、从前到后、从里到外，或以其他某个轨迹排列来安排演讲要点的方式。

3. 因果顺序

因果顺序是指按照事件的因果关系组织安排演讲要点的方式。可先说因，也可先说果，这要根据演讲的情况而定。

4. 设问求解顺序

设问求解顺序是指按照提出问题与解决问题的顺序安排演讲的要点，一般是先提出问题，然后再解决问题。

5. 主题顺序

主题顺序是指把演讲的主题按逻辑顺序分成次要主题，使次要主题都成为演讲的要点。这种主题顺序是在以上四种要点顺序都不适合的情况下使用的一种要点安排顺序。如主题是"人类应该扩大对太空探索计划"的演讲，其主题顺序可以这样安排：一是太空探索会打开通向更多重要自然资源的大门，这些资源是地球上没有的；二是太空探索会产生科学知识，使地球上的生命受益；三是太空探索会进一步扩大对外星生命的探索。

在实际应用中，主题顺序应用最为广泛，大家可以多加练习，以有益于演讲词的组织。

(三) 支撑材料，造血造肉

演讲的要点是纲，如同人的骨架，成其人还须有血肉才行。可以说，支持演讲者思想观点的证据(或论证)材料就是演讲词的血肉。演讲词的论证材料主要分为实例、统计数据和证词三大类。

实例，指的是用以说明或证明人们及其思想、环境、经历等的具体事实。实例务必要实，切忌虚假，否则没有说服力。

统计数据，即指数字资料。19世纪物理学家洛德凯尔文有个说法："当你能够计量自己所谈论的话，并且用数字表达出来的时候，你对这个话题一定有所了解。但是，如果你不能够用数字表达自己想说的话，那你对这个话题的了解是不足的，也不能够令人满意。"正是这种广泛为人接受的想法，才使得适合利用的统计数字成为说明和支持思想的有效工具。

证词，指的是引用或释义的用于支持观点的话。它主要有专家证词、普通人证词两种。无论是专家的权威证词还是普通人普遍认可的证词，只要对演讲主题是有益的、必要的，就应该合理、恰当地应用。

(四) 巧妙衔接，成就佳构

闪光的珍珠只有用颜色合适的丝线穿起来，才能成为炫目多彩的项链。演讲词也是如此，有了好的主题、材料，如果缺少衔接的语言，必定是散乱的，这对于一气呵成的演讲来说是大忌。

衔接，就是过渡，是演讲词要点与要点间的连接。它使你的演讲思路不断延伸，帮助你从原有的思想向前推进，只有保持思路的连贯性才能推动演讲不断深入。

演讲活动是一种综合的语言表达和演示过程，演讲词是演讲的依据。一篇精彩的演讲词，加上演讲者流畅、灵活的语言表达技巧，已经走近了成功。

第四章　演讲应用技巧

第五节　演讲语言应用技巧

语言是人们彼此交流思想以达到互相了解的一种极其重要的交际工具，人类社会生活的任何方面，都直接或间接以语言为工具。演讲是一种语言的艺术，演讲的语言分有声语言和体态语言两种形式。

一、有声语言应用技巧

有声语言是在演讲活动中传递信息、表达思想最主要的媒介和物质表达手段，它是演讲者思想感情的载体，以流动的方式，运载着演讲者的主张、见解、态度和感情，将其传达给听众，从而产生说服力、感召力，使听众受到教育和鼓舞。离开了口语表达，就无所谓演讲。要达到以理服人、以情感人、以智育人的使听众心领神会的效果，演讲者的语言必须晓畅易懂，富有魅力。好的有声语言不仅准确清晰、圆润和谐，而且绚丽多彩、生动有趣，以其跌宕起伏、音义兼美的艺术魅力，形成一种境界，使言辞的表现力和声音的感染力均达到最佳状态，从而使听众受到德的熏陶、智的启迪和美的洗礼。

(一)有声语言的表达技巧

1. 准确地使用语言

准确地使用语言就是在遣词造句时能够确切地表情达意，如实反映客观事物的真实面貌。演讲要有科学性，离开了准确的语言，科学性就是一句空话。当你在准备演讲时，应该立即问自己："我到底想说什么？我确切的意思是什么？"有意识地坚持训练，语言表达的准确性将会得到大大提高。

2. 清楚地使用语言

你无法假定对你来说清楚明白的东西，对你的听众来说就一定是清楚的，演讲中尤其如此。也就是说，演讲者不能"心里明白"，而嘴上含糊；演讲中的用词必须非常清楚，几乎不会有产生误解的可能。这就要求演讲时一要利用通俗的字眼；二要选择具体可感的字眼，尽量避免使用抽象词，例如"胡萝卜"、"铅笔"、"门"都是具体词，而"人性"、"科学"、"进步"就是抽象词；三要消除软弱无力的用语和"口头禅"。

3. 生动地使用语言

要使语言生动感人，必须做到：要使用形象化的语言，避免使用书面性语言。因为演讲毕竟是面对面的语言交流，而不像读书看报那样通过视觉进行感知，所以生动、形象的语言更适合动态的演讲表达。

例如，恩格斯的《在马克思墓前的讲话》把马克思的"逝世"改成"睡着了"而且是"永远地睡着了"，这样不仅形象地写出了马克思逝世时从容、安详的神态，而且也饱含了作者内心无限悲痛的心情。

1927年的秋收起义失败后，毛泽东在浏阳文家市对那些被打散后又重新集结起来的起义队伍讲话时曾说："我们工农武装的力量还很小，就好比一块小石头；蒋介石反动派现在力量还很大，就好比一口大水缸。只要我们咬紧牙，挺过这一关，我相信我们这块小石头就总有一天会打烂蒋介石那口大水缸！"

这里，"小石头"和"大水缸"虽然都是普通的东西，但对于工农起义的战士来说，却是再熟悉不过的了。如果用"社会发展的肯定性力量"和"社会发展的否定性力量"的说法代替"小石头"和"大水缸"来作演讲，就不那么容易被战士们所接受了。

此外，为了语言的生动鲜活，演讲中还可以适量、适当地使用一些修辞手法，如比喻、排比、反复、对比、设问、反问、引用、借代等。

4. 恰当地使用语言

演讲语言的应用还应考虑不同场合、对象、主题和演讲者等因素的影响，只有恰当地使用语言，演讲才能够让听众接受。否则，听众会对不恰当的语言表现反感，甚至扰乱演讲会场，影响演讲效果。

5. 不使用歧视性的语言

一个人在说话时如果不是有意识地克制自己，很容易出现语言上的"惯性"，平日生活中一些带有歧视性的语言会无意识地在演讲中出现，这是大煞风景的，甚至会毁了整个演讲。

(二)有声语言的语速调控技巧

演讲中语速应适中，富于变化。太快让人听不清楚，对主要观点难以形成深刻印象，而急促的语速也给人以过于紧张、缺乏控制力的错觉；太慢显得拖沓，容易令人失去耐心，给人以缺乏力度和激情、技巧不熟练、对演讲内容不熟悉等感觉；过于死板的语速容易使人陷入单调的境地，这时需要用一定的提速来突出激情部分，加强自己想强调的部分。

(三)有声语言的语气控制技巧

演讲中音量和语调应该适中、有起伏，音量应适合演讲的内容。

第四章 演讲应用技巧

1. 语气

语气包含五个含义：一是"式"，指语法形式；二是"调"，指语音的调；三是"理"，指逻辑的推理；四是"采"，指修辞的文采；五是"色"，指发声的气色。这五个方面综合包括在一个"情"字上，要恰到好处表达感情必须要在这五个方面下功夫。

语气的感情色彩。语气的感情色彩是指语句内在的具体感情积极运动的显露，它表现在声音气息的变化上。一般来说，表"爱"气徐声柔，表"憎恨"气足生硬，表"急"气短声促，表"喜"气满声高，表"怒"气粗声重，表"悲"气沉声缓，表"惧"气提声滞，表"疑"气细声黏。

2. 语调

语调的基本类型。语调一般分四类：平直调、下降调、上扬调、曲折调。用不同的语调所表达的意思完全不一样。

(1) 平直调：多用于陈述、说明的语句。表述庄重、严肃、回忆、思索的情形，表现平静、闲适、忍耐、犹豫等感情或心理。

(2) 下降调：多用于感叹。有些陈述句，常表示祈求、命令、祝愿、感叹等方面的内容，表现坚决、自信、肯定、夸奖、悲痛、沉重等。

(3) 上扬调：多用于疑问句、反问句，或某些感叹句、陈述句。适用于提问、称呼、鼓动、号召、训令等场合，表达激昂、亢奋、惊异、愤怒等情绪。

(4) 曲折调：多用于语意双关、言外之意、幽默含蓄、意外惊奇、有意夸张等语句，表示惊讶、怀疑、嘲讽、轻蔑等心绪。

在实际应用中四个语调不是孤立的，语调变化不以句子为单位体现，而表现在语流中千差万别的变化。

一般情况下以从容、有力作为主基调，适当加入高潮式的高音量和语调为佳。

(四)有声语言的语境应用技巧

不同内容和目的的演讲，需要营造的语境不同，继而所使用的语言和技巧也不同。在设计演讲时应先关注该进入怎样的语境，这是一个成功演讲的底色。

(1) 幽默的语境：常用于就职演讲、开幕式、总结演讲、化解危机演讲等场合。

(2) 激情的语境：常用于一个行动开始之前、表达对一个事件的激烈观点时、对一个人或纪念日表达感情时。

(3) 神圣的语境：如布道演讲或激发听众对某类事物的使命感和责任感时。此时经常站在时代的高度和历史的深度上，或多引用圣哲的语句，或直问人群的灵魂深处。

二、体态语言应用技巧

有声语言是演讲主要的表达方式,体现的是"讲",此外,相应的辅助性体态语言是演讲"演"的重点所在,也是演讲中必不可少的一种非语言表达形式。

演讲中怎样站、怎样看、怎样挥洒自如、怎样表情丰富都是重要的。懂得恰当地运用体态语,熟悉一些表演艺术,是使演讲者能在台上轻松自然地演讲的必要前提。众所周知,苏联前总书记戈尔巴乔夫和美国前总统里根演讲时都风度不凡,其中很大成分归功于他们的表演经历。戈尔巴乔夫在大学读法律时接受过严格的演讲训练,包括体态和表演训练;而里根则曾是好莱坞训练有素的正牌演员。

体态语的研究是从 20 世纪 60 年代开始的。心理学研究表明:人感觉印象的 77%来自眼睛,14%来自耳朵,视觉印象在头脑中保持的时间超过其他器官。还有的研究者认为:有一条信息如果传播出去,所有的效果中只有 38%是有声的,7%是语言(词),55%的信号是无声的,所以每个人每天平均说的话只有 10~11 分钟的时间,且平均每句话只占 2.5 秒。那么也就是说,我们的有声是低于 30%的,60%的信号是通过无声的信息发出去的。人类学家霍尔说过:"一个成功的交际者不但需要理解他人的有声语言,更重要的是要观察他人的无声信号,并且能在不同的场合正确使用这种信号。"美国心理学家艾帕尔则更进一步,说"人的感情表达由三个方面组成:55%的体态、38%的声调及 7%的语气词。"体态语的重要性可见一斑。

(一)体态语言的特征

1. 真切性和直观性

演讲者在讲台之上的一举手、一投足都展示在听众面前,非常直观、真实,这种动作式的非语言形式让听众从视觉上完成与听觉的完美结合,达到对演讲的完整理解。

2. 多样性和丰富性

体态语言的表达方式很多,如竖起食指和中指表示"胜利",拇指与食指相扣与其余三指并列表示"OK",体育比赛中的一些手势语言等。丰富多样的体态语言弥补了有声语言表达上的局限,让表达更准确。

3. 先天性和经验性

在人类社会发展初期,语言不成熟,在生活中人们主要以手势、表情等不同方式表情达意。现在失聪人还是通过手语来进行交流,一些约定俗成的手势和表情已经成为人们交流中的表达方式,被广泛使用。

4. 民族性和文化性

在我国古代，人们相遇时打招呼男性使用抱拳礼，女性行"万福礼"，清朝时期政界通行的礼节，想必大家从影视作品中都能了解到……现在海员有正规的旗语和手势语等，这些体态语言都带有丰富的民族性或文化性。

5. 含蓄性与模糊性

体态语言的表达具有一定的含蓄性和模糊性，表示羞涩的脸红、表示同意的点头、表示着急的抓耳挠腮等在表达上充分体现了这一特点。

(二)体态语言的功能及作用

体态语言的功能从个人角度来说：①反映人的性格和心理；②反映人的真实感受和内心需求；③可以弥补有声语言的不足。

从日常交际来说：①更形象地传递信息，表达思想；②更有利地传达情感，反映情绪，如拍案叫绝、暴跳如雷、扪心自问、趾高气扬等；③更有效地昭示心灵，加深理解；④更恰当地联络各种关系，使交际更得体。

体态语言具有丰富的表达内涵，运用恰当会为演讲平添声色。其作用主要体现在：能增加演讲中有声语言的表现力，使演讲更加立体；使有声语言表达的含义更加明确、直观；使演讲者表达的情感更加真挚，增强演讲感染力；能适当昭示或掩饰演讲者的内心情绪，为演讲者提供有益的展示或掩饰帮助；能迅速传递演讲者的反馈信息，加强与听众的沟通能力；能有效地体现演讲者的气质和风度，提高演讲者的信誉。

(三)体态语言的类型

1. 动态体态语

所谓动态体态语是指人体在某一场景中通过动态姿势所表示的一种无声语言。它可区分为手势语、身势语、表情语、接触语等类型。

(1) 手势语——手势是人们在交往或谈话过程中用来传递信息的各种手部动作。手势语又可分为细腻型、力量型以及介于二者之间的中介型和其他类型。

(2) 身势语——身势语是指身体的动态姿势，又称说明性身姿。根据身势的机能，可将身势语区分为四个类型：象征性身势语、说明性身势语、表情性身势语和回避性身势语。

(3) 表情语——面部表情是指头部(主要是脸部)各部位对于情感体验的反应动作，包括眼、眉、鼻、嘴的变化及肌肉的收展和脸色的改变。面部表情主要是通过目光语和微笑语来传递信息的。演讲者首先是自信和从容，然后应有一些变化，能配合演讲的内容，善用眉头、眼角、嘴唇等易控制的部分，有效地传达自己的情绪，避免表情呆滞，或显得过于呆板，一般情况下面带微笑。演讲中目光要有力，凝视听众，但不可在一处停留过久，否则该处听众会不自在，也不可跳跃太频繁，一句话未说完时尽量不要转移目光，否则给人以游离、不自信的感觉。除非是表达悲痛的情绪，眼角不要向下垂。

(4) 接触语——又称触摸语。一般是指人们处于"亲密距离"范围内的身体接触行为与某一个体的自身接触行为。人们在相互交往中的触摸行为主要包括握手、拍肩、亲吻、拥抱等不同方面。

2. 静态体态语

静态体态语是通过无声的静止体态来沟通信息的一种无声语言。静态体态语主要包括两种类型：一是指沟通者的姿势语，二是指沟通中的界域语。姿势语和界域语在公共关系传播过程中都可以表达重要的含义。姿势语主要包括立姿、坐姿等；界域语是指交际者之间的界域距离或位置界域，又可称为"空间语"、"人际距离"、"势力圈范围"等。

(四)使用体态语言应注意的问题

体态语言并不是使用越多越好，如果无目的地乱用一气，会有喧宾夺主之嫌，不仅不能为演讲增色，反而会因此招致非议，这就需要明确以下几个问题。

1. 整体协调

一般来说，使用体态语要做到：要与有声语言相协调，要与感情、语境相协调，要与其他非语言手段相协调。切不可生搬硬造，弄巧成拙。

2. 因人(时或地)制宜

采用体态语一般有两种情况：一种是自然流露，另一种是根据演讲的具体情况而预先设计。体态语若用得恰到好处，方能为演讲增色。

3. 雅观自然

按照我们民族的审美观，演讲时的表情、手势和体态美等应自然含蓄、温文尔雅、有分寸，不拘谨，也不造作，即便是表现强烈的激情，也不做过火的态势。

4. 整齐适度，简练有力

正像说话多不一定就表明语言能力强一样，体态语言运用过多，或是运用得不恰当，都会适得其反，影响演讲者的形象。

(五)演讲中常用体态语举隅

演讲中使用的体态语有很多，难以一一介绍，这里只举一些使用频率较高的体态语予

第四章　演讲应用技巧

以阐述。

1. 走姿：从台下到台上

心理学家史诺嘉丝的试验表明，人们的步姿不仅和他的性格有关，而且和他的心情、职业有关。不妨这样说，从台下到台上的这段路，就是展示你精神风貌演讲的"T"形台。而出于好奇，听众对一个新上台者表现怎样总是愿意多发现些什么，这样走姿就是最直观的外现了。平时怎么走就怎么走，不要刻意地去追求什么。无论怎样的走姿，做到自然、轻松、自信、稳健，就会给听众一个好的第一印象。

有时，演讲者可根据演讲内容的需要向四个方向移动身体。一般来说，向前移步表示积极性的意义，如支持、肯定、坚信、进取等；向后移则表示消极性的意义，如疑虑、否定、颓丧、退让等；向左、右移动则表示对某一侧听众特别的传情致意等。

2. 站姿：自然得体

演讲者应该挺胸收腹，精神饱满，气沉丹田，两肩放松，胸略向前上方挺起。身体挺直、舒展、自然，不要左右摇摆。演讲中一般提倡"丁"字步，即一只脚在前，一只脚在后，两腿之间呈90度垂直的"丁"字形，两腿前后交叉，距离以不超过一只脚的长度为宜。演讲者全身的重力应集中在前脚上，后脚跟略微提起。

在演讲中演讲者可适当变换一下姿势，不要太单一，否则不仅显得呆板而且还会很累。在想向听众表达一种传递信息的欲望时，应适度前倾；在表达一种神圣感或渲染某种深远的情绪，希望将听众共同带往一种情绪境地时，可采用微仰头、仰望苍穹等姿态。切忌不要把身体倚在讲台上，或不停扭动身体，歪斜身子，给人以不严肃的感觉。有些演讲者习惯性地抖动脚，这也是演讲中的大忌。

站姿也是以自然得体为度，不必刻意追求一举手、一投足都完美无缺。只要有自己的特点，时间长了会慢慢形成自己的演讲风格。

3. 手势：多一张嘴表达

手势是演讲中使用频率最高的体态语，也是最富有表现力的。有学者说："为了强调某个重要的观点，手势能缩短你和听众之间的距离。"

美国第37届总统理查德·尼克松在演讲时，因为动作和语言不一致留下很多轶闻，值得我们注意。在一次招待会上，他举起双手招呼记者们站起来，嘴上却说："大家请坐！"而在另一次演讲时，他手指听众，嘴上却说"我"，然后又批判自己说"你们"。这种配合不当的表现，让记者们大伤脑筋。手势的运用是否恰当，直接或间接地给予演讲效果以不同的影响。

手势的运用没有什么固定模式，以自然为佳，最好就是日常的习惯性手势，在此基础上，可进行适当的修饰和设计，改掉一些不良的手势习惯。手势宁少勿多，不要让人感到生硬。指向听众或自己时不要用手指，而要用手掌。

演讲的手势，完全是由演讲者的性格和演讲的内容以及演讲者当时的情绪支配的，因人而异，随讲而变。但是手势挥动的高度却有个一般的约定俗成的范围，按演讲者的身材可分上、中、下三个部位。上位，是从肩部以上，常在演讲者感情激越，或大声疾呼、发出号召、进行声讨，或强调内容、展示前景、指明未来的时候运用；中位，即从腹部至肩部，常是心绪平稳、叙述事实、说明情况、阐述理由的时候运用；下位，即在腹部以下，这个部位的手势除指示方位、列举数目外，多用于表达厌恶、鄙视、不快和不屑一顾的情感，或介绍、评说反面的事物。

手势有多种复杂的含义，有的专家将手式分为仰手式(即掌心向上，拇指张开，其余几指微曲)、覆手式(即掌心向下，手指状态同仰手式)、切手式(即手掌挺直全部展开，手指并拢)、啄手式(即手指并拢呈簸箕形，指尖向着听众)、剪手式(切手式的一种变化)、伸指式(即指头向上，单伸食指或拇指或数指并伸)、包手式(即五指尖相触，指尖向上，像收紧了开口的包)、推手式(即指尖向上、并拢，掌心向外推出)、抚身式(即用手指抚摸自己身体的一部分)、握拳式 10 种基本手势。

无论哪种手势，其基本含意有一个共同点：手向上、向前、向内，往往表示希望、成功、肯定等积极意义；手向下、向后、向外，往往表达批判、蔑视、否定等消极意义；空中劈掌表示坚决果断，手指微摇表示蔑视或无所谓，双手摊开表示无可奈何，双手向下分开表示分离、消极意义，右手握拳从上劈下表示愤慨与决心等。

手势表达要与演讲恰当配合，与身体、表情协调，最忌脱节、死板，不可滥用，要知道过犹不及。

对于一些习惯性的不雅观动作，如挖鼻子、掏耳朵、捂嘴巴、玩钥匙、摆衣襟、抚弄纽扣等，都应进行有意识的克服。

4. 表情：细腻丰富

法国著名作家罗曼·罗兰说："面部表情是多少世纪培养成功的语言，是比嘴里讲的更复杂千百倍的语言。"

心理学家的研究表明：在人们传达信息的总量中，55%是靠面部表情来获得的。人的面部表情由脸色的变化和眉、目、鼻、嘴、肌肉的动作来体现，十分丰富，仅眉毛的动作就有 20 多种。

美国记者根宝在《回忆罗斯福》一书中说罗斯福总统"在短短 20 分钟之内，他的面部表情有：稀奇、好奇、伪装的吃惊、真情的关切、担心、同情、坚定、嬉笑、庄严，它们都有超绝的魅力。但他可不曾说过一个字"。无声的表情往往更具感染力。没有人会对卓别林无声的喜剧感到乏味，这就是表情的威力。

此外，演讲中常用到的体态语如眼睛、微笑、服饰等，都有其各自的特色，是有声语言所不能替代的表达方式，需要演讲者在生活中注意观察、学习、积累，以备演讲之用。当然，我们未必都去为了演讲而准备，日常生活中的社交场合、交流沟通、谈判辩论、营销宣传等，如果我们在这些活动中恰当地使用了体态语言，或者注意了体态语言的作用，就会让你的表现更加出色。

第六节　演讲实用技法

在实际的演讲过程中，有很多问题是演讲者需要面对的，具体的解决方法也因人而异。这就需要演讲者在不断的演讲实践中总结、提高，逐步使自己的演讲更富有吸引力、感染力和说服力。这里向大家介绍几种较难的处理问题的实用技巧。

一、演讲开场训练法

万事开头难。演讲是一种面对公众的语言表达和演示活动，其开场对人的心理压力可想而知。为了让你的开场更加轻松、顺畅，这里提供了两组有意识的训练，其内容包括身体语言训练(六个步骤)和推介开场模式训练(七个步骤)，只要长时间坚持训练，轻松自然的开场一定会实现。

(一)身体语言训练

(1) 深呼吸；(放松心理，增强信心)
(2) 稳步走上讲台；(让听众感受到你的自信和稳健)
(3) 感谢介绍者，如果有介绍者；(礼貌的举止更加有益于你的演讲风度)
(4) 直立台前，调整姿势，清除视觉干扰；(为演讲作最后的准备)
(5) 停顿少顷，巡视台下听众；(与听众的第一次面对面交流)
(6) 自然微笑。(微笑让你充满阳光和亲和力，是演讲最重要的表情)

(二)推介开场模式训练

(1) 问候听众；(文明的开始，让你迅速拉近与听众的距离)
(2) 集中听众的注意力；(这是为顺利演讲而做的思想动员，是成功的第一步)
(3) 自我介绍，如果无介绍者；(真诚的告白，增强了与听众的感情沟通)
(4) 阐明讲话目的；(让听众了解你演讲的主题和意义，抓住听众的好奇心)
(5) 简述讲话提纲，使听众大致了解讲话的内容；(让听众概括地了解你演讲的内容，

引起强烈的探知欲)

(6) 向听众分发事先备好的材料,指引听众做好准备;(周到的准备会让演讲更加具有亲和力)

(7) 做好准备,开始讲话。(一切准备好后,下一步就是你的时间了)

二、演讲提纲写作示例

演讲提纲是演讲词最精要的凝结,它能让演讲者的思路更加清晰,思维更加缜密,逻辑更加合理,一份优秀的演讲提纲能为演讲者提供积极的心理支持。下面的演讲提纲适合大部分演讲,它的设计是为了抓住你的听众,保持他们的注意力,并提供适量的信息。

(一)序言(5%的时间)

1. 开始陈述以获得注意和引起兴趣——利用听众的善意心理

(1) 开头的陈述。

(2) 如果有必要的话,其他论证性材料。

2. 第二段介绍性文字(如果有必要)

(二)正文(90%的时间)

1. 演说的第一个要点 A

(1) 支持 A 要点的主要副论点。

(2) 支持 A 要点的副论点。

2. 演说的第二个要点 B

(1) 支持 B 要点的主要副论点。

(2) 支持 B 要点的副论点。

3. 演说的第三个要点 C

(1) 支持 C 要点的主要副论点。

(2) 支持 C 要点的副论点。

(三)结尾(5%的时间)

总结:

(1) 令人满意的结束语。

(2) 感谢观众。

三、演讲中的穿插技法

演讲穿插,就是在演讲过程中,插进别的与主题有关联,能够起说明、交代、补充作用,或者能够启发人、令人产生兴趣的话或事例,使演讲变得更加形象、更加有趣、更加深刻的方法。

穿插艺术的使用除了上面所提到的几个方面外,有时还由于受心理、环境等因素的变化影响,或在演讲过程中出现了一些意外情况,演讲者还可以发挥应变技巧穿插一些相关内容。其作用有:能使事理说得更为形象、深刻;能够变化演讲的节奏,使演讲张弛有节;能够提高和保持听众的兴趣,调整会场的气氛;能够控制局面,保证演讲的完整性。

穿插的技巧主要有以下几方面。

(一)幽默穿插

幽默笑话是生活中人们自我娱乐、自我教育的润滑剂,其内容短小精悍,形式不一,轻松活泼,既可使人提神醒目、消除疲劳,又可活跃气氛,给人以教育启迪。

鲁迅先生在演讲中,经常巧妙地穿插一些幽默笑话,效果十分突出。在《魏晋风度及文章与药与酒之关系》的演讲中,他就多次穿插幽默笑话。在讲到曹操当权,人们说话没有自由,孔融被杀,曹操出尔反尔时,鲁迅先生穿插说:

倘若曹操在世,我们可以问他,当初求才时说不忠不孝也不要紧,为何又以不孝之名杀人呢?然而纵使曹操再生,也没有人敢问他,我们倘若去问他,恐怕把我们也杀了!

在讲到"扪虱而谈",当时竟传为美事时,鲁迅又添了一句:

比方我今天在这里演讲的时候,扪起虱来,那是不大好的。

这些穿插调节了气氛,深化了主题,引起了人们的思考,效果极佳。

穿插幽默笑话必须注意以下问题。

(1) 幽默笑话本身既要有趣、可笑,又要有启迪、教育作用。

(2) 幽默笑话要与主题紧密联系,能使主题得以明朗化,切忌为了幽默而幽默。

(3) 不能用粗俗、低级的幽默笑话哗众取宠。

(二)故事穿插

讲故事,有人物有情节,形象具体,饶有趣味,既可以喻说理,又可活跃听众的情绪。演讲中如果适时适地地穿插故事,会使演讲活泼生动,增强效果。

1924年,一次孙中山先生在广东大学(现中山大学)演讲,主题是"三民主义"。当时礼堂小,听众多,通风不够,空气不好,听众精神较差,对演讲极为不利。面对这种情况,孙中山先生为了调动听众的热情,改善会场的气氛,巧妙地穿插了一个故事:

我小时候在香港读书，见过一个搬运工人买了一张马票，因为没有地方可藏，便藏在刻不离手的竹竿(挑东西用的短竹杠)里，牢记马票的号码。后来马票开奖了，中头奖的正是他，他便欣喜若狂地把竹竿抛到大海里去。他认为，从今以后就不再靠这支竹竿生活了。直到问及领奖手续，知道要凭票到指定银行取款，这才想起马票放在竹竿里，便拼命跑到海边去，可是连影子也没有了……

故事讲完，会场顿时活跃了，笑声、叹息声接连不断，气氛被充分地调动了起来。孙先生抓住时机，话题一转"民族主义就是这根竿子"，自然巧妙地回到演讲主题。

穿插故事必须注意以下问题。

(1) 穿插故事是为了说明事理，说服听众，不可滥用。

(2) 故事内容要与演讲主题吻合，为演讲主题服务，不能顾此失彼，喧宾夺主。

(3) 要根据演讲需要适时穿插，不能生硬地讲故事。

(三)轶闻趣事穿插

人们都有一种猎奇好胜心理，演讲中抓住了这一因素，适时地穿插一些与主题相关的生活中的轶闻趣事，可以起到吸引听众、满足其好奇心理并说明事理的作用。

在一篇题为《救救孩子》的演讲中，演讲者穿插了这样的趣事：

去年5月24日，某报纸披露了这样一件事情，一个四年级的小学生，每天要带由父母剥光了壳的鸡蛋到学校吃。有一次，父母忘了给鸡蛋剥壳，差点憋坏了孩子。他对着鸡蛋左瞅右看，不知如何下口，结果只好饿着肚子把鸡蛋带回家问父母。母亲十分吃惊地问他怎么不把鸡蛋吃了。他的回答很简单："没有缝，怎么吃呢？"

这样一个让人觉得不可思议的事，自然让听众震惊：怎么会有这样的事呢？现在的孩子怎么了？看来，培养孩子独立生活的自理能力的确很重要、很紧迫！

穿插趣事必须注意以下问题。

(1) 穿插轶闻趣事要自然、和谐，不能生涩别扭。

(2) 穿插轶闻趣事不能过量，要根据现场情况和演讲需要取舍。

(3) 轶闻趣事要有针对性，对表达主题有证明作用。

演讲中的穿插艺术方式还有很多，如穿插歌曲、诗歌、寓言等，都非常有助于演讲的说理和现场气氛的活跃，大家可以在演讲实践中灵活运用，以增强演讲的效果和演讲的风趣。

四、演讲中的干扰排除法

干扰是阻碍信息交流的东西，干扰可能是声音、事件、人物或者是其他一些影响正在进行的活动的因素等。干扰对演讲是不利的，它破坏了演讲的整体性，如果处理不好，会

第四章 演讲应用技巧

导致会场秩序混乱，演讲者感到尴尬，听众注意力也不集中，从而大大削弱演讲的效果。演讲中的干扰主要分为外部干扰和内部干扰两种情况。

1. 外部干扰及排除技巧

外部干扰，指的是来自会场听众以外的干扰因素，它包括会场外各种形式的声音干扰、活动自然人的干扰、楼外的交通干扰、散热片发出的噪音干扰、会场内的环境因素(温度、秩序等)干扰等。所有这些外部的干扰都会使听众分神，从而无法认真听讲。

当遇到外部干扰时，演讲者可以通过说话声音的高低起伏、节奏的快慢以及配合恰当的体态语言，或者短暂的静场来吸引听众的注意力，或者利用穿插艺术，调动听众的情绪，以期达到控制局面，顺利演讲。

例如，一位演讲者在演讲时时间较晚了，天又在下着雨，有些听众坐不住了，演讲者看到有些人在看表。这时演讲者是这样处理的："谢谢大家再留一会儿，我保证只花不到 5 分钟的时间。有人愿意为我计时吗？"这时台下有些人开始对表并开口笑起来，这些迹象表明听众从心理上理解了演讲者的用意，如果再有什么不礼貌的动作，就会显得素质较差，影响到自己的形象了。接下来，演讲者顺利地开始了演讲。

外部干扰不是人为造成的，只要我们能够抓住听众的心理，运用适当的处理技巧，是完全可以排除的。这需要演讲者具有机智、灵活和较强的控场能力，以及丰富的临场经验。

2. 内部干扰及排除技巧

内部干扰，是指来自会场听众的干扰，它包括听众的一些有意识或无意识的举动所产生的声音、滑稽的动作，或因为思考其他问题思想开了小差，或者对演讲者的话题产生了一些相左意见，或者是听众喝倒彩，或者听众向演讲者提出质问等所造成的干扰。内部干扰的存在，会直接影响其他听众的听讲质量，或者造成会场的秩序混乱，对演讲者来说，也是不希望出现的局面。

面对内部干扰，演讲者应该有一定的心理准备和积极应对的若干策略，同时还要学会容忍，而不要去指责什么。要面带微笑，略作停顿，等事情过去听众目光转向你的时候，再继续讲下去。一个人在演讲时，如果像打开水龙头般，任凭它流个不停，则听众的注意力就无法集中。但是像秋雨般淅淅沥沥无精打采的说法，也会使听众精神松懈，而分散他们的注意力。因此，适当的速度是让停顿静默的时间占全部时间的 35%～40%较为理想。如果有人突然打断你的演讲，并向你提出质问，你要耐心回答，不管对方如何激怒你，你也要保持冷静与克制，切记不可当场与质问者争辩，否则会显得演讲者缺少雅量和风度。

五、定格演讲的应用技巧

在生活中，很多人经常会遇到事先没有任何思想准备的情况下，临时被邀请出席某个会议或活动，并作即席的演讲。这就给演讲者带来一个快速构思演讲腹稿的问题，否则再优秀的演讲家也是很难做到完美的。这一腹稿就是我们介绍的定格演讲技巧。

定格演讲，是指演讲者事先确定一些构思单元，作为供选择的备用"格"，临场演讲时再根据需要把"格"组合起来，使演讲的内容和范围有了可参照的依据，不至于演讲与主题相去甚远。

"格"即按照事物的属性、表达角度和方法，为演讲内容事先确定的构思单位。它既是思维的一个框，也是引发思维的启动器和指向标。

一般的定格演讲有八个构思单元，我们将每格简化为一个字记忆。

(1) 礼。即在演讲中需要讲的客套话、礼貌语、谦逊语或祝贺语部分。要求简单明了，要与现场结合，不能虚假啰唆。

(2) 因。就是在演讲中交代背景，或者描述空间环境的部分。这是向听众说明讲话的原因，也是在为后面的演讲内容留下时间进一步构思。

(3) 评。就是在演讲中对现场情况进行介绍或简单评价的内容。演讲者用语一定要简约、扣题，不作缛繁的长论。

(4) 论。即演讲者在演讲中需要进行说理、论证和推理的部分。这部分要求演讲者要据事论事，不可漫无边际地肆意论证。

(5) 感。即在演讲中谈演讲者的认识、感想和心得体会的内容。演讲者要对现场情况进行迅速的分析整合，形成自己独到的见解。

(6) 绩。即演讲者在演讲中谈成绩、失误或讲述事迹的部分。演讲者要抓住最主要的成绩、最突出的事迹进行演讲，切不可面面俱到。

(7) 化。就是演讲者在演讲过程中针对会议主题宣传、深化国家的政策法规，提出下一步的工作措施，强调工作方法。

(8) 表。即演讲者最后提出希望、要求和建议，以及表明自己的态度。这是向听众发出号召和呼吁的内容，应该有鼓动性，充满信心和希望，让人感到振奋。

例如，某领导临时被邀请参加某企业单位年终表彰奖励大会，他的构思单元如下。

开头(礼)：

(1) 参加会议很高兴。

(2) 向受表彰者表示祝贺。

主体(评)：

(1) 树立商品经济意识。

(2) 敢于同先进单位竞争。

(3) 经济效益创历史最高水平。

结尾(表)：

(1) 要再接再厉。

(2) 用好用足政策。

有了上述的演讲定"格"提纲，他的演讲是这样的。

同志们：

今天，我被邀请参加××厂××年年终表彰奖励大会，在会上看到各部门涌现出来的先进生产者和劳动标兵受到表彰和奖励，我非常高兴。因为它标志着你们一年来，在两个文明建设中取得了显著成绩。请允许我代表××局，向受到表彰的同志们表示热烈的祝贺和衷心的感谢！

今天这个会开得很成功。听了×××经理的工作报告很受鼓舞，你们一年来的工作取得了很大进展，主要有以下几个特点。

第一，树立了商品经济意识，以经济效益为各项工作的核心。在企业经营管理方面，你们进行了大胆的改革……

第二，勇于开拓，不惧风险，敢于同先进单位竞争。打开了产品的销路和市场，改变了产品经营市场格局……

第三，经济效益显著，创历史最高水平。今年提前完成了全年生产计划，实现利润××万元……

下面提两点希望。

一是希望今天受表彰的同志要保持荣誉，戒骄戒躁，再接再厉，再创佳绩。

二是希望企业的领导，要继续保持开拓创新的企业精神，放开手脚，用好用足上级给予我们的政策，争取在较短的时间内使企业再创新的辉煌。

最后，预祝大家新年快乐！阖家幸福！

定格演讲技法的使用，为演讲者在最短的时间内构思成就一篇演讲词提供了基本的逻辑思路，演讲者只要在实践中注意不断地积累经验，广泛地进行知识储备，定格演讲同样会具有很强的说服力和感染力。

六、即兴演讲的应用技巧

即兴演讲与定格演讲具有相同点，都是演讲主体在事先无准备的情况下，就眼前的场面、情境、事物、人物即席发表的演讲。定格演讲可以说是在特定场合下的一种应急应付性的通用演讲形式；而即兴演讲是演讲者兴之所至，有感而发，在没有准备或准备不充分的情况下所发表的演讲。

兴之所至是指演讲者在他所处的特定环境下产生的发表演讲的兴致和欲望，生成了演讲的动因。"有感而发"是指演讲者在他所处的环境中有所感悟，产生了某种感触和思想，成了演讲的内容。没有准备或准备不充分，即演讲者对特定的时境下讲不讲和讲什么都没有预期，但又为时境所迫不得不讲。

(一)即兴演讲的特点

即兴演讲与命题演讲相比，无法事先拟就讲稿，也不允许反复修改、反复试讲、反复排练。即兴演讲有如下特点。

1. 即兴发挥

即兴演讲大多只有两三分钟的时间打腹稿，是靠"临阵磨枪"即兴发挥，故而得名。至于即兴演讲比赛，更是当场抽签得题，临时作演讲准备，马上进行比赛的。

如原国务院副总理、经贸部部长吴仪在国际谈判中尤其鲜明地体现了这一点。1991年底，在中美知识产权谈判中，美方一见面就出言不逊，说："我们是在和小偷谈判。"吴仪立即回击："我们是在和强盗谈判。请看，你们博物馆里的展品，有多少是从中国抢来的！"美方人员一听，被噎得直瞪眼。

2. 篇幅短小

由于临时准备、即兴发表的讲话很难构思出长篇大论来，所以即兴演讲一般是主题单一、篇幅短小、时间短暂的演讲。有的两三分钟，有的甚至寥寥几句。语言生动形象；强调口语化，少用或不用书面语；句式短小、灵活，不用难以理解的长句子。

如瞿秋白的一次演讲。即北伐战争开始时，国民革命军司令部在广州邀请瞿秋白向全军政工人员作报告，主持人介绍："请著名理论家和宣传家、曾三次见到列宁的瞿秋白先生作《关于如何做好北伐战争宣传报道工作》的报告，请大家欢迎。"

与会者都认为这是一次难得的机会，做好了详细记录的准备。然而瞿秋白上台，却只讲了 26 个字："宣传关键是一个'要'字，鲁智深三拳打死镇关西，拳拳打在要害上。"说完走下台，全场先是愕然、沉寂，继而爆发出雷鸣般的掌声。

这篇演讲：一是短，26 个字；二是精，紧紧抓住了宣传报道的要害；三是有味儿，令人思考。

3. 使用面广

即兴演讲在日常生活中使用面很广，如小范围社交聚会中的欢迎、欢送、哀悼、竞选、就职、答谢、婚礼、寿庆等场合下的发言或讲话。对于教师而言，在主题班会、迎新仪式、毕业典礼、节日联欢等场合下，即兴演讲也有广泛的运用。在这些场合，演讲者只要言简意赅，当场表示某种心意即可，不宜作过于冗长的演讲。改革开放以来，随着社会生活节奏的加快，即兴演讲越来越受到各方面的欢迎。

(二)即兴演讲的模式构思法

以一个基本模式框架作为快速构思的依据，使即兴演讲既符合人们的思维习惯，又能把信息传达清楚，话题集中。

1. "四步曲"框架构思模式

美国演讲专家理查德总结了一个即兴演讲的"四步曲"，这四步是：①喂，喂!②为什么要浪费这个口舌？③举例。④怎么办？

(1) 第一步"喂，喂!"提示我们必须首先唤起听众的兴趣。理查德说，"不要平铺直叙地开始演讲'今天，我要讲的内容是保障行人生命安全……'你最好这样开头：'在上星期四，特购的 450 具晶莹闪亮的棺材已运到了我们的城市……'"理查德设计的这一开头语虽然不符合我们中国人的忌讳心理，但它无疑具有一种先声夺人的气势，它能激发听众的疑问，使他们很想弄清事情的究竟。

(2) "为什么要费这个口舌"是第二步。理查德说，接下去你应向听众讲明为什么应当听你演讲。若谈交通安全问题，可这样讲："不讲交通安全，那订购的 450 具棺材也许在等待着我，等待着你，等待着我们的亲人。"理查德所讲述的"为什么"既联系着"我"(演讲者)，又联系着"你"(听讲者)，还联系着场外与你我有关系的千千万万的"亲人"，这就使所有的与会者不知不觉地成了他的"俘虏"，在心理上与他产生了共鸣。

(3) 紧接着的第三步为"举例"。理查德指出，比如谈交通安全问题，你若用活生生的事例来说明那些会使人们送命的潜在因素，远比只讲那些干巴巴的条文要好得多。事实上，演讲的传播媒介主要是口语，并辅之以体态语。与书面语相比，口语和体态语在传达事例方面比传达条文更具有优势。特别是即兴演讲，我们更要注意在这方面扬长避短。

(4) "怎么办"是最后一步。理查德要求演讲者注意的是，这一步一定要告诉听众你谈了老半天是想让人家做些什么，最好能讲得生动一点、具体一点、实际一点。从根本上说，"怎么办"是演讲者的目的所在，如果演讲者忘记了这一步，或者这一步处理不好，就会给听众留下无的放矢或不知所云的感觉。

理查德还认为，"为什么"和"举例"这两部分如同馅饼里的馅，味道全在这里面。但是，这两部分要与引人注意的"喂，喂"和结尾的"怎么办"相呼应。

掌握理查德的"四步曲"，能使我们在大庭广众之中泰然自若地、有条不紊地陈述自己的观点，而不会陷入张口结舌、东扯西拉的窘境。

2. "三么"框架构思模式

在即兴演讲前短暂的准备时间里,快速思考三个最基本的问题,即"是什么"、"为什么"、"怎么办"。"三么"框架构思法在实际运用中要注意两点:一要注意分辨即兴演讲竞赛题的类别是属于"论点式"还是"论题式"。论点式题目(如《珍惜青春》、《人生的价值在于奉献》)规定了演讲的主题,演讲者要调动自己的知识积累和生活经验,从"三么"的角度来构思;而论题式题目(如《青春使命》、《人生的价值在哪里?》)只规定了演讲的论述范围。演讲主题的"三么"框架只是演讲前和演讲中的思维模式,而不是口语表达模式,表达时要选准"切入口",不露"三么"的痕迹。

例如,注意交通安全的即兴演讲如下。

"是什么":今天,我要讲的问题是交通安全问题。我们要保障交通安全,减少交通事故。

"为什么?":交通安全很重要,它关系到人民生命财产的安全。这不是一个可讲可不讲的问题……

造成交通事故的原因有以下几点:从各个角度举几个典型事例。

"怎么办":我们要这样……

3. "三点归纳式"构思模式

这种方法的特点是参加各类活动时养成边听边想的习惯,随时注意用"三点(要点、特点、闪光点)归纳"的方式进行思考,随时做好即兴演讲的准备——如果现在让你讲话,你讲什么、怎么讲。

第一点,归纳前面所有讲话人的要点;

第二点,提取前面某个或某些讲话人的特点;

第三点,捕捉前面某个或某些讲话人的闪光点。

运用时,一般总结性即兴演讲可综合运用"三点";中场性即兴演讲,可选用其中某一点(如特点、闪光点)。

链条形构思法:又称演讲的"线形结构",它是延展性思维的体现。其特点是先确定演讲的主旨,以此为"意核",作为导向定势,通常为"开篇首句";然后,句句紧扣意核(首句),单线纵向发展,形成一根环环相扣的链条。

例如,

即兴演讲《当你遇到挫折的时候》的结构主线:挫折是一种宝贵的经历——小时候极想将来成为一名巴金那样的大作家——中考失误,录取到一所职业学校,为此而哭过,感到失望、痛苦——去年暑假到山区考察,那里环境可爱,人可爱,但落后的现状令人痛心——在现实生活的启迪下觉悟,摆脱了理想受挫的痛苦。

七、演讲中的应答技巧

在演讲过程中,如果听众对你的演讲兴趣很高,并且能随着你的演讲进行积极的思维,这是难能可贵的,但有时不可避免会有些听众与你的意见相左,这时,很容易发生听众提问的现象。在演讲中或演讲结束后如何应对听众的提问有很多技巧,回答的效果怎样不仅显示了一个演讲者的知识素养和风度,还在一定程度上对演讲造成积极或消极的影响。所以作为一名演讲者,不得不考虑演讲过程中或演讲结束后可能出现的听众的不同提问。

根据演讲的不同情景,问答可能会在整个演讲期间发生,也有可能是在演讲者完成演讲之后进行。不管是哪种情况,对听众问题的回答往往是演讲者最后的话,因此有可能留下很深的印象。据不完全统计,大多演讲者体会到,演讲的问答部分与演讲本身同样重要。

如果你观察过新闻发布会,或者听过演讲人会谈后回答问题,你会明白,提问部分可使演讲的效果更好,也可以使演讲失败。

另一方面,在演讲中或演讲结束后,如果演讲者躲避问题,或者听众提问后显出不耐烦的样子,听众心理会产生极坏的认识,不仅影响了演讲的效果,还会造成对演讲者本人的抵触情绪,这是任何演讲者都不愿看到的事情。

(一)演讲应答的准备

1. 做足准备,积极面对

演讲前尽可能准备好回答可能提出的问题。成功总是偏爱有准备的人,"运筹帷幄"方能"决胜千里"。演讲的主题往往是社会生活或其他领域中的突出问题或现象,人们的关注程度一般都非常高,同时也会抱有很多想法和问题想与演讲者进行交流,这是正常的,也是演讲者事先应该估计到的。这就要求演讲者一旦知道你的演讲会在听众当中引起反响,在准备演讲稿的时候就应该思考演讲中可能提出的一些问题,做到心中有方寸,回答有针对性。对演讲前预计到的问题,一定要准备好详尽的答案,用完整的句子把答案全都写下来,以确保完整思考好这些问题。一旦听众提出预计到的问题,演讲者应该能做到从容镇静、对答如流。

如果你是当着朋友、家人或同事的面练习演讲,那应该请他们写下可能会提出的问题,并把所有问题都记录下来,然后准备好答案,这有助于演讲者从不同的角度来获取可能的提问。

2. 练习回答，酝酿自信

如果没有预先练习，你可能不会当着一屋子人的面发表演讲，如果不事先练习一些要回答的话，那你也不要设问答部分。很多演讲者发现，在自己家里或办公室里一个人写一份答案很容易，但当着很多人的面，在公开论坛承受着压力说出答案来，却不那么容易。由于你将大声说出答案来，因此必须大声预演。否则，你会发现你仔细准备好的答案说出来的时候可能会结结巴巴的，或者前后不连贯。

当你练习回答时，应该想办法把答案弄得简洁一些，而且要一针见血。许多简单的问题可以在 10 秒钟内回答清楚，哪怕是复杂的问题，回答的时间也不能超过 1 分钟。如果事先练习，你会发现保持在这个时间限度以内是相当容易的。

(二)演讲应对问答策略

1. 向听众说明提问的时间或方式

如果演讲者不知道什么时候可以接受提问，那应该在演讲的前期就说明自己喜欢的提问方式。比如，你可以简单地说"请在我演讲期间的任何一个时候随便提问"，或者说"讲话结束之后，我将很高兴接受大家的提问"。当然，如果会议程序早已经很清楚了，那就没有必要就这个问题发表任何意见了，以免有画蛇添足之嫌。

2. 用积极友善的态度对待提问

演讲者积极的态度有助于体面地回答问题。作为演讲者，应该把来自听众的提问当作是听众希望更多了解演讲的愿望来对待。尤其是当听众中有人觉得你已经准备好了或者就你看来十分清楚的某个观点提问的时候，这一点就更为重要了。你不能回答说"我在谈话开始的时候已经说清楚这一点了"，否则会给人以不尊重之感；也不能说"答案是明显的"一句话就封了口，这样会显得演讲者极为不负责任，从而影响演讲者的形象和演讲效果。反过来，演讲者应该利用这样的机会来强化和扩充自己的观点。如果你不关心听众提出的问题，从而使其受辱，听众有可能会对你的性格产生负面印象。

在应答过程中，演讲者如果说话带有尖厉的口气，或者为自己开脱，也会使很多听众心里产生隔膜，从而削弱演讲的可信度。演讲者应该把提问和回答问题当做讲者与听者之间交流思想、增深友谊的机会，而不能看成是对演讲者的能力、智力或个人的挑战。如果听众当中有人误解了演讲的哪个部分，提问和解答部分正好就是澄清思想的机会，这是增强演讲效果不可多得的机遇，演讲者不能轻易言弃。

哪怕有听众提出一个带有敌意的问题，作为演讲者也应该保持克制和冷静，避免发脾气，更不要用嘲笑和挖苦的口气回答问题，也不要与听众争论。聪明的演讲者总是利用这些棘手的问题扩大自己的朋友联盟,而不是多方树敌,因为大部分听众都会因为演讲者能避免发生争执而尊敬你。

3. 仔细地倾听,展示人格魅力

如果不仔细听清楚听众的提问,演讲者就很难准确地把问题回答好。所以在回答听众的提问时,演讲者应该专心倾听提问人提出的问题,认真地看着他(她)的眼睛,而不要在会场四处看,不要看地板,更不要看天花板。如果听众提问时碰到困难,演讲者还应该点头鼓励他们慢慢说完,把问题说清楚,这样很容易得到听众的信任与尊重,也充分展示出了演讲者的人格魅力。

面临听众不清楚或者笨拙的提问时,演讲者应该努力重新说一遍,比如:"如果我听懂了你的问题,在我听起来你是在说……"另一个选择是请那位听众重新说一遍所提问的问题,大多数人都会更清楚地把问题说一遍,这也为演讲者充分考虑问题的答案提供了必要的时间。如果演讲者仍然听不明白,还可以请提问人打一个比方来说明他(她)的意思。

4. 面对全体听众回答问题

演讲中,当有人向演讲者提问的时候,演讲者应该看着提问人。但之后,演讲者应该面对着全体听众回答问题。有时候演讲者可以跟提问的人交流一下眼神,但主要还是应该面对着作为听众的全体与会者,因为这会引起所有听众的注意。如果演讲者只对着提问人回答问题,容易造成大部分听众走神,产生顾此失彼的现象。

面对众多的听众演讲时,一定要不厌其烦地重复或者再说一遍问题,这有助于确保听众对问题的理解是正确的。同时,还涉及所有听众,并且可以保证他们也明白演讲者将要回答的问题。此外,重复或者重述问题会给演讲者更多的机会整理答案。

5. 面对提问,要保持有风度的坦诚

有些演讲者害怕提问和回答问题,因为他们担心会碰到自己难以回答的问题,而不愿面对这种尴尬。其实,这是一种错误的做法。如果演讲者不能够回答每一种可能的问题,提问并不会轻易地结束;如果演讲者确实不知道或者不能够明确给予答复,那就应该诚实地向听众说出来。不要逃避,最重要的是,千万不要欺骗听众,要知道理解是沟通中最重要的调和手段。但是,作为演讲者应该让提问的人明白,你对他(她)的问题是认真的。演讲结束后,演讲者应该主动尽快找到答案。如果身边有了解此问题明确答案的人,应该向他们请教,这不仅不会降低演讲者的身份,相反会因为演讲者的诚实和负责任而大大提高了演讲者的个人形象。

6. 巧妙控制局面，有效保持既定方向

在现场提问和解答过程当中，演讲者很容易迷失方向，从而导致对时间失去控制。有时候，这意味着演讲者要防止单独一个提问人占据太长时间。演讲中，可以允许每个人再提一个跟进问题，但是，不要让自己被拖进与提问人之间的一场辩论中去。如果有人试图提出两个以上的问题，演讲者应该作出体面的回答，譬如你可以礼貌而又斩钉截铁地说："这是个非常有趣的问题，但是，我们需要给其他人提问的机会。"

回答之后，收拾起自己的东西，然后谢谢听众抽时间来听讲，感谢他们认真地听自己的演讲。这是演讲者最后的收场，也是完美的收场。

八、演讲道具的应用技巧

演讲道具，泛指演讲者在演讲过程中使用的辅助演讲的实物、模型、图片、幻灯片、图表、多媒体及其他声像设施等，它对演讲起着强化、引申、明朗化的作用，是弥补演讲有声语言不足的有力工具。

(一)演讲道具的作用

实践表明，如果在演讲中用文字和图画一起来表现，那么，演讲者的信息会更有趣，掌握起来更容易，保留的时间也更长。

(1) 演讲道具最主要的作用是使演讲者的表达更清晰。如果演讲者在讨论一个物体时，把这个物体或者表现这个物体的模型展示出来，演讲者的语言一定会清晰得多。如果引述统计数字，说明某些东西如何起作用，或者正在展示一门技术，那么，演讲道具会使演讲信息在听众看起来更生动。毕竟，我们生活在一个视觉时代，电视、网络和电影使我们养成了指望看到可视图像的习惯。如果在演讲中恰当地使用道具，就可以让听众更容易、更准确地弄清楚演讲者的表达目的。

(2) 演讲道具的另一作用是引起听众的兴趣。实践表明，由可视图像引发起来的兴趣是很强烈的。因此，许多领域现在都普遍使用可视辅助物，而不仅仅是在演讲当中。

(3) 演讲道具的第三个作用是让演讲在听众心里留下更长久的印象和回忆。一项研究显示，普通的演讲者，如果利用演讲道具的话，他给人的印象是准备更充分、更可信，也更有专业精神。根据同一项研究，演讲道具可提高演讲的说服力达 40%以上。还有资料表明，演讲道具是消除怯场的可靠办法。演讲道具使听众的兴趣提高，使注意力从演讲者本身离开，从而使演讲者在整体上获得更大的自信。演讲道具留在我们脑海中的时间，经常会比语言更长。

第四章　演讲应用技巧

经验证明，演讲过程中如果演讲道具使用得当，差不多可以强化演讲的所有层面，这正是演讲者所希望的。

(二)演讲道具的应用技巧

不管设计的演讲道具有多么好，演讲中如果不能正确地展示它们，清楚明白地讨论它们，把这一部分与演讲的其他部分贯穿在一起，那么这一切工夫全都是白费。这就需要演讲者掌握一定的道具应用技巧。

1. 道具放在听众看得见的地方

展示使用道具而听众看不到是毫无意义的事，这就需要演讲者考察好会场情况，选择合适的展示位置，确保演讲者的一行一动都能在听众的视线范围内。

2. 避免道具在听众中传看

演讲道具一旦到了听众手里，演讲者的麻烦就大了。因为，至少会有三个人对演讲道具的兴趣超过对演讲者的兴趣，在传递演讲道具过程中听众会忽视演讲的内容，从而破坏了演讲的整体，这样就失去了使用道具的意义。

3. 非到必要时不要展示道具

一旦过早地展示出道具，必然会使听众分心，转移注意力，应该在需要道具进行更清晰的说明，以弥补语言表达的不足时，再将演讲道具展示出来，效果会非常明显。

4. 展示道具，不要忘记对着听众讲

很多演讲者容易忽视的问题是在展示道具的时候，目光偏离了听众，一味地对着道具滔滔不绝，而忽视了听众的反应，这是不合理的。演讲者在演讲过程中，务必要对着听众说，不要盯着道具说，一方面显示了演讲者对演讲道具的熟悉程度，另一方面也会很好地根据听众的反应进行演讲调控。

不管演讲者利用的是哪一种演讲道具，都需要事先进行仔细的准备。演讲道具仅仅是演讲的一种辅助手段，它代替不了演讲者的口头陈词，一位善于使用演讲道具的演讲者比一位没有任何辅助材料的好的演讲者更有效率。如果事先准备好演讲道具，把演讲道具弄得很简明，确保演讲道具的尺寸足够大(或声音足够清晰)，可以让所有听众看(或听)见，而且选用能够突出重点和视觉吸引力的颜色，那么，演讲道具一定会为演讲增加很大的说服力。

思考与练习

1. 演讲心理准备主要包括哪些方面？
2. 演讲的准备程序有哪些？
3. 演讲稿有哪些准备技巧？
4. 演讲的体态语言有哪些？其表达技巧是怎样的？
5. 定格演讲的实用技法是怎样的？

第五章 例文欣赏

【名人口才欣赏一】

邓小平舌战英相[①]

中国改革开放的总设计师邓小平不仅是我国最有威望的国家领导人之一,同时也是一位机智的谋略家、风趣的交际家和雄辩的演说家。而英国前首相撒切尔夫人因在英国与阿根廷的马岛争端中持强硬立场而在世界政坛享有"铁女人"之称。1982年,英国女首相访华,邓小平和"铁女人"在北京会晤,唇枪舌剑已在世人的预料之中。下面便是邓小平于1982年9月24日会晤英国首相撒切尔夫人时,就香港问题发表的著名讲话。

"我们对香港问题的基本立场是明确的,这里主要有三个问题。一个是主权问题;再一个问题,是一九九七年后中国采取什么方式来管理香港,继续保持香港繁荣;第三个问题,是中国和英国两国政府妥善商谈如何使香港从现在到一九九七年十五年中不出现大的波动。

关于主权问题,中国在这个问题上没有回旋余地。坦率地讲,主权问题不是一个可以讨论的问题。现在时机已经成熟了,应该明确肯定:一九九七年中国将收回香港。就是说,中国要收回的不仅是新界,而且包括香港岛、九龙。中国和英国就是在这个前提下来进行谈判,商讨解决香港问题的方式和办法。如果中国在一九九七年,也就是中华人民共和国成立四十八年后还不把香港收回,任何一个中国领导人和政府都不能向中国人民交代,甚至也不能向世界人民交代。如果不收回,就意味着中国政府是晚清政府,中国领导人是李鸿章!我们等待了三十三年,再加上十五年,就是四十八年,我们是在人民充分信赖的基础上才能如此长期等待的。如果十五年后还不收回,人民就没有理由信任我们,任何中国政府都应该下野,自动退出政治舞台,没有别的选择。所以,现在,当然不是今天,但也不迟于一两年的时间,中国就要正式宣布收回香港这个决策。我们可以再等一两年宣布,但肯定不能拖延更长的时间了。

中国宣布这个决策,从大的方面来讲,对英国也是有利的,因为这意味着届时英国将彻底地结束殖民统治时代,在世界公论面前会得到好评。所以英国政府应该赞成中国这个决策。中英两国应该合作,共同来处理好香港问题。

保持香港的繁荣,我们希望取得英国的合作,但这不是说,香港继续保持繁荣必须在

[①] 这是邓小平同志会见英国首相撒切尔夫人时的谈话。

英国的管辖之下才能实现。香港继续保持繁荣，根本上取决于中国收回香港后，在中国的管辖之下，实行适合于香港的政策。香港现行的政治、经济制度，甚至大部分法律都可以保留，当然，有些要加以改革。香港仍将实行资本主义，现行的许多适合的制度要保持。我们要同香港各界人士广泛交换意见，制定我们在十五年中的方针政策以及十五年后的方针政策。这些方针政策应该不仅是香港人民可以接受的，而且在香港的其他投资者首先是英国也能够接受，因为对他们也有好处。我们希望中英两国政府就此进行友好的磋商，我们将非常高兴地听取英国政府对我们提出的建议。这些都需要时间。为什么还要等一两年才正式宣布收回香港呢？就是希望在这段时间里同各方面进行磋商。

现在人们议论最多的是，如果香港不能继续保持繁荣，就会影响中国的四化建设。我认为，影响不能说没有，但说会在很大程度上影响中国的建设，这个估计不正确。如果中国把四化建设能否实现放在香港是否繁荣上，那么这个决策本身就是不正确的。人们还议论香港外资撤走的问题。只要我们的政策适当，走了还会回来的。所以，我们在宣布一九九七年收回香港的同时，还要宣布一九九七年后香港所实行的制度和政策。

至于说一旦中国宣布一九九七年要收回香港，香港就可能发生波动，我的看法是小波动不可避免，如果中英两国抱着合作的态度来解决这个问题，就能避免大的波动。我还要告诉夫人，中国政府在作出这个决策的时候，各种可能都估计到了。我们还考虑了我们不愿意考虑的一个问题，就是如果在十五年的过渡时期内香港发生严重的波动，怎么办？那时，中国政府将被迫不得不对收回的时间和方式另作考虑。如果说宣布要收回香港就会像夫人说的'带来灾难性的影响'，那我们要勇敢地面对这个灾难，作出决策。希望从夫人这次访问开始，两国政府官员通过外交途径进行很好的磋商，讨论如何避免这种灾难。我相信我们会制定出收回香港后应该实行的、能为各方面所接受的政策。我不担心这一点，我担心的是今后十五年过渡时期如何过渡好，担心在这个时期中会出现很大的混乱，而且这些混乱是人为的。这当中不光有外国人，也有中国人，而主要的是英国人。制造混乱是很容易的。我们进行磋商就是要解决这个问题。不单单是两国政府，而且包括政府要约束厂商及各行各业，不要做妨碍香港繁荣的事。不仅在这十五年的过渡时期内不要发生大的波动，一九九七年中国接管以后还要管理得更好。

我们建议达成这样一个协议，即双方同意通过外交途径开始进行香港问题的磋商。前提是一九九七年中国收回香港，在这个基础上磋商解决今后十五年怎样过渡得好以及十五年以后香港怎么办的问题。"

【作者简介】

邓小平(1904—1997)，是全党全军全国各族人民公认的享有崇高威望的卓越领导人，伟大的马克思主义者，伟大的无产阶级革命家、政治家、军事家、外交家，久经考验的共产主义战士,中国社会主义改革开放和现代化建设的总设计师,建设有中国特色社会主义理论的创立者。邓小平的一生,是光辉的战斗的一生。在 70 多年波澜壮阔的革命生涯中,他为中国新民主主义革命的胜利和新中国的成立,为中国社会主义的创建、巩固和发展,建立了永不磨灭的功勋。

【赏析】

邓小平的讲话极有原则性。对"铁娘子"撒切尔夫人,据理力争自不待言,但不失坦率诚恳,使"铁娘子"在会议中不得不持合作的态度。当然,最根本的是邓小平创造性地提出了"一国两制"的构想,为圆满解决香港问题起了决定性的作用。邓小平有关香港问题的讲话表现了他处理国际问题的远见卓识,集中体现了他的原则性和灵活性完美结合的风格。

这篇讲话为中外所瞩目,在完成祖国统一大业的进程中具有里程碑性的重大意义。

【名人口才欣赏二】

李敖神州文化之旅答清华学子问

主持人:谢谢李敖先生精彩的演讲,我们的声音都被淹没在大家热情洋溢的掌声中,接下来把提问的机会留给现场的同学。

提问:李敖先生您好,我是来自公共管理学院的学生,我觉得我们是以清华最热烈的双臂来拥抱您,欢迎您回到我们祖国的组织,欢迎您回来。

李敖:你这叫什么问题,我根本就没有离开。

提问:我相信通过刚刚短短几十分钟的讲演,我们非常深刻地领略了您的语言风格和独特的人格魅力,可能我们更加喜爱您的是您对我们祖国的认同和您的爱国之情,我们真的感觉到您的拳拳之心。在这里我很关心的一个问题是,我们清华人不是自了派,我们很关心统一大业,对您这样一个爱国统一人士来讲,今天又是文化之旅,怎么样通过两岸的文化交流来推进祖国的统一大业,我相信您一定会有非常精彩的答案给我们。

李敖:你提了一个好问题,可是我提供一个笨答案,什么是笨答案?以你们清华大学这么聪明的学生,你们不知道这个答案吗?你们自己知道,故意来问我,叫我说话,让我闯祸。

提问:李敖先生您好,我是清华大学汽车工程系的学生,首先我想表达对您刚刚所谈的关于自由与个人努力的理论非常钦佩,同时我也对您对台湾慰安妇的义举非常的钦佩。我的问题是,您一贯说是追求事实,戳穿谎言,我们都知道,台湾的"三一九"枪击案疑点重重,您提供的美国中央情报局的秘密证据也没有了下文,不知道这个案子的真相何在,您在这方面还会有什么举动?

李敖：我提供的证据是有效的，陈水扁的证据在档案里，我的证据在人心里。为什么在人心里？大家想想看，陈水扁当时所说的"三一九"枪击案破案，是说一个人开了两枪从他的肚皮上打过去，叫一人、一枪、两弹，整个的报告，整个的谎言都是这样发展的。可是我所知道的美国中央情报局的报告是说，两个人、两把枪、两颗子弹，换句话说，多了一个凶手，并且说，那个凶手放了枪之后，是治安人员保护他脱离现场，表示说是陈水扁自己用他所谓"总统"的权力做的假。可是陈水扁他们匆匆结案，说没有这个事，就是一个答案，一人、一枪、两子弹，就这样结案了。他结的案只在档案里，但在大家心里面知道这个问题没有解决，大概是两人、两枪、两弹。

提问：李敖先生您好，我是来自清华大学材料系的同学，非常喜欢看您的《李敖有话说》节目，在这个节目里面，我经常看到您穿一件红色的外衣，那么今天您为什么没有穿，这件外衣对您来说有什么特殊的含义？

李敖：舍不得穿，怕穿坏了，没有了。

提问：李敖先生您好，我是公共管理学院的硕士研究生，从您今天早晨的演讲能够感受到您深深的爱国情结。我知道北大对李敖先生这次演讲十分重视，也非常热情友好，但是李敖先生你用了"孬"字来描述北大的现状，"孬"在北京话中是一个非常严重的贬义词，我觉得对主人不够礼貌，也不够尊重，我不知道李敖先生有没有想过，是否愿意在清华讲台上对北大表示歉意？谢谢！

李敖：我想不到来清华还有北大卧底的，我在北京念中学的时候听到一句谚语叫作北大老，师大穷，只有清华可通融。因为北大老，所以我们要使劲扎它一下，因为扎它，所以用字用词就难免重了一点。我想和大家说，这57年来，我回来了，大家说，乡音未改，我告诉你，我没改，改的是你们。为什么？我在北京的时候是个小型的北京，我住在北京城里面大圈里面的小圈里面，小圈里面的黄圈，住在黄城里面，现在的圈大了，三环四环五环都有了。我们过去在北京讲的话是很纯的北京话，现在你们的话和我们混在一起了，这个语言混同改变是进步是退步？我告诉你是进步。台湾人到了北京，你们一听他是台湾人，讲的国语，为什么？用的词和你们不一样，为什么不一样？我举个例子，我们喊疼，你打我一拳就喊疼死了，山东人会说"份儿"(音)，就表示疼，懂我意思吗？语言改变了。好比说，我李敖如果披个外衣夜里从小巷子出来看到女生过来拥抱，北京的女孩子说"呀"，台湾的女孩子说"哇"，或者说"哇塞"，或者说"那么小"，反应不一样。所以今天我用了这个字来挖苦北京大学，我愿意委托你向北京大学道歉。

提问：首先，既然您不愿意作为一个客人，我想再次欢迎您自家人回到北京来到清华。首先我想给您说两件事情，可能您会比较高兴一点。第一件事情刚刚您说美国在当时和清华校方有一个秘密的协定，有一个80%和20%之说，我想和您说的是在那几十年没有听美国鬼子的，发展出了学养非常深厚的人文社会科学，包括您肯定知道的王国维、陈

第五章 例文欣赏

寅恪、赵元任、梁启超这些国学四大导师以及稍后的钱钟书、冯友兰这样的大师，您知道了这个应该会比较高兴。第二点您可能比较高兴，您说到钱穆先生，虽然钱穆先生没有给清华像北大一样的未名湖，我和您说清华的学生也非常尊敬钱穆先生。不但知道他，而且非常尊敬他，至少我和我的同学在我们的音乐素养课上就曾经间接得到来自钱穆先生的教诲，他教我们应该对古典音乐怀有温情和崇敬。我的问题是，您一直把自己定义为一个大陆型的学者，而且您非常著名的也是一颗拳拳的爱国之心，现在我们非常担忧的是，岛内当局推行的是去中国化的教育，这对于年轻人的影响是非常大的，而年轻人是台湾的未来，他们将是台湾以后主要的公民和政治的决策者，您觉得，怎么样能够在文化上反对这个文化台独？因为文化上的分离才会是永远的分离。

李敖：我女儿四岁时她的逻辑思维非常有意思，她有一天和我说，"妈妈骂我，我不喜欢妈妈，爸爸我喜欢你，你抱我。"大家知道逻辑程序吗？"骂我"是叙述情况，"我不喜欢妈妈"是展开统战，就是划清界限，第三个是"爸爸我喜欢你"，还统战，"爸爸抱我"是提出要求，这是共产党干的事情，你们也不要笑。事实上对我李敖说起来很多教育也是失败的，你叫我站在这儿讲我中学所学的课程，你叫我全部讲出来，讲不到一丝就讲光了，所以基本上靠教科书是不好的。

在这里我要赞美我的儿子，我的儿子叫李勘，第一流聪明的小鬼，他的逻辑性也好得不得了，他跟着我的真传看课外书，学校里面能够混过去就算了，唯一的缺点就是考不上清华大学而已。

提问：李敖先生您好，我们中国人好像讲究传统，为人处世之道中用内敛含蓄的风格，而您是非常张扬外露的，您是怎么看这两种风格的？

李敖：我是和孔子学的，孔子不拿拐杖打学生吗？不是"鸣鼓而攻之"，要发威吗？这就是中国人的传统，讽刺人，当面说好话，背后下毒手。

提问：李敖先生您好，我是来自机械系的同学，我和我的同学挺喜欢您主持节目的风格，都知道您嬉笑怒骂的风格给您带来很大的名气，但是有时候您的不留情面也使您失去很多支持者。作为一名喜欢您的年轻人，我想问一下您有没有反思过自己，还有一些什么缺点，或者是有哪一些不足？

李敖：你又拿孔子来逼我，孔子说，"丘有幸，苟有过，人必知之。"我很有福气，因为我有错的时候，全世界都知道，这不是孔子吗？谢谢你，我告诉你，我自己有所反省。可是我和你们说，有时候忍不住，自己有那种虫，要张狂，有显摆，的确是有，可是在我内心深处冷静得不得了，非常的务实，尤其是数钱的时候。

提问：李敖先生您好，我是来自汽车工程系的硕士研究生，刚刚您提到汉唐盛世，非常荣幸我来自陕西省，汉唐在我们西安，我想请问您在您的节目中有一句词说您宁愿做一个唐朝人，我问您对所谓汉唐盛世有什么自己的见解和观点？

李敖：你可能有一个误会，我没有说我宁愿做一个唐朝人，我只说除非我碰到武则天我不愿意做唐朝人。

提问：李敖先生您好，欢迎您到大陆来，非常荣幸能够得到这样一次向您求问的机会，李大师虽然把它称为李敖神州文化之旅，但您是在海峡两岸都有一定影响力的政治人物，请您谈一下此行的政治目的。

李敖：你把我谈得太小了，我觉得谈政治问题太小了，政治真的是一时的，可是文化是永久的。我在台湾做大学生的时候，有一次碰到当年南开大学的教授，也是近代史的一个学者叫作蒋廷黻讲了一句话，也是提到一个问题，他说"汉武帝伟大还是司马迁伟大"？结论是"司马迁伟大"。为什么？汉武帝虽然折腾了一辈子，不可一世，可是他死了以后什么都没有，可是司马迁和他的《史记》以及他悲惨的人生故事一直流传到今天。

提问：我们在2001年的时候曾经在中央台参加过一个CCTV4和您连线的节目，当年您说您从来不用电脑，是不是现在还不用电脑？在今天电脑时代，在网络上得到信息是非常丰富的，它可以给人很多非常重要的数据和资料，您觉得电脑时代会不会对您的文化思考方式产生什么样的影响？孔子不用电脑，是因为那时候没有电脑，您就不用拿孔子比了。

李敖：我儿子帮我用。其实我觉得用电脑的人蛮可怜的，因为他接收了大量的资讯，排山倒海般涌来，你要用很好的头脑才能从这些大量的资讯里面把它拣出来，如果没有很好的头脑，这些东西是害人的。所以我认为爱因斯坦的那句话，说明想象力比知识更重要，现在已经不发生知识的问题，我觉得现在人类平等最重要的特色就是在知识取得方面非常地平等，我们可以花很少的钱从电脑里面取得知识，过去好难。美国总统威尔逊要走那么多路去借一本圣经，林肯小时候什么书都没有只有一本圣经，他们取得资讯是非常难的。可是现在我们电脑一打开，那么多资料出现，我怀疑你们的小头脑能否负荷得了，所以我才说快速的辨别能力，知道什么是好的知识、什么是臭狗屎的分别是非常重要的。

【作者简介】

李敖(1935—)，台湾当代学者。1935年生，祖籍吉林省扶余县。生于哈尔滨，后迁居北京、上海等地。1949年举家赴台，定居台中。1954年考入台湾大学法律系，未满一年便自动退学，旋再考入历史系。1957年，在《自由中国》上发表《从读〈胡适文存〉说起》，引起了胡适的注意，后任蒙元史专家姚从吾的助手，并考入了台大历史研究所。1961年11月，于《文星》杂志上发表了《老年人和棒子》，揭开了60年代台湾"中西文化论战"的序幕。此后出任《文星》总主笔。陆续发表《播种者胡适》《给谈中西文化的人看看病》《中国思想趋向的一个答案》等文，激烈抨击与否定中国传统文化，主张"剪掉传统的脐带"，鼓吹胡适"全盘西化"口号，遭到国民党策动的文化围剿，以致对簿

第五章 例文欣赏

公堂。

1965 年，《文星》被迫停刊，遂靠经营旧电器维持生计。1970 年因彭明敏出逃案而被软禁，翌年被捕，判以 10 年徒刑，1976 年减刑获释，担任土木包工。1979 年复出文坛，出版了《独白下的传统》《李敖文存》等。同年与台湾影星胡茵梦结婚，三个月后离婚。

1981 年因萧孟能控告其侵占案再度下狱。1982 年出狱后陆续创办了《时代》系列杂志，出版了《千秋评论》《万岁评论》《朝代评论》丛书，宣称绝对反国民党，绝不妥协。曾在 1982—1983 年参与发起"批康（宁祥）"风潮，但并未参与党外政治运动。

1991 年创办《求是》报，1993—1996 年任东吴大学历史系兼任特聘教师；1995—2000 年担任真相新闻网"李敖笑傲江湖"主持人；1997 年举办义助慰安妇百件珍藏义卖会；1999—2000 年，台湾第 10 任领导人选举期间被推选为新党候选人；2000 年担任环球电视"挑战李敖"主持人和台视"李敖脱口秀"主持人；2001 年至今任中天新闻台"李敖大哥大"主持人；2000 年，凭借长篇历史小说《北京法源寺》曾被提名角逐诺贝尔文学奖；2004 年当选台北"立委"。

李敖是台湾知名的作家，也是著名的"党外政论家"，因数度入狱而必然造成一种"给国民党难堪的心度"。依此，1983 年 5 月，台湾一批持有政见的知识分子投书《民主人》，支持李敖出任"党外党魁"，并竞选第七任台湾地区领导人，称他有足够的影响及威望。他仗义执言，打抱不平的正义精神，深受各界人们的敬佩，人们甚至把他奉为崇拜的偶像。

李敖生平以嬉笑怒骂为己任，而且确有深厚学问护身，自誉为百年来中国人写白话文的翘楚。他的著作甚多，主要以散文和评论文章为主，有《传统下的独白》《胡适评传》《闽变研究与文星讼案》《上下古今谈》《李敖文存》等；近年出版的有《李敖的情话》《蒋介石研究文集》《李敖回忆录》和《李敖大全集》等 100 多本著作，他被西方传媒追捧为"中国近代最杰出的批评家"。经他抨击骂过的形形色色的人超过 3000 余人，在古今中外"骂史"上无人能望其项背。李敖前后共有 96 本书被禁，创下了历史纪录。

李敖主张以"一国两制"方式实现两岸的和平统一，反对"台独"，反对"公投制宪"，反对军购。

无论是他的敌人还是朋友，都不得不承认他是当代文坛上的奇人！他一生不仅著作等身，亦是一位多情才子。李敖的情感经历与他笔下那颇含激情的文章一样，无不充满传奇的色彩。

【名人口才欣赏三】

名人幽默口才欣赏

1. 1979年，英国前首相约翰·梅杰首次当选为下院议员。在竞选中，一位农场主对他说："您对农业知识方面的欠缺，使我颇感意外。"梅杰听后马上回答："您说得对，先生。我既不懂奶牛，也不懂水牛。但我向您保证，只要您投我的票，我会在24小时内成为一个养牛专家。"

2. 著名政治家纳尔逊性格豪爽，不修边幅。有一次，他访问美国，身穿一套西服，但脚上却穿了一双十分破旧的皮鞋，随从人员提醒他，他却不以为然："没关系，在美国没有人认识我。"

访美归来，随从人员再次提醒他需要换双新鞋了，他又说："那有什么关系？在英国有谁不认识我！"

3. 有一次，马克·吐温在著名画家惠斯勒的画室中参观时，伸手摸了一幅刚完成的油画，惠斯勒看见后生气地喊道："当心，难道你看不出这幅画还没干吗？"马克·吐温把手抽回去后说："没关系，我戴着手套呢。"

4. 被誉为"世界女排第一重炮手"的海曼生前曾和一个白人谈恋爱，但最终却因肤色种族问题而分手。海曼成名后，这个白人去找她说："亲爱的，我们和好吧，现在您已经是世界闻名的大球星了，我非常渴望和您在一起。"海曼轻蔑地一笑说："不知道您爱的是我的名气还是我这个人？如果爱的是我本人，我现在仍然这么黑。如果爱的是我的名气，那么，这个问题很好解决，请去买球票看球吧！"

5. 贝利向足球爱好者们赠送过各式各样的礼物，像明信片、手帕、旧袜子、球鞋等，甚至有几次他被球迷们团团包围，不得不剪下头发相赠。

在一次比赛之后，有个足球俱乐部的老板挤到贝利跟前，向贝利要"几滴血"。这个老板央求说："请给我几滴血吧，我要把您的血输到我的球队的前锋身上，让他们大大增强比赛的斗志。"

贝利饶有风趣地回答说："你能不能送我几滴血，让我增加一些财气呢？"

6. 某年春节期间，中央电视台新闻评论部的"名嘴"、"名记"们自导自演自看搞了一场小型联欢会。

在联欢会上，大家推荐崔永元等人表演一个小品，小崔也不含糊，扮作"新娘"粉墨登场。担当"新郎"一角的是新闻评论部主任时间。出人意料的是，这个"新娘"手里比别的新娘多了一个小宝宝。于是，主持人白岩松就在大家的授意下前去采访"新娘"崔永元："请问新娘为什么带着个孩子？生孩子的感觉怎么样？""新娘"崔永元假装不解地反问白岩松："难道你不知道吗？"

第五章 例文欣赏

白岩松老老实实地回答:"不知道。""新娘"崔永元又问:"你真的不知道吗?"白岩松再次肯定地回答:"不知道。"这时,"新娘"崔永元一脸坏笑地说破了谜底:"生孩子的感觉是——痛并快乐着!"台下观众顿时哈哈大笑,并报以会心的掌声。

原来,"痛并快乐着"正是白岩松新出版的一本书的名字。

7. 跟凌峰相处,常让人喷饭。他的风趣幽默,常表现在自嘲。如他把年轻漂亮的妻子比作"盛开的鲜花",而自己则"情愿当她难看的肥料"。当然,在自嘲的同时也不忘调侃:"她嫁给我的原因,是为了突出她更漂亮。"再是展现于吝啬。如他一直穿着一双据说只值五元钱的圆口薄底布鞋,但在用餐时经常双脚自动脱去鞋,及至鞋被移向角落而一时找不到,就会大声嚷嚷:"是谁偷了我的鞋?"不过,凌峰最为机智的幽默,还是他那种由一般生活笑料中而迸发出的政治内容、政治幽默。

一次宵夜,在座的编、导、演及记者满满两席。凌峰左侧坐的是他的忘年交、泳坛世界冠军杨文意。原来拟议中的鼠年上春节晚会,将有他跟杨文意联袂唱歌表演。席间凌峰突然正经地起立道:"这是谁出的馊主意?我这 1.66 米的个头,杨文意则 1.80 米,能相配吗?"正当大家为这一严肃幽默大笑时,骤然,他又把杨文意拉起身,边唱边比划着他跟杨文意的"高低悬殊",接着说:"我现在有一种不和谐、距离感,看来两岸非得统一!"更有意思的是,席间一位年轻的女歌手邀凌峰与之对唱……至最后,凌峰紧紧攥着对方的手向众人说:"唉,离开年轻的妻子越久,这种感觉可越好!"正把大家逗得前俯后仰时,他又补充说:"是啊,离开大陆越久,这'回来'的感觉可越好!"

去年央视的春节晚会《给您拜个年》,凌峰在录节目时,他表演歌唱《春天里》,歌词大意是:在美好春季里,一位男子遇见一个漂亮的姑娘……当唱到这里,凌峰骤然停下,面对前排的妻子,朝向周围观众:"许多人也许不知,我和太太都是青岛人,是一样的水土,但现在为什么会养出两样的品种?这是属于'红富士'(指着妻子),这是属于'莱阳梨'(指着自己。众大笑)!这大概是与'胎教'有关,她的怀胎是处在社会主义的浩瀚时期,而我的怀胎正是抗战最后一年,所以长得非常艰难,充满着苦难!"在场观众忍俊不禁地报以热烈掌声!

(辑自《演讲与口才》)

【名人演讲欣赏一】

坚持和平　走向双赢
——中国国民党主席连战北大演讲
2005 年 4 月 29 日

尊敬的闵主任委员、副校长、陈主任,各位贵宾,各位老师、各位同学,大家早安。今天我和内人偕同中国国民党大陆访问团一起来到北京大学,感到非常荣幸。在这里首先向各位表示感谢。北京大学的校址，刚才我了解到，就是当年燕京的校址，我的母亲在30年代在这里念书，所以今天来到这里可以说是倍感亲切。

看到斯草、斯木、斯事、斯人，想到我母亲在这儿年轻的岁月，在这个校园接受教育、进修成长，心里面实在是非常亲切。她老人家今年已经96岁了，我告诉她我要到这边来，她还是笑眯眯的很高兴。台湾的媒体说我今天回母校，母亲的学校，这是一个非常正确的报道。北京大学是我们大学里面的翘楚，也是中国现代新思潮的发源地。蔡元培先生有两句名言：寻思想自由的原则，取兼容并包之意。在这种自由包容的校风之下，长久之下北大为这个国家、为这个社会培育了很多精英人物。

尤其在国家、民族需要的时候，可以说都是能够挺身而出，各领风骚。不但为整个国家民族和社会做了很大的贡献，尤其是展示了中国知识分子那种感时、伤时、忧国的情怀。所以我今天来到这里，心里回忆起这些，非常感动。我的母校也是我服务多年的台湾大学，师生也能够参与"争自由、为民主、保国家"的各种的活动，也许是因为历史的因缘际会，所以台湾大学曾经成为两岸高等学术人才的一个荣誉。

1949年之后，北大好多的老师跟同学们好像种子一样，跨洋过海到了台湾，尤其到了台湾大学，把自由的种子带到那里去，在那里开花结果。包括傅斯年、毛之水等师生后来都是在台大当教授，受到大家非常的欢迎。尤其胡适和傅斯年先生，都是五四运动的健将。傅斯年先生代理过北京大学的校长，后来出任台湾大学的校长。所以在今天，台湾大学里面那个幽静的傅园，那个回响不已的"傅钟"，都是台湾大学的老师和学生生活里面的一部分。所以，简单地来讲，自由的思想，北大、台大系出同源，可以说是一脉相传，尤其在大陆，可以说是历史上的一个自由的堡垒，隔了一个海峡相互辉映。

今天我来到北大，我也愿意回顾一下，中国近百年以来整个思想的发展，应该也可以说归功于北大。大家都知道胡适先生提倡自由主义，那是代表一种自由、民主、繁荣、进步的创举，也曾经引起了很大的回响。但是我们仔细地来看，自由主义这个思想在中国走的是一段坎坷的路，不是很顺利，也不是很成功。记得在那个年代，胡适先生介绍杜威的实用主义，谈到科学的方法和科学的精神，面对重大的针对社会的问题，提出所谓问题趋向的一个态度，要大家逐渐进步，所谓渐进、逐步的、改良的方式，来面对所有社会的国家的问题。他相信，不要任何的武断，不要任何的教条，点点滴滴，即可存活。

这是实用主义和自由主义进入中国的一个最主要的桥梁。那个时候胡适和李大钊先生经过了一系列的辩论，那个题目是多谈问题，少谈主义。我想这样的一个方式在一个正常的时刻、环境之下，也许是一个最好的选择，但是为什么自由主义在中国它的影响大部分还是在知识分子中间，为什么如此？

简单地来讲，我们可以回忆一下19世纪的最后、20世纪的最初，那个二三十年，你看看这个国家所面对的是什么，是中法战争，是甲午战争，是八国联军，是日俄战争，是

第五章 例文欣赏

第一次世界大战,可以说整个的国家都在帝国主义列强的烧杀掳掠下,不平等条约可以说是丧权辱国的东西,老百姓的生活已经到了一个贫苦的极致,烽火连天。

在这么一个环境之下,中国的人民实在是没有一个那样的环境来冷静地思考自由主义所代表的一个深刻理念。当然在校园里面百花齐放、百家齐鸣,但是终究能够吸引、号召青年人的正式的号召,不外乎还是以中国国民党所代表的三民主义的路线和中国共产党所代表的社会主义总路线两条路线。

今天,北大已经 107 年了,来到这里好像把我们带回到一个近代中国史的时光隧道里面去,因为这里不但是人文荟萃,同时我们也看到一个很浓缩的整个的近代史。我看到大家,我就想到,各位今天除了各有专精之外,宏观的思维一定是跟各位在这个校园里面那些服务过的前辈先行者们一样。

大家还要想一个问题,中国的未来到底在哪里?我们要选择的到底是哪一条路?当然,在找寻答案的时候,我们都知道历经曲折、历经挑战,我们走了不少的冤枉路,我们得到了很多惨痛的教训,这些都是非常困难的事情。但是身为一个知识分子,我相信大家都有这种百折不回的决心和勇气。因为在各位的肩膀上,要担负的就是历史的责任,要为广大的人民来找出路。

如何能够让整个的中华民族不要再走上战争和流血,如何能够让和平来实现,如何能够提升人民的生活水准,如何能够维护和不断提升我们的国际竞争力,这些重担,都在各位的肩头上。一肩挑起来,就是现代知识分子的一个伟大的格局。那么,用什么话来形容这样的格局、这样的勇气,带领我们到正确的历史方向和目标。我想了再想,把它归纳成 12 个字,那就是希望各位能够"为民族立生命,为万世开太平"。

听起来有一点老古板,好像老古董一样,但是毕竟这是我们老祖先心血的结晶。也许用现在的话,这 12 个字可以再变成 8 个字,那就是我们大家一定要"坚持和平",我们大家一定要"走向双赢"。

当然有人会问我,你的勇气不小,你的基础在哪里?我要在这里跟各位坦白从宽。我认为这个基础在哪里呢?在于历史的一个潮流,在于民意的一种驱动。历史的潮流、民意的驱动让我、让许许多多的人有这样的勇气能够提出来。什么是历史的潮流?大家都知道,中国国民党、中国共产党都以中国的富强、康乐为目标,但是不幸的是,日本铁蹄的侵略阻碍,终止了这个国家文明的建设,以及现代化的进程。抗战胜利之后,国共两党对国家应该走的总路线又有不同的看法,它的结果是以内战的方式来解决。一直到今天,一个台湾海峡、一条海峡阻隔了两岸,不晓得阻隔了多少的家庭,造成了多少的不幸和哀怨,尤其还形成了若干民族之间的嫌隙,一直到今天,回荡不已。

但是我们也看到,在这样一个历史的中间,关键的人物在关键的时刻做了关键的决定,扭转了关键的历史方向,这是惊天动地了不起的事情,形成了一个新的趋势、一个新的方向。我在这里特别要提到，就是蒋经国先生和邓小平先生。蒋经国先生在两次能源危机之后，知道台湾那个地方没有任何天然的物质，所以要靠自力更生，可以说是卷起袖子全心全力来推动，所以他推动了"十大"的建设，推动了科学园区的建立，号召留学生回国研究投资，等等的作为为台湾创造了经济奇迹。

在经济发展之后，更进一步推动了民主化的工作，所谓政治民主化的工作，包括排除了这种所谓威权的政治，奠定了一个政党之间互动的模式。甚至于再进一步开放了党禁、报禁，取消了戒严，同时也促进了两岸人民尤其是很多老兵返乡来探亲，在历史的时刻扭转了这个方向。

小平先生提出了改革开放，大家看一看，不但扭转了"文化大革命"的方向，而且深化地、全面地提升了人民生活的水平，这都是跨时代的、了不起的作为。蒋经国先生晚年的时候讲，他说他是中国人，也是台湾人。小平先生讲到，改革开放的路线要管100年，用四川话讲"动摇不得"。没有动摇，今天大家看一看，大陆经贸的发展、经济的成长，可以说样样都是名列前茅。

我是59年前离开上海回到台湾的，那时候还是一个年轻人，今天来到大陆，所看的一切情景跟我的回忆和记忆完全不吻合了，所以我是怀着一个祝福的心、一个持续不断期盼的心，希望这块土地能够更快速地来发展。在整个的发展层面，除了经济的发展，政治的发展层面也很快速。比如说现在我了解到，在很多基层，所谓定点的民主选举制度，在《宪法》里面也提到，所谓财产权是最基本的人权，我相信这都是正确的历史方向，都是值得鼓励的历史的步伐。

当然，整个的政治改革，无论是深度还是范围，在大陆还有相当的空间来发展。但是我必须要讲，在过去这段时间里面，两岸所走的路、走的方向，已经使我们两岸无论是在差异还是在差距上越来越缩小，这是历史的潮流，非常重要的一个方向。

再谈谈所谓民意的驱动。我这一次到大陆来访问，我说"来得不易"，因为有若干的人很迟疑，甚至于有一种批判，认为我到这里来，是为了进行所谓的第三次国共和谈，说我的目的是要"联共制台"。但是，现在那个"台"下面还有个"独"字。

我在这里要提出来，这是一个非常严肃的，同时是一个非常严重的扭曲，因为讲这种话是从一个僵化的思维、冷战时期的一个思考来看问题、来想问题，时间的确对他们来讲过得太快了，让他们留在20世纪甚至于30年代、40年代、50年代，我们今天怎么不能够重视当前，怎么不能够放眼当前，来共同展望未来、来开创未来呢？

我们为什么不能够以善意为出发点、以信任为基础，以两岸人民的福祉为依归，为民族长远的利益来考虑呢？人民为主，幸福优先，我想这是包括我们所有的台湾2300万人、大陆13亿的人，我们所有的人民，大家会共同支持的一个方向。

我以前看到，面对东、西德，科尔总理说"我们相互需要"，面对南、北韩，现在卢武铉也讲到"同理心、兄弟情",这些声音难道一点都引不起来我们大家应该有的一些提示吗?我想答案是否的,我们会。今天我们所走的这条路是人民所支持的,我们搭桥铺路,是人民所愿意看到的,他们不愿意再看到两岸的对峙、对抗、对立,甚至于对撞,他们愿意看到的是两岸的对话与和解,大家的相互合作。我想这是非常重要的事情。我在去年底台湾进行"立法委员"选举开始的时候可以说是非常明确地讲出来"我们只有走对路才有出路"。

走对路才有出路,我们认为不能够让民粹主义取代民主的思想,不能够让"制宪""正名""去中国化"、武断的"台独时间表"来打破我们整个幸福的基础。所以我们提出来我们的看法,其结果我们都知道。今天好多位"立法委员"都在这里,认同支持这种看法和政策立场的在今天"立法院"里面是占有绝对多数的,今天来的国民党的"立法委员"有几十位,但还不全,他们都要来,我说不行,我说这样就放空营了,人家会偷袭。但是我想从他们的当选、他们的得票,你可以看到人民的趋势。

周日我们出来之前有一个民调,66%的人认同支持两岸的和谐对话,30%认为可能没有什么太大的效果,这也是一个民意,非常显著的一个情况。想特别要提出,在这样的一个大的环境、历史的趋势、民意的驱动之下,我个人认为,现在给我们一个总结过去历史的机会,就是让我们能够有一个新的环境、新的思考,能够来发展、建立一个我们共同的未来、共同的愿景。这是非常重要的事情。

我们不能一直在过去,就像丘吉尔讲的,永远地为了现在和过去在那里纠缠不清的话,那你很可能就失去未来。逝者已,来者俱,我在这里作一个简单的结论。我认为我们的愿景要回到自由思想的发源地,今天的北大。我们再谈一谈,这就是多元与包容,这就是互助与双赢,这就是现状的维护与和平的坚持。

各位亲爱的朋友们,网络资讯的时代本来就是多元化的时代,何况我们本身就有多元的基础,这样多元的社会一定要有包容,就好像蔡元培先生所讲的包容。

怎么样来了解有没有包容呢?检验有没有包容很简单,理性地沟通、相互地尊重,取代所谓激情的谩骂跟批判,这就是包容,很简单。

蒋梦麟先生也是北大的校长,他讲所谓那些背后拖着长辫子的保皇党和思想激进的新人物大家在一起讨论问题,互相笑谑,那就是包容。

第二我要讲互助和双赢。各位都知道,今天这个市场的经济已经逐渐地在那里整合两岸经济的资源,不但是两岸,事实上今天市场经济的作为可以说在全球化的趋势里面已经席卷了全球,自由的经济就是这样的一个趋势,但是在自由经济的体制之下如何维护和提升我们的竞争力这是最重要的事情。

我们不能只喊口号,要落实,而维护提升竞争力唯一的就是一定要合作,唯一的就是一定要创新,合作、创新才有机会。

今天,两岸的关系,各位看到,我们不但是互相依存,而且是互补互利,一加一大于二的情况,所以我相信台湾在创造了第一次经济奇迹之后,现在正在迈向第二次的经济奇迹这条路,在努力。大陆今天所面临的也是千载难逢的一个机会,所以中华民族这种现代化,这种富强康乐,已经不再是一个遥不可及的美梦了。

尤其在即将面临的未来,我要讲,我说两岸合作赚世界的钱有什么不对啊?我们一定能够来实现所谓如虎添翼的加乘效果,这种加乘效果不是双赢,实际上是多赢的。

第三个,我要谈到,就是来坚持我们的和平,维护我们的现状,稳定的现状。大家照常理讲,和平是和平,谁需要不稳定的一个和平,时时有改变的忧虑,这是逻辑上的层次。但是在实际的层次,今天两岸的情形下,我们必须要维持我们的现状。现状维护不是一个静态的,不是一个退缩的,不是一个消极的。现状的维护,一方面当然要避免彼此的争议,但是另外一方面,也可以存异求同,凝聚善意,累积动力,开创一个崭新的、亮丽的未来。

我们各位都知道,在过去,长久以来,战争、流血不只是我们之间,整个的世界,都普受它的摧残。联合国前面有一个雕塑,一把打了结的枪,它的含义很深。

今天我来到这里,让我回忆到以色列特拉维夫的犹太人博物馆前面写的一段话,它说:"全世界的犹太人对于彼此都负有责任。"我们虽然曾经彼此有过战争、有过流血,今天要谈沟通和平,有的时候觉得谈何容易。但是犹太人的话让我感触良深。

我相信有智慧、有能力的中华儿女大家都了解,我们可以化干戈为玉帛,点滴的心血累积成我们长长久久的和平关系。各位亲爱的年轻朋友,江山代有才人出,长江后浪推前浪。各位都知道,年轻就是希望,年轻就是机会。在这个时候,大家回想一下,前辈先贤曾经负起他们应该负起的扭转时代历史的责任,现在又轮到大家。

大家将来都是国家、社会乃至民族的领航员。所以在这样的时刻,我又想到以前美国里根总统说的话,他说:"假如我们不做,谁来做?假如现在不做,什么时候做?"我就是因为这样,所以来到这里。让我们大家共同坚持,互惠双赢,坚持和平。这是我们自我的期许,也是向历史的责任。唯有我们能够达到这样的目标,为民族立生命,为万世开太平,这将是中华民族为举世称赞最重大的成就,也是我们面对世世代代炎黄子孙共同的光荣。

谢谢大家!

(辑自《人民日报》《中国青年报》等)

【赏析】

2005年4月29日上午,中国国民党主席连战在北京大学办公楼礼堂发表了演讲,演讲主题是"坚持和平,走向双赢"。演讲非常精彩,赢得了在场听众的阵阵掌声,演讲数次被掌声打断。连战的演讲所以引起共鸣,是因为我们听到了昔日的"老对手"、今天的老朋友娓娓道来那些我们所熟知的属于中华民族的苦难、耻辱、历史的渊源、共同的追求、民意的热盼。随行的国民党团强调,连战的演讲在大陆播下了自由主义的种子,开创了新的历史,整体表现可以打 100 分。"为民族立生命,为万世开太平"这种境界,已经为国民党赢得了宝贵的高分。

经历多年公开演讲的政治职业训练,连战练就了不凡的口才,他演讲过程中没有拿一份稿纸,却侃侃而谈,时庄时谐。演讲自始至终贯穿"互惠双赢,坚持和平"的理念,充满激情又理性坦率,加之其拥有深厚的人文修养,不时引经据典、谈古论今,并使用大量排比句强化情绪,使整个演讲精彩纷呈,牢牢地抓住了现场听众的情绪,引起了师生们强烈的共鸣。近 40 分钟的演讲被 10 多次热烈的掌声不断打断,有几次听众甚至情不自禁地起身鼓掌。在演讲中作者回顾了中国近代以来的历史,然后提出一个需要思考的问题,即中国的未来到底在哪里?如何让整个中华民族不要再走上战争和流血?如何实现永久和平?如何提升我们人民的生活水准?如何不断提升我们国际的竞争力?

作者在演讲中寄语于年轻知识分子"为民族立生命,为万世开太平",提出两岸需要对话与和解,需要相互合作,坚持和平,走向双赢。台湾只有走对路才有出路,不能够让"民粹主义"取代民主的思想,不能够让"制宪""正名""去中国化"、武断的"台独"时间表来打破两岸人民整个幸福的基础。

【名人演讲欣赏二】

在演讲邀请赛闭幕式上的即席讲话

张志公

1984 年

同志们,青年朋友们:

我有自知之明,我不是演讲家。因此我先要做个声明:我讲话不超过五分钟。

演讲是科学,演讲是艺术,演讲是武器。什么是科学?科学是对客观事物的规律的认识。演讲没有规律性吗?不能认识吗?不是的。它是有规律性的,所以说它是科学;演讲不仅诉诸人类逻辑思维,而且是诉诸人类形象思维,不仅要用道理说服人,还要用感情感染人,所以说它是艺术;演讲捍卫、宣传真理,驳斥谬误,所以说它是武器,而且是重要的武器……我不再多解释下去。

我想说一个很不完整的名单,请同志们考虑。

我先说西方的。古希腊的柏拉图、亚里士多德,中世纪的宗教改革家马丁路德,法国大革命的发动者、组织者、资产阶级民主思想的启蒙者卢梭、孟德斯鸠，美国发动、领导黑人解放运动、进行南北战争的林肯，宣布独立宣言的杰克逊，当然，我们更要提到我们革命导师——马克思、恩格斯、列宁、斯大林，都是杰出的演讲家。另外，一些自然科学家，如伽利略、布鲁诺、居里夫人、爱因斯坦等也都是杰出的演讲家。

再说我们中国。先秦时代孔、孟、老、庄、荀，还有其他一些诸子百家(古代思想家)，统统是杰出的演讲家，我们都知道秦朝李斯的辩才，我们也知道汉朝的学术性会议——白虎观会议、盐铁论会议，参加会议的那些个人都是杰出的演讲家。很遗憾，演讲活动在我们的历史上停顿了一段，不重视演讲，忽视演讲。但是到了近代、现代，从维新改良者梁启超，到资产阶级革命家、新三民主义的倡导者孙中山先生及以后的五四运动那些个先驱者，我们党的革命先驱者，"一·二九"学生运动、抗日救亡运动那些个革命的前辈，反内战、反饥饿、反迫害运动那些个领导者，无一不是杰出的演讲家。所以我说演讲是科学、是艺术、是武器。诸位也许说："你说的是历史，现代的例子呢？"那么，刚才李燕杰的演讲有没有科学？有没有艺术？他为什么能够使这样一个广大会场的同志全部聚精会神地听他演讲，不时地以热烈的掌声去赞扬他的讲话。难道其中没有科学吗？没有规律吗？没有艺术吗？仅仅是因为李燕杰同志的样子长得漂亮吗？我想不是的，而是有科学、有艺术的。他今天宣传了什么啦？给了我们什么力量啦？这不是武器吗？也许诸位又说了："我们不就有那么一个李燕杰吗？"不，我们已经有，而且将要有更多更多，千千万万个李燕杰。

我们这次演讲邀请赛，一共进行了两个上午一个下午，我从头至尾听了。这些小演讲家，都是李燕杰。

我们这次邀请赛的中心主题是"党在我心中"。这些小李燕杰们用非常有说服力的、动人的语言使我们听者感觉到党在我心中。他们讲得很具体、很生动，对于那些少数玷污党的形象的人，对于那些少数企图动摇党的信心的人，给予了有力的批评。它告诉我们这样一个真理：我们的党过去是、现在是、今后还是光荣的、伟大的、正确的党。他们讲了改革；他们讲了一些青年朋友遭遇过某些不幸，遭遇过某些困难，走了某些坎坷的道路，甚至到目前还面临某些困难，但是他们说，应当正确地对待；他们讲了如何学习前辈，跟上去，走开创新局面的道路；等等。说到这个地方，我很想改变一下子称呼，但又担心有倚老卖老之嫌，可是感情使我不能顾及这个责备，我把"亲爱的青年朋友"改称"可爱的孩子们"！小李燕杰们和这位半老李燕杰，共同向全市、全国证明了演讲是科学、是艺术、是武器，是面向现代化、面向世界、面向未来的需要，是我们迎接新的技术革命挑战的需要，是迎接 2000 年的需要，是建设繁荣富强的新中国的需要，回答了对演讲有所怀疑的同志指出的一些疑问。因此，我感觉到这次活动意义非常重大。从而我就想到在吉林市出现了我国第一个《演讲与口才》这样的刊物,进行演讲研究,之所以如此,是得到我们省、市党政领导的大力支持,也表明我们这里的领导有远见有胆识,来支持这次活动,支持这项工作。我滥竽充数,作为一个语言工作者、教育工作者,也支持这项社会工作。我对我们这里的领导,对这里辛勤工作的同志表示敬意,表示感谢。

等一会儿,我们这里的领导向这次演讲优胜获奖的同志发奖,用行动表示对我们这项工作的支持。最后我祝愿这项工作百尺竿头更进一步,把演讲之学、把演讲活动更好地开展起来,更好地向全国开展起来,以至于向世界开展起来,取得更大的成绩。

谢谢大家!

【作者简介】

张志公(1918—1997),语言学家及语文教育家,河北省南皮县人。1937 年入中央大学,后转入金陵大学外语系,学习外国文学和语言学。毕业后曾历任金陵大学、海南大学副教授,开明书店编辑,《语文学习》主编,人民教育出版社汉语编辑室主任,《中国语文》编委,人民教育出版社外语编辑室主任,中国文字改革委员会委员,语言研究所学术委员会委员,北京市语言学会会长,北京外语学会会长,全国中学语文教学研究会副会长,逻辑与语言研究会顾问,北京语文教学研究会顾问,《中学语文教学》顾问,《语文教学与研究》顾问,中国民主促进会中央委员会常务委员等。

他在语言文字学领域的贡献主要体现在汉语语法和修辞及语文教育方面,著有《汉语语法常识》《修辞概要》《语法学习讲话》《语法和语法教学》等。他主持制定的《暂拟汉语教学语法系统》、主编的中学《汉语》教科书(人民教育出版社,1953 年后更名为《汉语知识》,人民教育出版社,1959 年)以及由他主编的为介绍和阐述该语法系统而出版的论文集《语法和语法教学》,是他对现代汉语语法的最大贡献。该系统长期以来一直是中学语法教学,不少高等院校尤其是高等师范院校的现代汉语语法教学的主要依据,对现代汉语语法的教学和研究具有极为重要的意义。

此外,他还提出了"汉语辞章学"的概念,并撰文《辞章学?修辞学?风格学?》和《谈辞章之学》等,初步构拟出汉语辞章学的理论框架。《传统语文教育初探》一书通过对蒙学和蒙书所进行的系统研究与整理,对中国传统语文教育的实践和经验进行了整理和总结,具有极高的学术价值。另有关于外语教育的一些论著,如《怎样学习俄语》等。此外,他还主编了《现代汉语》教材,另外还有《语文教学论集》《张志公论语文教学改革》《张志公文集》等著作。

【赏析】

作为有深厚学术造诣的著名语言学专家,张志公先生在这篇讲演一开篇便高屋建瓴,对"讲演"一词进行了明确的、深刻的界定,提出"演讲是科学,演讲是艺术,演讲是武器"的观点,概括了演讲在我国当今社会生活及历史长河中发挥的巨大作用。紧接着,张先生以精练的语言回顾了西方和我国光辉的演讲学史,并对我国当今方兴未艾的演讲活动进行了热情的肯定和赞扬,从而瓜熟蒂落,水到渠成,归结到演讲的中心论题——"演讲是科学,是艺术,是武器"。在这一基础上,再借题引申发挥,指出大兴演讲活动是"三个面向"的需要,是迎接新的技术革命挑战的需要,是迎接 2000 年建设繁荣富强的新中国的需要,这样就大大激发起了在场听众大兴我国当代演讲之学的信心和决心,并为此次演讲邀请赛作了精当的、完美的总结。

张老的这篇演讲词,正如他自己提出的"演讲是艺术"的观点一样,既"诉诸听众的逻辑思维",有严密的逻辑结构,又"诉诸听众的形象思维",妙句迭出,生动幽默。作为造诣深厚的语言学专家,张老既用亲切的对话缩短了台上与台下的距离,又用真诚的感谢称颂了比赛的领导者与组织者,因而引起了在场听众的强烈共鸣,取得了卓越的表达效果。

【贺词欣赏】

二〇一六年新年贺词

中华人民共和国主席　习近平

2015 年 12 月 31 日

再过几个小时,新年的钟声就要敲响了。我们即将告别 2015 年,迎来 2016 年的第一缕阳光。在这辞旧迎新的时刻,我向全国各族人民,向香港特别行政区同胞和澳门特别行政区同胞,向台湾同胞和海外侨胞,向世界各国和各地区的朋友们,致以新年的祝福!

有付出,就会有收获。2015 年,中国人民付出了很多,也收获了很多。我国经济增长继续居于世界前列,改革全面发力,司法体制改革继续深化,"三严三实"专题教育推动了政治生态改善,反腐败斗争深入进行。经过全国各族人民共同努力,"十二五"规划圆满收官,广大人民群众有了更多获得感。

这一年,我们隆重纪念了中国人民抗日战争暨世界反法西斯战争胜利 70 周年,举行了盛大阅兵,昭示了正义必胜、和平必胜、人民必胜的真理。我们全面实施改革强军战略,宣布裁军 30 万。我和马英九先生在新加坡会面,实现了跨越 66 年时空的握手,表明

第五章 例文欣赏

两岸关系和平发展是两岸同胞的共同心愿。

这一年，北京获得第 24 届冬奥会举办权，人民币纳入国际货币基金组织特别提款权货币篮子，我国自主研制的 C919 大型客机总装下线，中国超级计算机破世界纪录蝉联"六连冠"，我国科学家研制的暗物质探测卫星发射升空，屠呦呦成为我国首位获得诺贝尔奖的科学家……这说明，只要坚持，梦想总是可以实现的。

这一年，我们有欣喜，也有悲伤。"东方之星"号客轮翻沉、天津港特别重大火灾爆炸、深圳滑坡等事故造成不少同胞失去了生命，还有我们的同胞被恐怖分子残忍杀害，令人深感痛心。我们怀念他们，愿逝者安息、生者安康！群众的生活中还有一些困难和烦恼。党和政府一定会继续努力，切实保障人民生命财产安全、保障人民生活改善、保障人民身体健康。

2016 年是我国进入全面建成小康社会决胜阶段的开局之年。中共十八届五中全会明确了未来 5 年我国发展的方向。前景令人鼓舞、催人奋进，但幸福不会从天降。我们要树立必胜信念、继续埋头苦干，贯彻创新、协调、绿色、开放、共享的发展理念，着力推进结构性改革，着力推进改革开放，着力促进社会公平正义，着力营造政治上的绿水青山，为全面建成小康社会决胜阶段开好局、起好步。

全面建成小康社会，13 亿人要携手前进。让几千万农村贫困人口生活好起来，是我心中的牵挂。我们吹响了打赢扶贫攻坚战的号角，全党全国要勠力同心，着力补齐这块短板，确保农村所有贫困人口如期摆脱贫困。对所有困难群众，我们都要关爱，让他们从内心感受到温暖。

我们只有一个地球，这是各国人民共同的家园。这一年，我国领导人参加了不少国际会议，开展了不少外交活动，推动"一带一路"建设取得实质性进展，参与了联合国 2030 年可持续发展议程、应对全球气候变化等国际事务。世界那么大，问题那么多，国际社会期待听到中国声音、看到中国方案，中国不能缺席。面对身陷苦难和战火的人们，我们要有悲悯和同情，更要有责任和行动。中国将永远向世界敞开怀抱，也将尽己所能向面临困境的人们伸出援手，让我们的"朋友圈"越来越大。

我衷心希望，国际社会共同努力，多一份平和，多一份合作，变对抗为合作，化干戈为玉帛，共同构建各国人民共有共享的人类命运共同体。

谢谢大家。

(摘自《中国教育报》2016 年 1 月 1 日)

【作者简介】

习近平，男，汉族，1953 年 6 月生，陕西富平人，1969 年 1 月参加工作，1974 年 1

月加入中国共产党,清华大学人文社会学院马克思主义理论与思想政治教育专业毕业,在职研究生学历,法学博士学位。

现任中国共产党中央委员会总书记,中共中央军事委员会主席,中华人民共和国主席,中华人民共和国中央军事委员会主席。

【赏析】

在 2016 年新年即将来临之际,中国国家主席习近平于 2015 年 12 月 31 日在北京通过中国国际广播电台、中央人民广播电台和中央电视台,发表了二〇一六年新年贺词。

1300 多字的新年贺词中,习近平提到了马英九和屠呦呦两个人的名字。习近平讲到,我和马英九先生在新加坡会面,实现了跨越 66 年时空的握手,表明两岸关系和平发展是两岸同胞的共同心愿。今年备受关注的"习马会",于 11 月 7 日 15:00 在新加坡香格里拉饭店举行。在提到屠呦呦时,习近平称她成为我国首位获得诺贝尔奖的科学家。屠呦呦于今年 10 月 8 日获得诺贝尔生理学或医学奖,她是第一位获得诺贝尔科学奖项的中国本土科学家、第一位获得诺贝尔生理医学奖的华人科学家。

在总结 2015 年的收获时,习近平谈到了三个收获:我国经济增长继续居于世界前列;改革全面发力,司法体制改革继续深化;"三严三实"专题教育推动了政治生态改善,反腐败斗争深入进行。

在总结 2015 年时,习近平用连续的"六件喜事"证明了"只要坚持,梦想总是可以实现的"。首先一件事是"9·3 大阅兵",习近平称我们隆重纪念了中国人民抗日战争暨世界反法西斯战争胜利 70 周年,举行了盛大阅兵,昭示了正义必胜、和平必胜、人民必胜的真理。另外,习近平还提到,这一年,北京获得第 24 届冬奥会举办权,人民币纳入国际货币基金组织特别提款权货币篮子,我国自主研制的 C919 大型客机总装下线,中国超级计算机破世界纪录蝉联"六连冠",我国科学家研制的暗物质探测卫星发射升空。

在谈到收获的同时,习近平也谈及了四件令人痛心的事情。其中一件是安监总局刚刚发了调查报告的,造成 442 人死亡的"'东方之星'号客轮翻沉"事件。另外三件事情是:天津港特别重大火灾爆炸、深圳滑坡等事故,以及同胞被恐怖分子残忍杀害。

在展望 2016 年的工作时,习近平先连续用四个"着力"来讲述:着力推进结构性改革,着力推进改革开放,着力促进社会公平正义,着力营造政治上的绿水青山。其中"着力营造政治上的绿水青山"在习近平的公开讲话中此前比较少见。另外一个"着力"出现在谈及"扶贫"时,习近平称我们吹响了打赢扶贫攻坚战的号角,全党全国要勠力同心,着力补齐这块短板,确保农村所有贫困人口如期摆脱贫困。对所有困难群众,我们都要关爱,让他们从内心感受到温暖。

贺词最后,当讲到中国和世界的关系时,习近平用到了时下火热的一个网络词语——

"朋友圈",习近平称世界那么大,问题那么多,国际社会期待听到中国声音、看到中国方案,中国不能缺席。面对身陷苦难和战火的人们,我们要有悲悯和同情,更要有责任和行动。中国将永远向世界敞开怀抱,也将尽己所能向面临困境的人们伸出援手,让我们的"朋友圈"越来越大。明确表示了中国政府所抱有的对美好未来的向往与信心,大国风度不言自立。整篇贺词洋溢着祝福的温馨和对未来的期盼,令人鼓舞而又倍感亲切。

【悼词欣赏】

"但恨不见替人"
——悼胡适先生

梁实秋
1963年

杜甫的祖父杜审言患病时,宋之问等前去探病,杜审言说:"甚为造物小儿相苦。然吾在,久压公等,今且死,固大慰,但恨不见替人!"胡适之先生作《白话文学史》写到杜甫的身世时,也提到杜审言这一段故事,认为他是一个有风趣的人。他的这两句话固然颇有风趣,其实也是十分矜诞。因为就我们所能读到的杜审言的诗作而言,我们看不出他有什么理由把宋之问等久压在下,不过"但恨不见替人"这一句话,不管出自谁口,确是很耐人寻味的。昨夜晚,初闻胡先生逝世噩耗,友朋相顾愕然,有人问我有何感想,我未加思索地说:"死者已矣,但恨不见替人!"胡先生不是一个恃才傲物的人,相反地,他是一个最肯鼓励后进的人;他乐观,他相信处处都慢慢地在进步。他本人不会有"但恨不见替人"之感,倒是我们客观地看,他空出来的这个位子短期不易有人能填补上去。

胡先生的位置之所以不易找到替人,是因为那位置的性质不简单。第一是他的学问。胡先生曾经屡次地谦虚地说,自己不知专攻的是哪一门学问,勉强地说可以算是研究历史的。实则他接触的范围极广,对中国的文化与西洋的文化都有真知灼见。现在学问趋向于专门,讲究一个部门的深入,像以往所谓学究天人的大儒,于学无所不通,已不可复求之于今日。苟能学贯中西,于思想学术盘根错节之处提纲挈要见其大者,即属难能可贵。第二是他的道德。胡先生的学术思想方面的地位太高了,一般人不易认识他的道德方面之可敬可爱。胡先生数十年来所提倡的"大胆地假设,小心地求证",固已尽人皆知,但这只是一副对联的上联,下联是"认真地做事,严肃地做人"。凡是曾列胡先生门墙或曾同窗共事者,多多少少都能举出若干具体事实证明胡先生为人处世确实做到"视思明,听思聪,色思温,貌思恭,言思忠,事思敬,疑思问,忿思难,见得思义"的地步。以学问道德涵濡群生,求之当世能有几人?

生死无常,事至可悲,但是学问、道德永垂不朽,则又有何憾?我们于哀悼震撼之余，应该平心静气地想一想，胡先生所毕生倡导的民主自由的精神、科学怀疑的态度，现在是不是还需要，我们自己在这一方面是不是也有一点点贡献？如果胡先生所倡导的精神态度能够继续努力加以推进，则胡先生虽死犹生。千千万万的人，都可说是胡先生的替人了。

(杨纯　戴锡琦)

【作者简介】

梁实秋(1903—1987)原籍浙江杭县，生于北京，学名梁治华，字实秋，一度以秋郎、子佳为笔名。

1915 年秋考入清华学校。在该校高等科求学期间开始写作，第一篇翻译小说《药商的妻》于 1920 年 9 月发表于《清华周刊》增刊第 6 期，第一篇散文诗《荷水池畔》发表于 1921 年 5 月 28 日《晨报》第 7 版。1923 年毕业后赴美留学，1926 年回国任教于南京东南大学。第二年到上海编辑《时事新报》副刊《青光》，同时与张禹九合编《苦茶》杂志。不久任暨南大学教授。

最初他崇尚浪漫主义，发表了不少诗作。在美国哈佛大学研究院学习时受新人文主义者白璧德影响较深。他的代表性论文《现代中国文学之浪漫的趋势》于 1926 年在《晨报副镌》上发表，他认为中国新文学存在浪漫主义混乱倾向，主张在理性指引下从普遍的人性出发进行文学创作。1930 年，杨振声邀请他到青岛大学任外文系主任兼图书馆馆长。1932 年到天津编《益世报》副刊《文学周刊》。1934 年应聘任北京大学研究教授兼外文系主任。1935 年秋创办《自由评论》，先后主编过《世界日报》副刊《学文》和《北平晨报》副刊《文艺》。

七七事变后，梁实秋离家独身到后方。1938 年任国民参政会参政员，到重庆编译馆主持翻译委员会并担任教科书编辑委员会常委，年底开始编辑《中央日报》副刊《平明》。抗战胜利后回北平任师大英语系教授。1949 年到台湾，任台湾师范学院(后改师范大学)英语系教授，后兼任系主任，再后又兼任文学院长。1961 年起专任师大英语研究所教授。1966 年退休。

40 岁以后着力较多的是散文和翻译。散文代表作《雅舍小品》从 1949 年起 20 多年共出版 4 辑。30 年代开始翻译莎士比亚的作品，持续 40 载，到 1970 年完成了全集的翻译，计剧本 37 册、诗 3 册。晚年用 7 年时间完成了百万言著作《英国文学史》。

【赏析】

这是一篇悼念 1962 年病逝于台湾的我国当代著名学者、作家，五四文学革命领袖人物之一的胡适先生的追悼词。胡适先生博通今古，学贯中西，献身学界，著述甚丰。在其

70年的人生生涯，50年的学术生涯中，可歌可颂之事迹甚多，梁实秋先生精心筛选其生平材料，仅择其学问、道德两端，两端中又只撮其大要，以饱含感情的言辞予以叙述评价。全文不足千字，而胡适先生的学问、道德乃至整个一生，已"举一纲而万目张"了，作者为文之简洁、精练，由此可见一斑。特别值得我们注意的是，梁先生开篇不言胡适先生，却从本无什么异才而十分矜诞的杜审言生发开来，以之对比学问、道德永垂不朽的胡适先生，并得出结论："先生空出来的这个位子，短期内不易有人能填补上去，那才是真正的'恨不见替人'了！"如此开端构篇，行文何等巧妙，而寥寥数语，对胡适先生的评价又可谓至矣！尽矣！

哀悼逝者，激励来者，从来是悼词的一般格式。在最后一段中，梁先生用"死生无常，本实可悲"一句领起，以进一步突出胡适先生的学问、道德，且激励来者继承发扬胡先生的精神态度，苟如此，"则胡先生虽死犹生。千千万万的人，都可说是胡先生的替人了。"巧妙的开头，加上这充满激情的礼赞式收尾，首尾呼应，浑然一体，使这篇悼词更光焰四射，闪烁出惊人的异彩。

【法庭演讲词欣赏】

约翰·布朗：在法庭上的最后陈述

如果法庭允许，想说几句话。

首先，除了我所一直承认的，即我解放奴隶的计划之外，我否认一切。我的确想把事情办得干净利落，正如我去年冬天干的那样。当时我进入密苏里，在那里双方没有开一枪便带走奴隶，穿过这个国家，最后将他们留在加拿大。我计划以更大的规模再做同样的事。这就是我想做的一切。我从来就没想过要去谋杀、叛国或破坏别人的财产，或训练、鼓动奴隶反叛，或举行暴动。

我还有一项抗议，那就是，我受到这样的惩处是不公平的。如果我是以我所承认的方式进行过干预，而且我承认我所采取的方式已经被公正地核实了——因为我钦佩为本案作证的大部分证人的真诚和坦率——如果我是为了富人、有权势者、有才智者、所谓的大人物，或是为了他们的任何朋友，无论是其父母、兄弟、姐妹、妻子、儿女或任何一个这类人物，而进行这样的干预，并且在这种干预中受到损害，牺牲了我所有的东西，那就没事了。本法庭的每个人就会认为这是一个值得嘉奖的行动，而不是要给予惩处了。

我想本法庭也承认上帝的法规是有效的。我看到人们吻一本书，我想这本书是《圣经》或者至少是一本《新约全书》，它教导我，我希望人们怎样待我，我也要怎样待人。它还教导我说，要记住那些受奴役的人们，就像是和他们同受奴役一样。我努力按照这一教诲行动。我说，我还是太年轻，无法理解上帝会待人有别。我相信：如我过去所做的那样，——我总是直率地承认我干过——为那些受人鄙视的上帝的可怜的孩子们进行干预，不是错误而是正确的。现在，如果认为有必要，为了推进正义的目标，我必须付出生命，必须把我的鲜血和我孩子们的血，以及在这个奴隶制国家里，权利被邪恶、凶残且不义的法律所摒弃的千百万人的血混合在一起，我说，那就这么办吧！

让我再说一句。对于我在审判中所受到的对待，我感到完全满意。考虑到各方面的情况，它比我所预料的要宽宏大量。但我并不觉得自己有罪。我一开始就陈述了什么是我的意图，什么不是。我从未图谋反对任何人的自由，从未有过叛国的企图，从未鼓动奴隶反叛或举行大暴动。我从未鼓励任何人这么做，我总是规劝人们打消这类想法的。

对于那些与我有关的人所作的陈述，我也想就此说几句。我听说他们中有些人说我诱使他们入伙，但事实正好相反，我说这话不是为了伤害他们，而是对他们的软弱感到遗憾。他们中没有一个人不是出自自愿加入我的队伍，而且大部分人还自己承担费用。许多人在他们来找我之前，我从未见过他们，也从未与他们谈过话，而他们来找我，是为了我所说的那个目的。

现在，我说完了。

【作者简介】

约翰·布朗(1800—1859)是一位狂热的废奴主义者，他相信上帝选择他来摧毁万恶的奴隶制度。他生于康涅狄格州的托灵顿。布朗和他的大家庭(他是20个孩子的父亲)四处搬迁，寻找职业，他们到过俄亥俄、马萨诸塞、纽约和宾夕法尼亚。在各个不同时期，他当过农民、羊毛商、制革者和土地投机商。1855年布朗移居到堪萨斯与他的几个儿子团聚，他们已经在那块因争吵而不得安宁的土地上立界标占有土地。那时堪萨斯正就以自由州加入联邦还是以奴隶州加入联邦的问题展开激烈的争论。"自由州论者"和"边境恶棍"(这是人们对赞成奴隶制的帮伙的称呼)之间的武装冲突产生出"流血的堪萨斯"这种说法。

1856年，当布朗获悉赞成奴隶制的人洗劫了堪萨斯的劳伦斯城，他非常愤慨。布朗和他的同伴将5个赞成奴隶制的殖民者从他们的家中拖出来砍死，以作为对他们的报复。这个事件被称为波塔沃托米大屠杀，它导致更多暴力事件发生，致使200多人丧生。两年后，布朗在密苏里又指挥了一次袭击。在那儿，他杀死了一个奴隶主，解放了11个奴隶，并和奴隶一起逃到了加拿大去。

1859年10月，约翰·布朗占领了在维吉尼亚(现为西维吉尼亚)哈泼斯渡的美国军工厂。布朗的奇袭队伍是由5个黑人和17个白人组成，其中包括他的3个儿子。布朗想武装当地的奴隶，然后他们就可参加他的起义，但他们中没有一个这么做。在与州及联邦军队的一场血战中，这些袭击者被捕了。这次袭击从战术上讲是失败的，但就布朗更大的目标而言，他取得了辉煌的胜利：它引起了全国的注意，加剧了地区间的紧张状况，导致了最后的冲突——战争。

布朗被判叛国罪、谋杀罪和煽动叛乱罪，他的 5 个同伙逃跑了，但其余的或是在袭击中被打死，或是被绞死。布朗于1859 年 11 月 2 日被判决，12 月 2 日被绞死。布朗在法庭宣布对他的判决时对法庭发表的陈述，第二天就在《纽约先驱报》上列出。在他被处决的那一天，整个北方把他当作圣人和英雄向他致敬。

【宗教演讲词欣赏】

佛诞光辉　普照人间
——贺香港佛教联合会创会六十周年志庆

香港佛教联合会会长　释觉光

今年，本港庆祝佛历二五四九年(乙酉年四月初八日)佛诞节。这一天，也是我们香港庆祝"佛诞公众假日"进入的第七个年头，这是香港佛教争取到"佛诞公众假日"的特殊日子，在佛教四众弟子心目中留有最深刻而不易忘怀的印象。因为香港地区一百多年来，只有"洋教"享有宗教节日的公众假期，佛教公众假日一个也没有；而且佛教传至香港历史悠久(千年以上)，民间信众最多，扎根最深，与中国固有文化结合得最为紧密，可以说，已成为中国文化的组成部分。如今，佛教，已成为世界性的一大宗教，在东南亚许多国家如泰国、缅甸、新加坡、马来西亚、印度尼西亚、菲律宾、斯里兰卡、尼泊尔、锡金……都有"卫塞节"(即佛诞节)，为何香港没有"佛诞节"呢？这是港英政策歧视性所致，极不合情理。所谓"不平则鸣！"

早在上世纪 80 年代，香港佛教联合会曾发动 20 多万信众签名上书给港府，要求立法予以"佛诞公众假日"的权益。群众性的运动持续不断，港府无动于衷、充耳不闻，直至一九九七年统治者退出历史舞台为止。

香港主权回归祖国，香港社会制度有了变化，本人代表佛教参与基本法草委工作，经常在香港、北京两地同其他草委参加研讨会议。在我心目中，考虑佛教的权益放在首位，对"佛诞公众假期"该如何求得实现充满信心，认为香港特区政府一定能够争取到"佛诞公众假期"。当我在香港、北京参与相关会议时，接触过不少国家领导人和香港知名人士，向他们表达香港应实施"佛诞公众假期"的权益，这是香港广大人民信仰的需要，也显示香港主权回归后的特征，在当时获得了不少人士的赞同和支持。一九九九年间，特区政府向公众宣告，每年四月初八"佛诞节"为"全民公众假期"。这一香港佛教特大喜讯，震撼全球，善信欢腾！

一九九九年农历四月初八首届佛诞节，香港佛教四众弟子兴奋异常，在各大寺院精舍、佛堂等组织庆祝活动，佛联会特从北京迎请"佛牙舍利"莅港瞻仰。这一喜讯传遍世界各地，许多善信组团来香港朝礼"佛牙舍利"！

在广大善信心目中，把朝礼"佛牙舍利"视为释迦牟尼佛亲临香江一样，没有多生多世勤修福慧，是不可能具有如此殊胜因缘朝礼"佛牙舍利"的机会，四众弟子都有同一想法。经云："如是因，如是果。"

香港佛教联合会成立至今，整整六十周年。本会经过了相当艰难的岁月，初期连会所也没有，只有旁栖于东莲觉苑作事务所召开会议或商讨事项。随后，迁移到湾仔道一一七号一座四层楼的会址，设备亦较简陋。当时参与的先贤大德有：霭亭、海仁、浣青、筏可、茂峰、优昙、觉光、松泉、宏智、慈祥、陈静涛、王学仁、林楞真居士等人。一九六七年一月廿三日，自置新会所，就是现在的骆克道三三八号会址。

香港佛教联合会自成立以来，内部组织不断更新、完善，对外联系合作不断加强、发展，尤其在文化教育事业和慈善福利事业方面，取得了优异的成绩，对社会做出了较大的贡献。本会同世界各地佛教组织或个人都有了广泛的联系，特别与国内各大寺院、高僧大德都有一定的联系和合作。去年，本会庆祝佛诞，有计划地组织庞大的庆祝活动，应善信的请求，往国内陕西省扶风县法门寺将供奉的"佛指舍利"恭请来港瞻仰。善信的心愿和请求是正当的，本会正、副会长暨董事会各位董事，考虑到香港社会民心不安的状况，认为现实环境有此需要，于是决定跟国内有关部门联系，终于获得了各方人士的通力合作和支持。广大善信兴奋地说："释迦牟尼佛二度亲临香江，教化众生！"

"佛指舍利"来港瞻仰喜讯，像旋风式的吹遍全球各地。

恭请"佛指舍利"来港瞻仰，主办单位是香港佛教联合会，协办单位是香港大公报社、香港凤凰卫视台，这三家合作，犹如"猛虎添翼"，威力无穷！几乎在世界每一角落都传到了"佛指舍利"的喜讯，正如《钟声偈》云："佛法扬万亿国中，钟声传三千界内！"各地高僧大德、善男子、善女人纷纷组团来港朝礼"佛指舍利"，香港一派喜气洋洋，宛如人间天堂！

今年本港庆祝"佛诞节"，又正逢香港佛教联合会创会六十周年志庆，在这特殊日子里，本会举办传授"三皈"、"五戒"、"菩萨戒"法会。这是非常难遇的殊胜法会，对初机信佛的人来说，是"更上一层楼"！说得确切些："续佛慧命"是也。

在社会上，信佛的人不少，但他(她)们没有受过"三皈五戒"，说不上是真正的佛弟子，因为他们不懂得佛法。所谓"三皈"，是皈依佛、皈依法、皈依僧，统称皈依三宝。佛，指释迦牟尼佛及西方世界的一切佛；法，指佛的教诲及一切佛教理论；僧，指出家僧人。皈依佛、法、僧，就成了正式佛弟子。至于"五戒"，是信佛教弟子必须具备的五条戒律：戒杀、戒盗、戒淫、戒妄、戒酒。能受"五戒"的人，说得上是位有贤有德的善人。能够有缘受"菩萨戒"的人，那是更了不起的一位大善人！他(她)须要遵守"三聚净戒"：一"摄律仪式"，二"摄善法戒"，三"摄众活戒"。在戒期法会中，自有高僧大德讲说"戒"的意义。这是成佛作祖的根本大道。

第五章　例文欣赏

【学术演讲词欣赏】

膜的新世界

史蒂芬·霍金

2002年8月15日

我想在这次演讲中描述一个激动人心的新机制，它可能改变我们关于宇宙和实在本身的观点。这个观念是说，我们可能生活在一个更大空间的膜或者面上。

膜这个字拼写为 BRANE，是由我的同事保罗·汤森为了表达薄膜在高维的推广而提出的。它和头脑是同一双关语，我怀疑他是故意这么做的。我们自以为生活在三维的空间中，也就是说，我们可以用三个数来标明物体在屋子里的位置，它们可以是离开北墙五英尺、离开东墙三英尺，还比地板高两英尺，或者在大尺度下，它们可以是纬度、经度和海拔。在更大的尺度下，我们可以用三个数来指明星系中恒星的位置，那就是星系纬度、星系经度以及和星系中心的距离。和原来标明位置的三个数一样，我们可以用第四个数来标明时间。这样，我们就可以这样把自己描述成生活在四维时空中，在四维时空中可以用四个数来标明一个事件，其中三个是标明事件的位置，第四个是标明时间。

爱因斯坦意识到时空不是平坦的，时空中的物质和能量把它弯曲甚至翘曲，这真是他的天才之举。根据广义相对论，物体例如行星企图沿着直线穿越时空运动，但是因为时空是弯曲的，所以它们的路径似乎被一个引力场弯折了。这就像你把重物代表一个恒星放在一个橡皮膜上，重物会把橡皮膜压凹下去，而且会在恒星处弯曲。现在如果你在橡皮膜上滚动小滚珠，小滚珠代表行星，它们就围绕着恒星公转。我们已经从 GPS 系统证实了时空是弯曲的，这种导航系统装备在船只、飞机和一些轿车上，它依靠比较从几个卫星来的信号而运行的。如果人们假定时空是平坦的，它将会把位置计算错。

三维空间和一维时间是我们看到的一切。那么我们为什么要相信我们不能想起不能观察到它的额外维呢？它们仅仅是科学幻想呢，还是能够被看得到的科学后果呢？我们认真地接受额外维的原因是，虽然爱因斯坦广义相对论和我们所做的一切观测相一致，该理论预言了自身的失效。罗杰·彭罗斯和我在讨论广义相对论时预言，时空在大爆炸处具有开端，在黑洞处有终结。在这些地方，广义相对论失效了。这样人们就不能够预言宇宙如何开端，或者对落进黑洞的某人将会发生什么。

广义相对论在大爆炸或黑洞处失效的原因是没有考虑到物质的小尺度行为。在正常情况下，时空的弯曲是非常微小的，并也是在相对论的尺度上，所以它没有受到短距离起伏的影响。但是在时间的开端和终结，时空就被压缩成单独的一点。为了处理这个，我们想要把非常大尺度的理论即广义相对论和小尺度的理论即量子力学相结合，这就创生了一种 TOE，也就是万物的理论，它可用来描述从开端直到终结的整个宇宙。

我们迄今已经花费了 30 年的心血来寻找这个理论，目前为止我们认为已经有了个候选者，称为 M 理论。事实上，M 理论不是一个单独的理论，而是理论的一个网络，所有的理论事物都在物理上等效，这和科学的实证主义哲学相符合。

在这哲学中，理论只不过是一个数学模型，它描述并且整理观测。(Positivist Philosophy——A theory is just a mathematical model, that describe and codifies the observations) 人们不能询问一个理论是否反映现实，因为我们没有独立于理论的方法来确定什么是实在的。甚至在我们四周，被认为显然是实在的物体，从实证主义的观点看，也不过是在我们头脑中建立的一个模型，用来解释我们视觉和感觉神经的信息。当人们把贝克莱主教的"没有任何东西是实在的"见解告诉约翰逊博士时，既然他用脚尖踢到一个石头并大声吼叫，那么我也就驳斥这种见解。

但是我们也许都和一台巨大的电脑模拟连在一起，当我们发出一个马达信号去把虚拟的脚摆动到一块虚拟的石头上去，它发出一个疼痛的信号。也许我们也就是外星人玩弄的电脑游戏中的一个角色。不再开玩笑了，关键在于我们能有几种不同的对于宇宙的描述，所有的这些理论都预言同样的观察。我们不能讲一种描述比另外一种描述更实在，只不过是对一种特定情形更方便而已。所以 M 理论网络中的所有理论都处于类似地位，没有一种理论可以声称比其余的更实在。

令人印象深刻的是，M 理论网络中的许多理论的时空维数具有比我们经验到的四维更高。这些额外维数是实在的吗？我必须承认我曾经对额外维持怀疑的态度。但是，M 理论网络配合得天衣无缝，并且具有这么多意想不到的对应关系，使我认为如果不去相信它，就如同上帝把化石放进岩石里，误导达尔文去发现进化论一样。

在这些网络的某些理论中，时空具有十维，而在另一些中，具有十一维。这是如下事实的又一个迹象，即时空以及它的维不是绝对的独立于理论的量，而只不过是一个导出概念，它依赖于特殊的数学模型而定。那么对我们而言，时空是显得四维的，而在 M 理论中是十维或者十一维的，这是怎么回事呢？为什么我们不能观察到另外的六或七维呢？

这个问题传统的，也是迄今仍被普遍接受的答案是，额外维全部被卷曲到一个小尺度的空间中，余下四维几乎是平坦的。它就像人的一根头发，如果你从远处看它，它就显得像是一维的线。但是如果你在放大镜下看它，你就看到了它的粗细，头发的的确确是三维的。在时空的情形下，足够高倍数的放大镜应能揭示出弯卷的额外维数，如果它存在的话。事实上，我们可以利用大型粒子加速器产生的粒子把空间探测到非常短的距离，比如在日内瓦建造的大型强子碰撞机。至少，迄今我们还没有探测到超出四维的额外维的证据。如果这个图像是正确的，那么额外维就会被卷曲到比 1 厘米的一百亿亿分之一还小。

我刚才描述的是处理额外维的传统手段。它意味着我们有较大的机会探测到额外维的仅有之处是宇宙的极早期。然而最近有人提出更激进的设想，额外维中的一维或者二维尺度可以大得多，甚至可以是无限的。因为在粒子加速器中没有看到这些大的额外维，所以必须假定所有的物质粒子被局限在时空的一个膜或面上，而不能自由地通过大的额外维传播。光也必须被限制在膜上，否则的话，我们就已经探测到大的额外维。粒子之间的核力的情形也是如此。

另一方面，引力是所有形式的能量或质量之间的普适的力，它不能被限制于膜上，相反，它要渗透到整个空间。因为引力不仅能够耗散开，而且能够大量发散到额外维中去，那么它随距离的衰减应该比电力更厉害，电力是被限制在膜上的。然而我们从行星轨道的观测得知，太阳的万有引力拉力，随着行星离开太阳越远越下降，和电力随距离减小的方式相同。

这样，如果我们的确生活在一张膜上，就必须有某种原因说明为何引力不从膜往很远处散开，而是被限制在它的附近。一种可能性是额外维在第二张影子膜上终结，第二张膜离我们生活其中的膜不远。我们看不到这张影子膜，因为光只能沿着膜旅行，而不能穿过两膜之间的空间。然而我们可以感觉到影子膜上物体的引力，可能存在影子星系、影子恒星甚至影子人，他们也许正为感受到从我们膜上的物质来的引力而大大惊讶。对我们而言，这类影子物体呈现成暗物质，那是看不见的物质，但是其引力可以被感觉到。

事实上，我们在自身的星系中具有暗物质的证据。我们能看到的物质的总量不足以让引力把正在旋转的星系抓在一起。除非存在某种暗物质，否则该星系将会飞散开。类似地，我们在星系团中观测到的物质总量也不足以防止它们散开，这样又必须存在暗物质。当然，影子膜并不是暗物质的必要条件，暗物质也许不过是某种很难观测到的物质的形式，例如Wimp(弱相互作用重粒子)，或者褐矮星以及低质量恒星，后者从未热到足以使氢燃烧。

因为引力发散到我们的膜和影子膜之间的区域，在我们膜上的两个邻近物体间的万有引力随距离的下降会比电力更厉害，因为后者被局限于膜上。我们可能在实验室中，利用剑桥的卡文迪许爵士发明的仪器测量引力的短距离行为。迄今我们没有看到和电力的任何差异，这意味着膜之间距离不能超过一厘米。按照天文学的标准，这是微小的，但是和其他额外维的上限相比是巨大的，正在进行短距离下引力的新测量，用以检测"膜世界"的概念。

另一种可能性是，额外维不在第二张膜上终结，额外维是无限的，但是正如马鞍面一样被高度弯曲。莉萨朗达尔和拉曼桑德鲁姆指出，这种曲率的作用和第二张膜相当类似。一张膜上的一个物体的引力影响，将不会在额外维中发散到无限去。正如在影子膜模型中，引力场长距离的衰减正好用以解释行星轨道和引力的实验室测量，但是在短距离下引力变化得更快速。然而在朗达尔——桑德鲁姆模型和影子膜模型之中存在一个重大的差别。物体受引力影响而运动，会产生引力波。引力波是以光速通过时空传播的曲率的涟漪，正如光的电磁波，引力波也必须携带能量，这是一个在对双脉冲星观测中被证实的预言。

如果我们的确生活在具有额外维的时空中的一张膜上，膜上的物体运动产生的引力波就会向其他维传播。如果还有第二张影子膜，它们就会反射回来，并且被束缚在两张膜之间。另一方面，如果只有单独的一张膜，而额外维无限地延伸，就像朗达尔—桑德鲁姆模型中那样，引力波会全部逃逸，从我们的膜世界把能量带走。这似乎违背了一个基本物理原则，即能量守恒定律，它是讲总能量维持不变。然而，只是因为我们对所发生事件的观点被限制在膜上，所以就显得定律被违反了。一个能看到额外维的天使就知道能量是常数，只不过更多的能量被发散出去。

只有短的引力波才能从膜逃逸，而仅有大量的短引力波的源似乎来自于黑洞。膜上的黑洞会延伸成在额外维中的黑洞，如果黑洞很小，它就几乎是圆的。也就是说，它向额外维延伸的长度就和在膜上的尺度一样。另一方面，膜上的巨大黑洞将会延伸成"黑饼"，它被限制在膜的邻近，它在额外维中的厚度比在膜上的宽度小得多。

若干年以前，我发现了黑洞不是完全黑的：它们会发射出所有种类的粒子和辐射，它们就如热体一样。粒子和像光这样的辐射会沿着膜发射，因为物质和电力被限制在膜上。然而，黑洞也辐射引力波，这些引力波不被限制在膜上，也向额外维中传播。如果黑洞很大，并且是饼状的，引力波就会留在膜的附近，这意味着黑洞以四维时空中所预想的速度损失能量和质量。因此黑洞会缓慢地蒸发，尺度缩小，直至它变得足够小，使它辐射的引力波开始自由地逃逸到额外维中去。对于膜上的某人，黑洞就相当于在发散暗辐射，也就是膜上不能直接观察到的辐射，但是其存在可以从黑洞正在损失质量这一事实推出。这意味着从正在蒸发的黑洞来的最后辐射暴显得比它的实际更不激烈些，这也许是为什么我们还未观测到伽马线暴，后者由正在死亡的黑洞产生。

虽然还存在另一种乏味的解释，就是说不存在许多这样的黑洞，其质量小到不迟于在宇宙的现阶段蒸发。这真是遗憾，因为如果发现一个低质量的黑洞，我就会获得诺贝尔奖。

对于膜世界的产生有几种理论。一种版本是称为 Ekpyrotic 宇宙的影子膜模型。Ekpyrotic 这个词有点绕口，它是从希腊文来的，意思是"运动"和"变化"。在 Ekpyrotic 场景中，人们认为我们的膜以及影子膜存在了无限久。它们是在无限的过去在静态中启始的。膜之间一个非常小的力就使他们相互运动，膜就会碰撞，并且相互穿越，产生大量的热和辐射。这一碰撞被认为是大爆炸，也就是宇宙热膨胀的启始。

关于膜是否能够碰撞以及如此这般行为，存在许多未解决的技术问题。但是，即使膜具有所需要的性质，以我的意见，Ekpyrotic 场景也是不能令人满意的。它要求膜在无限的过去启始时，处于一种以不可思议的精度调准的位形之中。膜的初始条件的任何微小变化，都会使碰撞变得乱糟糟的，产生一个高度无规的膨胀宇宙，一点也不像我们现在观察

第五章 例文欣赏

到的这个几乎光滑的宇宙。如果膜从它们的基态或者最低能态启始，初始条件被精确指定便是很自然的了。但是如果存在最低能态，膜将会停留在那儿，而永不碰撞。但事实上，膜从一个非稳态启始，必须人为地让它处于这种态。这必须是一只相当稳定的手，才能使初始条件那么精确。但是，如果一个人能够做到这一点，他就能够使膜从任何方式启始。

按照我的意见，膜世界启始更远为吸引人的解释是，它作为真空中的起伏而自发产生。膜的产生有点像沸腾水中蒸汽泡的形成，水液体中包含亿万个 H_2O 分子，它们在最靠近的邻居之间耦合，并且挤在一起。当水被加热上去，分子运动得更加快，并且相互弹开。这些碰撞偶然赋予分子如此高的速度，使得它们中的一群能摆脱它们的键，形成热水围绕着的蒸气小泡泡，泡泡将以随机的方式长大或缩小，这时液体中来的更多的分子参与到蒸汽中去，或者相反的过程。大多数小蒸汽泡将会重新塌缩成液体，但是有一些会长大到一定的临界尺度，超过该临界尺度泡泡几乎肯定会继续成长。我们在水沸腾时观察到的正是这些巨大的膨胀的泡泡。

膜世界的行为很类似。真空中的起伏会使膜世界作为泡泡从无中出现。膜形成泡泡的表面，而内部是高维空间，非常小的泡泡将重新塌缩成无。但是一个由量子起伏成长的泡泡超出一定的临界尺度，很可能继续膨胀。在膜上，也就是在泡泡的表面上的人们（例如我们）会以为宇宙正在膨胀。这就像在气球的表面上画上星系，然而把它吹涨，星系就相互离开，但是没有任何星系被当作膨胀的中心。让我们希望，没有人持宇宙之针将泡泡放气。随着膜膨胀，内部高维空间的体积会增大，最终存在一个极其巨大的泡泡，它被我们生活其中的膜环绕着，膜也就是泡泡表面上的物质，将确定泡泡内部的引力场。

平等地，在内部的引力场也将确定膜上的物质，它就像一张全息图。一张全息图是一个三维物体被编码在一个二维表面上的像。我对全息图的全部知识是，在一张图上是星际航行的一集中的场景，我本人与牛顿和爱因斯坦在一起。类似于我们认为是四维时空的，也许只是五维泡泡内部区域所发生的事件的一张全息图。

这样，什么是实在的呢？是泡泡还是膜？根据实证主义哲学，这是没有意义的问题。因为不存在独立于模型的实在性的检验，或者说什么是宇宙的真正维数是没有意义的，四维和五维的描述是等效的。我们生活在三维空间和一维时间的世界中，我们对这一些自以为一清二楚，但是我们也许只不过是闪烁的篝火在我们存在的洞穴的墙上的投影而已。但愿我们遭遇到的任何魔鬼都是影子。

膜世界模型是研究的热门课题，它们是高度猜测性的。但是它们提供了可供观测验证的新行为，可以用来解释为什么万有引力为什么这么弱。在基本理论的基础上，引力也许相当的强大，但是引力在额外维散开意味着在我们生活其中的膜上的长距离引力变弱了。如果引力在额外维中更强，那么在高能粒子碰撞时形成小黑洞就容易得多。这也许在日内瓦建造中的 LHC 也就是大型强子碰撞机上可能实现。一个微小的黑洞不会吃掉地球，不像报纸中绘声绘色的恐怖故事那样。相反，黑洞将会在"霍金辐射"的"扑"的一声中消失，而我将得到诺贝尔奖。LHC加油！我们可以发现一个膜的新奇世界。

【作者简介】

史蒂芬·霍金，英国理论物理学家，世界公认的引力物理科学巨人，是当代最重要的广义相对论家和宇宙论家，被称为"当今爱因斯坦"的思想家、物理学家。1942年1月8日出生于英国牛津，这一天刚好是伽利略300周年的忌日。

霍金教授是现代科普小说家，他的代表作是1988年撰写的《时间简史》，这是一篇优秀的天文科普小说。

《时间简史》已用33种文字发行了550万册，如今在西方，自称受过教育的人若没有读过这本书会被人看不起。

他因患卢伽雷氏症(肌萎缩性侧索硬化症)被禁锢在一张轮椅上达20年之久，他完全不能说话，依靠安装在轮椅上的一个小对话机和语言合成器与人进行交谈；看书必须依赖一种翻书页的机器，读文献时需要请人将每一页都摊在大桌子上，然后他驱动轮椅如蚕吃桑叶般地逐页阅读……他却身残志不残，使之化为优势，克服了残废之患而成为国际物理界的超新星。他不能写，甚至口齿不清，但他超越了相对论、量子力学、大爆炸等理论而迈入创造宇宙的"几何之舞"。尽管他那么无助地坐在轮椅上，他的思想却出色地邀游到广袤的时空，解开了宇宙之谜。

【赏析】

这是斯蒂芬·霍金于2002年8月15日在浙江大学所作的公众学术演讲。像以往一样，霍金坚持自己操控轮椅上了讲台，现场听众给予了他最热烈的掌声。

"膜的新奇世界"，也是霍金最新科普著作《果壳中的宇宙》最后一个章节的名称。正是在这个"新奇世界"中，凝聚了他近年来最具突破性、最受瞩目的研究成果。因为爱因斯坦的广义相对论在解释宇宙开端、黑洞这些问题时遇到难题，显示出理论的不完善，30多年来科学界一直在寻找一种更加宏大的理论框架，能够将广义相对论和量子力学完美统一起来，而霍金近年研究的"M理论"，极有可能就是这样一种理论体系。霍金尽可能地以通俗的方式向大家解释：我们也许就生活在多维空间中的一张"膜"上。我们在日常生活中看到周围的空间是三维的，再加上一个维度标明时间，这样，时空就是四维，而在霍金的理论中，时空是十维或十一维。

霍金总是用巧妙的比喻，为普通听众打开一扇通往宇宙奥秘的门。维度的概念相当抽象，而霍金说，这就像一根头发，远看是一维的线，在放大镜下，它确实是三维的；面对时空，如果有足够高倍的放大镜，应该也能揭示出其他可能存在的维度。讲到膜的产生，他说这有点像水沸腾后蒸汽泡泡产生的过程，膜形成泡泡的表面，内部是高维空间。至于

第五章　例文欣赏

宇宙的膨胀，用气球的形象能帮助理解，只要想象成那是个表面画上星系的气球，将它吹胀，没有任何星系是膨胀的中心。为了让大家理解"全息图"的概念，霍金选了一段《星际航行》电影片段，在影片中他和牛顿、爱因斯坦出现在一张桌子前，并在牌局中赢了他们。这些画面出现在投影屏幕上时，现场气氛达到了最高潮。霍金凭着他的奇思妙想式的科学探索，凭着他残疾身体中蕴涵的勇气、毅力和乐观，成为众人心目中的英雄。

【纪念大会演讲词欣赏】

在纪念中国人民抗日战争
暨世界反法西斯战争胜利70周年大会上的讲话

(2015年9月3日)

习近平

全国同胞们，
尊敬的各位国家元首、政府首脑和联合国等国际组织代表，
尊敬的各位来宾，
全体受阅将士们，
女士们、先生们，同志们、朋友们：

今天，是一个值得世界人民永远纪念的日子。70年前的今天，中国人民经过长达14年艰苦卓绝的斗争，取得了中国人民抗日战争的伟大胜利，宣告了世界反法西斯战争的完全胜利，和平的阳光再次普照大地。

在这里，我代表中共中央、全国人大、国务院、全国政协、中央军委，向全国参加过抗日战争的老战士、老同志、爱国人士和抗日将领，向为中国人民抗日战争胜利做出重大贡献的海内外中华儿女，致以崇高的敬意！向支援和帮助过中国人民抵抗侵略的外国政府和国际友人，表示衷心的感谢！向参加今天大会的各国来宾和军人朋友们，表示热烈的欢迎！

女士们、先生们，同志们、朋友们！

中国人民抗日战争和世界反法西斯战争，是正义和邪恶、光明和黑暗、进步和反动的大决战。在那场惨烈的战争中，中国人民抗日战争开始时间最早、持续时间最长。面对侵略者，中华儿女不屈不挠、浴血奋战，彻底打败了日本军国主义侵略者，捍卫了中华民族5000多年发展的文明成果，捍卫了人类和平事业，铸就了战争史上的奇观、中华民族的壮举。

中国人民抗日战争胜利，是近代以来中国抗击外敌入侵的第一次完全胜利。这一伟大

胜利，彻底粉碎了日本军国主义殖民奴役中国的图谋，洗刷了近代以来中国抗击外来侵略屡战屡败的民族耻辱。这一伟大胜利，重新确立了中国在世界上的大国地位，使中国人民赢得了世界爱好和平人民的尊敬。这一伟大胜利，开辟了中华民族伟大复兴的光明前景，开启了古老中国凤凰涅槃、浴火重生的新征程。

在那场战争中，中国人民以巨大民族牺牲支撑起了世界反法西斯战争的东方主战场，为世界反法西斯战争胜利做出了重大贡献。中国人民抗日战争也得到了国际社会的广泛支持，中国人民将永远铭记各国人民为中国抗战胜利做出的贡献！

女士们、先生们，同志们、朋友们！

经历了战争的人们，更加懂得和平的宝贵。我们纪念中国人民抗日战争暨世界反法西斯战争胜利70周年，就是要铭记历史、缅怀先烈、珍爱和平、开创未来。

那场战争的战火遍及亚洲、欧洲、非洲、大洋洲，军队和民众伤亡超过1亿人，其中中国伤亡人数超过3500万，苏联死亡人数超过2700万。绝不让历史悲剧重演，是我们对当年为维护人类自由、正义、和平而牺牲的英灵，对惨遭屠杀的无辜亡灵的最好纪念。

战争是一面镜子，能够让人更好认识和平的珍贵。今天，和平与发展已经成为时代主题，但世界仍很不太平，战争的达摩克利斯之剑依然悬在人类头上。我们要以史为鉴，坚定维护和平的决心。

为了和平，我们要牢固树立人类命运共同体意识。偏见和歧视、仇恨和战争，只会带来灾难和痛苦。相互尊重、平等相处、和平发展、共同繁荣，才是人间正道。世界各国应该共同维护以联合国宪章宗旨和原则为核心的国际秩序和国际体系，积极构建以合作共赢为核心的新型国际关系，共同推进世界和平与发展的崇高事业。

为了和平，中国将始终坚持走和平发展道路。中华民族历来爱好和平。无论发展到哪一步，中国都永远不称霸、永远不搞扩张，永远不会把自身曾经经历过的悲惨遭遇强加给其他民族。中国人民将坚持同世界各国人民友好相处，坚决捍卫中国人民抗日战争和世界反法西斯战争胜利成果，努力为人类做出新的更大的贡献。

中国人民解放军是人民的子弟兵，全军将士要牢记全心全意为人民服务的根本宗旨，忠实履行保卫祖国安全和人民和平生活的神圣职责，忠实执行维护世界和平的神圣使命。我宣布，中国将裁减军队员额30万。

女士们、先生们，同志们、朋友们！

"靡不有初，鲜克有终。"实现中华民族伟大复兴，需要一代又一代人为之努力。中华民族创造了具有5000多年历史的灿烂文明，也一定能够创造出更加灿烂的明天。

前进道路上，全国各族人民要在中国共产党领导下，坚持以马克思列宁主义、毛泽东思想、邓小平理论、"三个代表"重要思想、科学发展观为指导，沿着中国特色社会主义道路，按照"四个全面"战略布局，弘扬伟大的爱国主义精神，弘扬伟大的抗战精神，万众一心，风雨无阻，向着我们既定的目标继续奋勇前进！

让我们共同铭记历史所启示的伟大真理：正义必胜！和平必胜！人民必胜！

【世界著名演讲词欣赏一】

【英文】

Gettysburg Address

Delivered on the 19th Day of November, 1863 Cemetery Hill, Gettysburg, Pennsylvania.

Four score and seven years ago, our fathers brought forth upon this continent a new Nation, conceived in Liberty, and dedicated to the proposition that all men are created equal. Now, we are engaged in a great Civil War, testing whether that Nation, or any nation so conceived and so dedicated, can long endure. We are met on a great battlefield of that war. We have come to dedicate a portion of that field as a final resting-place for those who gave their lives that Nation might live. It is altogether fitting and proper that we should do this.

But, in a larger sense, we cannot dedicate, we cannot consecrate, we cannot hallow this ground. The brave men, living and dead, who struggled here, have consecrated it far above our power to add or detract. The world will little note nor long remember what we say here, but it can never forget what they did here. It is for us, the living, rather to be dedicated to the great task remaining before us; that from these honored dead, we take increased devotion to that cause for which they gave the last full measure of devotion; that this Nation, under GOD, shall have a new birth of freedom; and that government of the People by the People and for the People shall not perish from the earth.

Abraham Lincoln

【中文】

葛底斯堡演讲

亚伯拉罕·林肯

1863年11月19日

87年以前，我们的先辈们在这个大陆上创立了一个新国家，它孕育于自由之中，奉行一切人生来平等的原则。

现在我们正从事一场伟大的内战，以考验这个国家，或者说以考验任何一个孕育于自由和奉行上述原则的国家是否能够长久存在下去。

我们在这个战争中的一个伟大战场上集会。烈士们为使这个国家能够生存下去而献出了自己的生命,我们在此集会,是为了把这个战场的一部分奉献给他们作为最后的安息之所。我们这样做是完全应该而且非常恰当的。

但是,从更广泛的意义上来说,这块土地我们不能够奉献,不能够圣化,不能够神化。曾在这里战斗过的勇士们,活着的和去世的,已经把这块土地神圣化了,这远不是我们微薄的力量所能增减的。

全世界将很少注意到,也不会长期记起我们今天在这里所说的话,但全世界永远不会忘记勇士们在这里做过的事。

毋宁说,倒是我们这些还活着的人,应该在这里把自己奉献于勇士们已经如此崇高地向前推进但尚未完成的事业。倒是我们应该在这里把自己奉献于仍然留在我们面前的伟大任务,以便使我们在这些光荣的死者身上汲取更多的献身精神,来完成那种他们已经完全彻底为之献身的事业;以便使我们在这里下定最大的决心,不让这些死者白白牺牲;以便国家在上帝福佑下得到自由的新生,并且使这个民有、民治、民享的政府永世长存。

【作者简介】

亚伯拉罕·林肯是美国第 16 任总统,以解放黑奴著称于世。1809 年 2 月 12 日,林肯出生在肯塔基州哈丁县一个伐木工人的家庭。迫于生计,他先后干过店员、村邮务员、测量员和劈栅栏木条等多种工作。1834 年,他当选为伊利诺伊州议员,开始了他的政治生涯。林肯没有受过多少正规教育,主要靠自学成才。经过南北战争,他平息了南方的叛乱。当南方叛军宣布投降后,他立即释放了所有叛军,让他们安然弃甲归田,过上幸福的平民生活。有一位身经百战的联邦老兵对林肯的做法很愤怒,他质问林肯:"你怎么可以就这样放走了我们的敌人?"林肯问:"那我们该如何对待这些敌人呢?""消灭他们。"老兵说。林肯回答:"是的,我们应该消灭敌人。但是当这些俘虏都成为我们的朋友的时候,我们的敌人不就消灭了吗?"

当时,美国奴隶制猖獗,1854 年南部奴隶主竟派遣一批暴徒拥入堪萨斯州,用武力强制推行奴隶制度,引起了堪萨斯内战。这一事件激起了林肯的斗争热情,他明确地宣布了要"为争取自由和废除奴隶制而斗争"的政治主张。1860 年他当选为总统。南方奴隶主对林肯的政治主张是清楚的,他们当然不愿坐以待毙。1861 年,南部 7 个州的代表脱离联邦,宣布独立,自组"南部联盟",并于 4 月 12 日开始向联邦军队发起攻击。内战爆发初期,联邦军队一再失利。1862 年 9 月 22 日,林肯宣布了亲自起草的具有伟大历史意义的文献——《解放黑奴宣言》草案(即后来的《解放宣言》),从此战争形势才开始发生了明显的变化,北部军队很快地由防御转入了进攻,1865 年终于获得了彻底的胜利。

此时，林肯在美国人民中的声望已愈来愈高了，1864 年，林肯再度当选为总统。但不幸的是，1865 年 4 月 14 日晚，他在华盛顿福特剧院观剧时突然遭到枪击，次日清晨与世长辞。

革命导师马克思高度地评价林肯说，他是一个"不会被困难所吓倒，不会为成功所迷惑的人，他不屈不挠地迈向自己的伟大目标，而从不轻举妄动，他稳步向前，而从不倒退……总之，他是一位达到了伟大境界而仍然保持自己优良品质的罕有的人物"。

【赏析】

1863 年 7 月 3 日，葛底斯堡战役是美国南北战争中最为残酷的一战，这是南北战争的转折点。这场战役交战双方共死了 51 000 人，而当时美国只有几百万人口。四个月后，林肯总统到葛底斯堡战场访问，为这场伟大战役的阵亡将士墓举行落成仪式。这篇演说是在 1863 年 11 月 19 日发表的。这篇演讲被认为是英语演讲中的最高典范，其演讲手稿被藏于美国国会图书馆，其演说词被铸成金文，长存于牛津大学。

林肯的《葛底斯堡演讲》是美国文学中最漂亮、最富有诗意的文章之一。虽然这是一篇庆祝军事胜利的演说，但它没有好战之气，相反，这是一篇感人肺腑的颂辞，赞美那些作出最后牺牲的人，以及他们为之献身的那些理想。我们从中可以看出林肯的思想，可以体会到林肯伟大的人格魅力和强大的精神力量。

林肯的这篇演说是演说史上著名的篇章，其思想的深刻、行文的严谨、语言的洗练，不愧是彪炳青史的大手笔。通篇演讲有 266 个单词，用时不到 3 分钟。

演说的场合是国葬典礼，所以演说的主调是凭吊国殇，赞美了那些作出最后牺牲的人以及他们为之献身的理想。其中"政府应为民有、民治、民享"的名言被人们广为传颂。整篇演说言虽尽而意无穷，演说思想深刻，行文严谨，语言洗练，朴素中显优雅，行文完美无疵，是世界演说史上的珍品。

【世界著名演讲词欣赏二】

【英文】

"BLOOD, SWEAT AND TEARS"
Winston Churchill
May 13, 1940

On Friday evening last I received from His Majesty the mission to form a new administration.

It was the evident will of Parliament and the nation that this should be conceived on the broadest possible basis and that it should include all parties.

I have already completed the most important part of this task. A war cabinet has been formed of five members, representing, with the Labor, Opposition and Liberals, the unity of the nation.

It was necessary that this should be done in one single day on account of the extreme urgency and rigor of events. Other key positions were filled yesterday. I am submitting a further list to the King tonight. I hope to complete the appointment of principal Ministers during tomorrow.

The appointment of other Ministers usually takes a little longer. I trust when Parliament meets again this part of my task will be completed and that the administration will be complete in all respects.

I considered it in the public interest to suggest to the Speaker that the House should be summoned today. At the end of today's proceedings, the adjournment of the House will be proposed until May 21 with provision for earlier meeting if need be. Business for that will be notified to M. P.'s at the earliest opportunity.

I now invite the House by a resolution to record its approval of the steps taken and declare its confidence in the new government. The resolution:

"That this House welcomes the formation of a government representing the united and inflexible resolve of the nation to prosecute the war with Germany to a victorious conclusion."

To form an administration of this scale and complexity is a serious undertaking in itself. But we are in the preliminary Phase of one of the greatest battles in history. We are in action at any other points-in Norway and in Holland-and we have to be prepared in the Mediterranean. The air battle is continuing, and many preparations have to be made here at home.

In this crisis I think I may be pardoned if I do not address the House at any length today, and I hope that any of my friends and colleagues or for mar colleagues who are affected by the political reconstruction will make all allowances for any lack of ceremony with which it has been necessary to act.

I say to the House as I said to Ministers who have joined this government, I have nothing to offer but blood, toil, tears and sweat. We have before us an ordeal of the most grievous kind. We have before us many, many months of struggle and suffering.

You ask, what is our policy? I say it is to wage war by land, sea and air. War with all our might and with all the strength God has given us, and to wage war against a monstrous tyranny never surpassed in the dark and lamentable catalogue of human crime. That is our policy.

You ask, what is our aim? I can answer in one word, it is victory. Victory at all costs-victory in spite of all terrors-victory, however long and hard the road may be, for without victory there is no survival.

Let that be realized. No survival for the British Empire, no survival for all that the British Empire has stood for, no survival for the urge, the impulse of the ages, that mankind shall move forward toward his goal.

I take up my task in buoyancy and hope. I feel sure that our cause will not be suffered to fail among men.

I feel entitled at this juncture, at this time, to claim the aid of all and to say, "Come then, let us go forward together with our united strength."

【中文】

"热血、汗水和眼泪"

温斯顿·丘吉尔
1940年5月13日

上星期五晚上，我奉陛下之命，组织新一届政府。

按国会和国民的意愿，新政府显然应该考虑建立在尽可能广泛的基础上，应该兼容所有的党派。

我已经完成了这项任务的最主要的部分。战时内阁已由五人组成，包括工党、反对党和自由党，这体现了举国团结一致。

由于事态的极端紧急和严峻，新阁政府须于一天之内组成，其他的关键岗位也于昨日安排就绪。今晚还要向国王呈报一份名单，我希望明天就能完成几位主要大臣的任命。

其余大臣们的任命照例得晚一些。我相信，在国会下一次召开时，任命将告完成，臻于完善。

为公众利益着想，我建议议长今天就召开国会。今天的议程结束时，建议休会到5月21日，并准备在必要时提前开会。有关事项当会及早通知各位议员。

现在我请求国会作出决议，批准我所采取的各项步骤，启示记录在案，并且声明信任新政府。决议如下：

"本国会欢迎新政府的组成，它体现了举国一致的坚定不移的决心：对德作战，直到最后胜利。"

组织如此规模和如此复杂的政府原本是一项重大的任务。但是我们正处于历史上罕见的一场大战的初始阶段。我们在其他许多地点作战——在挪威，在荷兰，我们还必须在地中海做好准备。空战正在继续，而且在本土也必须做好许多准备工作。

值此危急关头,我想,即使我今天向国会的报告过于简略,也当能见谅。我还希望所有在这次改组中受到影响的朋友、同僚和旧日的同僚们对必要的礼仪方面的任何不周之处能毫不介意。

我向国会表明,一如我向入阁的大臣们所表明的,我所能奉献的唯有热血、辛劳、眼泪和汗水,我们所面临的将是一场极其严酷的考验,将是旷日持久的斗争和苦难。

若问我们的政策是什么?我的回答是:在陆上、海上、空中作战,尽我们的全力,尽上帝赋予我们的全部力量去作战,对人类黑暗、可悲的罪恶史上空前凶残的暴政作战。这就是我们的政策。

若问我们的目标是什么?我可以用一个词来回答,那就是胜利。不惜一切代价,去夺取胜利——不惧一切恐怖,去夺取胜利——不论前路如何漫长、如何艰苦,去夺取胜利。因为没有胜利就不能生存。

我们务必认识到,没有胜利就不复有大英帝国,没有胜利就不复有大英帝国所象征的一切,没有胜利就不复有多少世纪以来的强烈要求和冲动:人类应当向自己的目标迈进。

我精神振奋、满怀信心地承担起我的任务。我确信,大家联合起来,我们的事业就不会遭到挫败。

在此时此刻的危急关头,我觉得我有权要求各方面的支持。我要说:"来吧,让我们群策群力,并肩前进!"

【作者简介】

温斯顿·丘吉尔 (1874.11.30—1965.1.24) 是在第二次世界大战期间,带领英国人民取得反法西斯战争伟大胜利的民族英雄,是与斯大林、罗斯福并立的"三巨头"之一,是矗立于世界史册上的一代伟人。丘吉尔出身于声名显赫的贵族家庭。他的祖先马尔巴罗公爵是英国历史上的著名军事统帅,是安妮女王统治时期英国政界权倾一时的风云人物。他的父亲伦道夫勋爵是19世纪末英国的杰出政治家,曾任索尔兹伯里内阁的财政大臣。

丘吉尔未上过大学,他的渊博知识和多方面才能是经过刻苦自学得来的。他年轻时驻军于印度南部的班加罗尔,在那里有半年多的时间里他"每天阅读四小时或五小时的历史和哲学著作"。

丘吉尔的头上戴有许多流光溢彩的桂冠,他是著作等身的作家、辩才无碍的演说家、经邦治国的政治家、战争中的传奇英雄。他一生中写出了 26 部共 45 卷(本)专著,几乎每部著作出版后都在英国和世界上引起轰动,获得如潮好评,被翻译成多国文字在世界各国广为发行,以至《星期日泰晤士报》曾断言:"20 世纪很少有人比丘吉尔拿的稿费还多。"

1953 年,他被授予诺贝尔文学奖。丘吉尔在世人心目中已成为英国人民英勇不屈的斗

第五章　例文欣赏

争精神的集中象征，斯大林称赞丘吉尔是"百年才出现一个的人物"。

此外，丘吉尔还可以被称为预言家、发明家、战略家、外交家。他早在 30 年代对未来战争中的一些重大技术发展所作的预见，后来都变成了现实；他以超乎寻常的惊人敏感和极大的勇气，冒着和平主义浪潮的巨大压力和"在政治上几乎有被消灭的危险"，一天也不放弃向国人发出预言式的战争警告，使英国人做好了战争来临的精神准备。他在用雷达侦察来袭敌机的方法正式使用前四年就提出了对此问题的研究；他因动用海军经费改进和大量建造"陆地行舟"，使轮式装甲汽车演变成为威力巨大的现代坦克而被尊为"坦克之父"；他主持制订了"第二次世界大战"中的许多战略计划；他亲自着意培育了在当时乃至后来左右世界政治格局的英美关系。

总之，丘吉尔是一位人生内涵极为丰富的传奇人物。

【世界著名演讲词欣赏三】

【英文】

I Have A Dream

By Martin Luther King

Delivered on the steps at the Lincoln Memorial in Washington D.C. on August 28, 1963.

Five score years ago, a great American, in whose symbolic shadow we stand signed the Emancipation Proclamation. This momentous decree came as a great beacon light of hope to millions of Negro slaves who had been seared in the flames of withering injustice. It came as a joyous daybreak to end the long night of captivity. But one hundred years later, we must face the tragic fact that the Negro is still not free.

One hundred years later, the life of the Negro is still sadly crippled by the manacles of segregation and the chains of discrimination. One hundred years later, the Negro lives on a lonely island of poverty in the midst of a vast ocean of material prosperity. One hundred years later, the Negro is still languishing in the corners of American society and finds himself an exile in his own land.

So we have come here today to dramatize an appalling condition. In a sense we have come to our nation's capital to cash a check. When the architects of our republic wrote the magnificent words of the Constitution and the Declaration of Independence, they were signing a promissory note to which every American was to fall heir.

This note was a promise that all men would be guaranteed the inalienable rights of life, liberty, and the pursuit of happiness. It is obvious today that America has defaulted on this promissory note insofar as her citizens of color are concerned. Instead of honoring this sacred obligation, America has given the Negro people a bad check, which has come back marked "insufficient funds." But we refuse to believe that the bank of justice is bankrupt. We refuse to believe that there are insufficient funds in the great vaults of opportunity of this nation.

So we have come to cash this check—a check that will give us upon demand the riches of freedom and the security of justice. We have also come to this hallowed spot to remind America of the fierce urgency of now. This is no time to engage in the luxury of cooling off or to take the tranquilizing drug of gradualism. Now is the time to rise from the dark and desolate valley of segregation to the sunlit path of racial justice. Now is the time to open the doors of opportunity to all of God's children. Now is the time to lift our nation from the quicksand's of racial injustice to the solid rock of brotherhood.

It would be fatal for the nation to overlook the urgency of the moment and to underestimate the determination of the Negro. This sweltering summer of the Negro's legitimate discontent will not pass until there is an invigorating autumn of freedom and equality. Nineteen sixty-three is not an end, but a beginning. Those who hope that the Negro needed to blow off steam and will now be content will have a rude awakening if the nation returns to business as usual. There will be neither rest nor tranquility in America until the Negro is granted his citizenship rights.

The whirlwinds of revolt will continue to shake the foundations of our nation until the bright day of justice emerges. But there is something that I must say to my people who stand on the warm threshold, which leads into the palace of justice. In the process of gaining our rightful place we must not be guilty of wrongful deeds. Let us not seek to satisfy our thirst for freedom by drinking from the cup of bitterness and hatred.

We must forever conduct our struggle on the high plane of dignity and discipline. We must not allow our creative protest to degenerate into physical violence. Again and again we must rise to the majestic heights of meeting physical force with soul force.

The marvelous new militancy which has engulfed the Negro community must not lead us to distrust of all white people, for many of our white brothers, as evidenced by their presence here today, have come to realize that their destiny is tied up with our destiny and their freedom is inextricably bound to our freedom.

We cannot walk alone. And as we walk, we must make the pledge that we shall march ahead. We cannot turn back. There are those who are asking the devotees of civil rights, "When will you be satisfied?" we can never be satisfied as long as our bodies, heavy with the fatigue of travel, cannot gain lodging in the motels of the highways and the hotels of the cities. We cannot be satisfied as long as the Negro's basic mobility is from a smaller ghetto to a larger one. We can never be satisfied as long as a Negro in Mississippi cannot vote and a Negro in New York believes he has nothing for which to vote. No, no, we are not satisfied, and we will not be satisfied until justice rolls down like waters and righteousness like a mighty stream.

I am not unmindful that some of you have come here out of great trials and tribulations. Some of you have come fresh from narrow cells. Some of you have come from areas where your quest for freedom left you battered by the storms of persecution and staggered by the winds of police brutality. You have been the veterans of creative suffering. Continue to work with the faith that unearned suffering is redemptive.

Go back to Mississippi, go back to Alabama, go back to Georgia, go back to Louisiana, go back to the slums and ghettos of our northern cities, knowing that somehow this situation can and will be changed. Let us not wallow in the valley of despair. I say to you today, my friends, that in spite of the difficulties and frustrations of the moment, I still have a dream. It is a dream deeply rooted in the American dream.

I have a dream that one day this nation will rise up and live out the true meaning of its creed: "We hold these truths to be self-evident: that all men are created equal." I have a dream that one day on the red hills of Georgia the sons of former slaves and the sons of former slave owners will be able to sit down together at a table of brotherhood. I have a dream that one day even the state of Mississippi, a desert state, sweltering with the heat of injustice and oppression, will be transformed into an oasis of freedom and justice. I have a dream that my four children will one day live in a nation where they will not be judged by the color of their skin but by the content of their character. I have a dream today.

I have a dream that one day the state of Alabama, whose governor's lips are presently dripping with the words of interposition and nullification, will be transformed into a situation where little black boys and black girls will be able to join hands with little white boys and white girls and walk together as sisters and brothers. I have a dream today. I have a dream that one day every valley shall be exalted, every hill and mountain shall be made low, the rough places will be made plain, and the crooked places will be made straight, and the glory of the Lord shall be revealed, and all flesh shall see it together. This is our hope. This is the faith with which I return to the South. With this faith we will be able to hew out of the mountain of despair a stone of hope. With this faith we will be able to transform the jangling discords of our nation into a beautiful symphony of brotherhood. With this faith we will be able to work together, to pray together, to struggle together, to go to jail together, to stand up for freedom together, knowing that we will be free one day.

　　This will be the day when all of God's children will be able to sing with a new meaning, "My country, 'tis of thee, sweet land of liberty, of thee I sing. Land where my fathers died, land of the pilgrim's pride, from every mountainside, let freedom ring." And if America is to be a great nation, this must become true. So let freedom ring from the prodigious hilltops of New Hampshire. Let freedom ring from the mighty mountains of New York. Let freedom ring from the heightening Alleghenies of Pennsylvania! Let freedom ring from the snowcapped Rockies of Colorado! Let freedom ring from the curvaceous peaks of California! But not only that; let freedom ring from Stone Mountain of Georgia! Let freedom ring from Lookout Mountain of Tennessee! Let freedom ring from every hill and every molehill of Mississippi. From every mountainside, let freedom ring.

　　When we let freedom ring, when we let it ring from every village and every hamlet, from every state and every city, we will be able to speed up that day when all of God's children, black men and white men, Jews and Gentiles, Protestants and Catholics, will be able to join hands and sing in the words of the old Negro spiritual, "Free at last! Free at last! Thank God Almighty, we are free at last!"

【中文】

我有一个梦想

马丁·路德·金

1963 年 8 月 28 日

　　今天，我高兴地同大家一起，参加这次将成为我国历史上为了争取自由而举行的最伟大的示威集会。

　　一个世纪前，一位了不起的美国人签署了《解放黑人奴隶宣言》，我们现在就站在其颇有象征意义的塑像下面。对于千千万万在不公正的火焰中苦苦熬煎的黑奴来说，这份划时代的文件，是一座光芒万丈的希望灯塔，是结束他们被囚禁之漫漫长夜的快乐黎明。

　　然而，100 年后，黑人依然没有获得自由；100 年后，黑人依然悲惨地蹒跚于种族隔离和种族歧视的枷锁之下；100 年后，黑人依然生活在物质繁荣瀚海的贫困孤岛上；100 年后，黑人依然在美国社会中间向隔而泣，依然感到自己在国土家园中流离漂泊。所以，我们今天来到这里，要把这骇人听闻的情况公之于众。

　　从某种意义上说，我们来到国家的首都是为了兑现一张支票。我们共和国的缔造者在拟写宪法和独立宣言的辉煌篇章时，就签署了一张每一个美国人都能继承的期票。这张期

第五章　例文欣赏

票向所有人承诺——不论白人还是黑人——都享有不可让渡的生存权、自由权和追求幸福权。

然而，今天美国显然对她的有色公民拖欠着这张期票。美国没有承兑这笔神圣的债务，而是开始给黑人一张空头支票——一张盖着"资金不足"的印戳被退回的支票。但是，我们决不相信正义的银行会破产，我们决不相信这个国家巨大的机会宝库会资金不足。

因此，我们来兑现这张支票。这张支票将给我们以宝贵的自由和正义的保障。

我们来到这块圣地还为了提醒美国：现在正是万分紧急的时刻，现在不是从容不迫悠然行事或服用渐进主义镇静剂的时候，现在是实现民主诺言的时候；现在是走出幽暗荒凉的种族隔离深谷，踏上种族平等的阳关大道的时候；现在是使我们国家走出种族不平等的流沙，踏上充满手足之情的磐石的时候；现在是使上帝所有孩子真正享有公正的时候。

忽视这一时刻的紧迫性，对于国家将会是致命的。自由平等的朗朗秋日不到来，黑人顺情合理哀怨的酷暑就不会过去。1963年不是一个结束，而是一个开端。

如果国家依然我行我素，那些希望黑人只需出出气就会心满意足的人将大失所望。在黑人得到公民权之前，美国既不会安宁，也不会平静，反抗的旋风将继续震撼我们国家的基石，直至光辉灿烂的正义之日来临。

但是，对于站在通向正义之宫艰险门槛上的人们，有一些话我必须要说。在我们争取合法地位的过程中，切不要错误行事导致犯罪，我们切不要吞饮仇恨辛酸的苦酒，来解除对于自由的渴望。

我们应该永远得体地、纪律严明地进行斗争。我们不能容许我们富有创造性的抗议沦为暴力行动。我们应该不断升华到用灵魂力量对付肉体力量的崇高境界。

席卷黑人社会的新的奇迹般的战斗精神，不应导致我们对所有白人的不信任——因为许多白人兄弟已经认识到：他们的命运同我们的命运紧密相连，他们的自由同我们的自由休戚相关。他们今天来到这里参加集会就是证明。

我们不能单独行动。当我们行动时，我们必须保证勇往直前。我们不能后退。有人问热心民权运动的人："你们什么时候会感到满意？"只要黑人依然是不堪形容的警察暴行恐怖的牺牲品，我们就决不会满意。只要我们在旅途劳顿后，却被公路旁的汽车、游客旅社和城市旅馆拒之门外，我们就决不会满意。只要黑人的基本活动范围只限于从狭小的黑人居住区到较大的黑人居住区，我们就决不会满意。只要我们的孩子被"仅供白人"的牌子剥夺个性，损毁尊严，我们就决不会满意。只要密西西比州的黑人不能参加选举，纽约州的黑人认为他们与选举毫不相干，我们就决不会满意。不，不，我们不会满意，直至公正似水奔流，正义如泉喷涌。

我并非没有注意到你们有些人历尽艰难困苦来到这里。你们有些人刚刚走出狭小的牢房，有些人来自因追求自由而遭受迫害风暴袭击和警察暴虐狂飙摧残的地区。你们饱经风霜，历尽苦难。继续努力吧，要相信：无辜受苦终得拯救。

回到密西西比去吧，回到亚拉巴马去吧，回到南卡罗来纳去吧，回到佐治亚去吧，回到路易斯安那去吧，回到我们北方城市中的贫民窟和黑人居住区去吧。要知道，这种情况能够而且将会改变。我们切不要在绝望的深渊里沉沦。

朋友们，今天我要对你们说，尽管眼下困难重重，但我依然怀有一个梦。这个梦深深植根于美国梦之中。

我梦想有一天，这个国家将会奋起，实现其立国信条的真谛——"我们认为这些真理不言而喻：人人生而平等。"

我梦想有一天，在佐治亚州的红色山冈上，昔日奴隶的儿子能够同昔日奴隶主的儿子同席而坐，亲如手足。

我梦想有一天，甚至连密西西比州——一个非正义和压迫的热浪逼人的荒漠之州，也会改造成为自由和公正的青青绿洲。

我梦想有一天，我的四个小女儿将生活在一个不是以皮肤的颜色，而是以品格的优劣作为评判标准的国家里。

我今天怀有一个梦。

我梦想有一天，亚拉巴马州会有所改变——尽管该州州长现在仍滔滔不绝地说什么要对联邦法令提出异议和拒绝执行——在那里，黑人儿童能够和白人儿童兄弟姐妹般地携手并行。

我今天怀有一个梦。

我梦想有一天，深谷弥合，高山夷平，歧路化坦途，曲径成通衢，上帝的光华再现，普天下生灵共谒。

这是我们的希望，这是我将带回南方去的信念。有了这个信念，我们就能从绝望之山开采出希望之石；有了这个信念，我们就能把这个国家的嘈杂刺耳的争吵声，变为充满手足之情的悦耳交响曲，有了这个信念，我们就能一同工作、一同祈祷、一同斗争、一同入狱、一同维护自由，因为我们知道，我们终有一天会获得自由。

到了这一天，上帝的所有孩子都能以新的含义高唱这首歌：

我的祖国，可爱的自由之邦，我为您歌唱。这是我祖先终老的地方，这是早期移民自豪的地方，让自由之声，响彻每一座山岗。

如果美国要成为伟大的国家，这一点必须实现。因此，让自由之声响彻新罕布什尔州的巍峨高峰！

让自由之声响彻纽约州的崇山峻岭！

让自由之声响彻宾夕法尼亚州的阿勒格尼高峰！

让自由之声响彻科罗拉多州冰雪皑皑的洛基山！

让自由之声响彻加利福尼亚州的婀娜群峰！

不，不仅如此，让自由之声响彻佐治亚州的石山！

让自由之声响彻田纳西州的望山！

让自由之声响彻密西西比州的一座座山峰、一个个土丘！

让自由之声响彻每一个山冈！

当我们让自由之声轰响，当我们让自由之声响彻每一个大村小庄、每一个州府城镇，我们就能加速这一天的到来。那时，上帝的所有孩子，黑人和白人、犹太教徒和非犹太教徒、耶稣教徒和天主教徒，将能携手同唱那首古老的黑人灵歌："终于自由了！终于自由了！感谢全能的上帝，我们终于自由了！"

【作者简介】

马丁·路德·金(1929—1968 年)，美国黑人律师，著名黑人民权运动领袖。一生曾三次被捕，三次被行刺，1964 年获诺贝尔和平奖。1968 年被种族主义分子枪杀。他被誉为近百年来八大最具有说服力的演说家之一。1963 年，他领导 25 万人向华盛顿进军"大游行"，为黑人争取自由平等和就业。马丁·路德·金在游行集会上发表了这篇著名演说。

【赏析】

1963 年 8 月 28 日，美国 25 万人在华盛顿的林肯纪念堂前集会，反对种族歧视，要求种族平等。这是美国有史以来最伟大的一次民权运动集会。作为这次集会的领导人，马丁·路德·金在集会将要结束时，发表了这篇堪称经典之作的著名讲演。身为黑人，金自幼便饱尝了种族歧视之苦，但牧师的身份以及从小在牧师家庭所受的教育，又使他极力推崇以资产阶级的"仁慈""博爱"为基础的非暴力主义主张。这一点，在他众多的演讲中都可以鲜明地体现出来。马丁·路德·金在演讲中，既义正词严，又节制有度，他以美国宪法和黑奴《解放黑人奴隶宣言》为武器，猛烈抨击了黑人所遭受的不公正待遇，并号召广大黑人及支持黑人运动的白人都立即行动起来，投入到争取自由的斗争中去。他并没有历数种族歧视的种种罪恶，也没有从理论上分析种族歧视的不人道、不合理，而是把林肯在 100 年前签署的《解放黑人奴隶宣言》形象地比喻为未兑现的"支票"，而现在是到了兑现这张"支票"的时候了。这样说来浅显而生动，具有强烈的说服力，也给处在群情激奋中的人们一个明明白白的号召。接着他又充满激情地连用六个排比段，述说了黑人享受自由、平等和幸福生活的梦想，这样，既鼓舞人民群众的斗志，又生动地说明了"用灵魂的力量对付暴力"的非暴力主张，增强了演讲的感染力。《我有一个梦想》内容充实、激情饱满、庄严郑重、文体流畅、语言优雅并富于无穷的韵味，恰似行云流水，又如江河奔泻，既飘逸轻灵，又肃穆凝重，气势非凡，可谓情文并茂，雄辩有力。

【竞聘演讲词欣赏】

竞聘演讲稿

作者：蔡和平

尊敬的各位领导，各位同事：

大家好！

我叫蔡和平，去年我运气不错，有幸转业到市委办这个人才济济、团结又温暖的大家庭。今年是我的而立之年，常言道：三十而立。在充满生机与活力的新世纪，在日新月异的知识经济时代，在竞争激烈、挑战与机遇并存的今天，扪心自问，我能立什么？我深思过，迷惘过，也无奈过。古人讲：天生我材必有用。适逢这次难得的竞岗机会，我本着锻炼、提高的目的走上讲台，展示自我，接受评判，希望靠能力而不是靠运气为自己的而立之年留下点什么……

站在大家面前有点单瘦的我，稳重而不死板，激进而不张扬，温和而不懦弱，愚钝而不懒惰，正直而不固执。我1989年9月考入空军飞行学院，学过飞行，后因视力下降停飞，改做地面工作，干过排长、指导员、干事，大学文化，中共党员，2000年9月转业。在有206名军转干部参加的进政法系统考试中，我名列第二，原以为能谋个警察的差事也就心满意足了，没料到能非常荣幸地被选拔到首脑机关市委办工作，在此，我衷心感谢领导和同人的厚爱。与大家共事一年来，我既有不小的压力，更有无穷的动力。

我没有辉煌的过去，只求把握好现在和将来。今天，我参加《新益阳》编辑部副主任职位的竞争，主要基于以下两个方面的考虑。

一方面我认为自己具备担任副主任的素质。

一是有吃苦耐劳、默默无闻的敬业精神。我是一个农村伢子，深深懂得"宝剑锋从磨砺出，梅花香自苦寒来"的道理。当兵前，我参加过"双抢"，上山砍过柴；当兵后，经受过炎炎烈日下负重五十多斤日行军五十公里的考验，更经历了八年大西北恶劣自然环境和艰苦生活条件下的磨炼，特别是严格的军营生活培养了我"流汗流血不流泪"和"特别能吃苦、特别能忍耐、特别能战斗、特别能奉献"的良好品质。我爱岗敬业，工作踏踏实实、兢兢业业、一丝不苟，不管干什么从不讲价钱，更不怨天尤人，干一行，爱一行，努力把工作做得最好。

二是有虚心好学、开拓进取的创新意识。爱因斯坦说过："热爱是最好的教师。"我热爱文秘工作，平时爱读书看报，也浏览了一些有关政治、经济方面的书籍。到办公室工作后，我谦虚好学，不耻下问，系统学习了有关业务知识和各级各类文件精神，初步具备了一个文秘人员所必需的业务知识和政策水平。还自学了计算机知识，能够熟练地使用计算机进行网上操作、文字处理和日常维护等。我思想比较活跃，爱好广泛，接受新事物比较快，勇于实践，具有开拓精神；同时我朝气蓬勃，精力旺盛，工作热情高、干劲足，具有高昂斗志。

三是有严于律己、诚信为本的优良品质。我信奉诚实待人、严于律己的处世之道。我曾经多年在上百人的连队工作，既要维护连队干部的权威，又要和战士们打成一片，正因为具有良好的人格魅力和做人宗旨，同战友们建立了亲如兄弟的深厚感情，受到了战士们的爱戴。在我转业离队时，好多的战友因舍不得我离去而泪流满面，自发地敲锣打鼓为我送行。到市委办工作后，我在日常生活和工作中，不断加强个人修养和党性锻炼，以"老老实实做人、勤勤恳恳做事"为信条，严格要求自己，尊敬领导，团结同志，应该说得到了领导和同事的肯定。

四是有雷厉风行、求真务实的工作作风。11年的军旅生涯，培养了我雷厉风行、求真务实的工作作风，养成了我遇事不含糊、办事不拖拉的工作习惯，造就了我不唯书、不唯上、只唯真、只唯实的工作态度。至今，我仍然清晰地记得离开部队时一位老首长语重心长对我讲的话："小蔡啊，你不管到哪儿工作，在什么岗位上，作为一个经过部队多年摔打的共产党人，做什么事不仅要上不愧党、下不欺民，更要对得起部队的培养和自己的良心。"

另一方面我认为自己具备担任副主任的才能。

一是有一定的政治素养。我平时比较关心社会生活中的大事，对国家的大政方针有一定的了解，有较高的思想政治觉悟。尤其是到地方工作后，我更加注重了政治理论知识的学习和思想意识的改造，能够始终保持坚定的政治立场和较高的政治敏锐性。

二是有一定的文字基础。"腹有诗书气自华"。我在中学阶段就爱好文学，参加过文学社，17岁时就发表过诗歌，在部队有二十多篇文学、新闻作品和理论文章在省级以上报刊发表。到督查室工作后，在领导和同事的帮助下，我的文字综合水平又有了一定的提高，我撰写的《我们是怎样提高督查工作权威的》在今年的第一期《当代秘书》杂志上刊发后，广西、山西等兄弟省市的督查部门纷纷来信要求我们寄送资料，供他们取经学习。

三是有一定的管理能力。我在部队工作期间，在基层连队任职达五年之久，从事过连队的日常管理和思想工作。在我的任期内，我所在的警卫连是军区空军的基层达标先进连队，我还带队参加过军区空军警卫专业大比武，获得了第三名，本人也荣立了三等功，最重要的是我积累了一定的管理经验。

四是对编辑工作有初步了解。转业前我当过近两年的新闻干事，在空军报社实习过三个月，是《空军报》的特约记者和《解放军报》的特约通信员，从事过团里简报和广播稿的主编工作，对摄影也不是个外行。在督查室工作的一年时间里，我主要从事《益阳督查》、《民情调查》的编辑，应该说我对编辑工作也算得上一知半解。

假如我有幸竞聘成功，我将笨鸟先飞，不负众望，不辱使命，做到"以为争位，以位促为"。

第一，摆正位置，当好配角。在工作中我将尊重主任的核心地位，维护主任的威信，多请示汇报，多交心通气，甘当绿叶。辩证地看待自己的长处和短处，扬长避短，团结协作，做到：到位不越位，补台不拆台。

第二，加强学习，提高素质。一方面加强政治理论知识的学习，不断提高自己的政治理论修养和明辨大是大非的能力；另一方面是加强业务知识和高科技知识的学习，紧跟时代步伐，不断充实完善，使自己更加胜任本职工作。

第三，扎实工作，锐意进取。既发扬以往好的作风、好的传统，埋头苦干，扎实工作，又注重在工作实践中摸索经验、探索路子，和大家一道努力把《新益阳》办成更具前瞻性、可读性、指导性、思想性和有益阳特色的党委机关刊物。

不容置疑，在各位领导和同事面前，我还是一个才疏学浅、相对陌生的学生或者新兵；平心而论，我到办公室工作的时间短，参加竞争，我一无成绩，二无资历，三无根基，优势更无从谈起。倒是拿破仑的那句"不想当将军的士兵不是好士兵"在激励着我斗胆一试，响应组织号召，积极参与竞争，我不敢奢求什么，只想让大家认识我、了解我、帮助我，抑或喜欢我、支持我。也正因为如此，我更加清醒地看到了自身存在的差距，促使我在以后的工作当中，励精图治，恪尽职守，努力学习，勤奋工作，以绵薄之力来回报组织和同志们。最后以一首自编的对联来结束我的演讲，上联是"胜固可喜，宠辱不惊看花开"，下联是"败亦无悔，去留无意随云卷"，横批是"与时俱进"。

谢谢大家！

【就职演讲词欣赏】

【英文】

John F. Kennedy

INAUGURAL ADDRESS

FRIDAY, JANUARY 20, 1961

Vice President Johnson, Mr. Speaker, Mr. Chief Justice, President Eisenhower, Vice President Nixon, President Truman, and Reverend Clergy, fellow citizens:

We observe today not a victory of party but a celebration of freedom, symbolizing an end as well as a beginning, signifying renewal as well as change. For I have sworn before you and Almighty God the same solemn oath our forebears prescribed nearly a century and three-quarters ago.

The world is very different now. For man holds in his mortal hands the power to abolish all forms of human poverty and all forms of human life. And yet the same revolutionary beliefs for which our forebears fought are still at issue around the globe — the belief that the rights of man come not from the generosity of the state but from the hand of God.

We dare not forget today that we are the heirs of that first revolution. Let the word go forth from this time and place, to friend and foe alike, that the torch has been passed to a new generation of Americans — born in this century, tempered by war, disciplined by a hard and bitter peace, proud of our ancient heritage — and unwilling to witness or permit the slow undoing of those human rights to which this nation has always been committed, and to which we are committed today at home and around the world.

Let every nation know, whether it wishes us well or ill, that we shall pay any price, bear any burden, meet any hardship, support any friend, oppose any foe to assure the survival and the success of liberty.

This much we pledge — and more.

To those old allies whose cultural and spiritual origins we share, we pledge the loyalty of faithful friends. United there is little we cannot do in a host of cooperative ventures. Divided there is little we can do, for we dare not meet a powerful challenge at odds and split asunder.

To those new states whom we welcome to the ranks of the free, we pledge our word that one form of colonial control shall not have passed away merely to be replaced by a far more iron tyranny. We shall not always expect to find them supporting our view. But we shall always hope to find them strongly supporting their own freedom — and to remember that, in the past, those who foolishly sought power by riding the back of the tiger ended up inside.

To those people in the huts and villages of half the globe struggling to break the bonds of mass misery, we pledge our best efforts to help them help themselves, for whatever period is required — not because the communists may be doing it, not because we seek their votes, but because it is right.

If a free society cannot help the many who are poor, it cannot save the few who are rich.

To our sister republics south of our border, we offer a special pledge: to convert our good words into good deeds, in a new alliance for progress, to assist free men and free governments in casting off the chains of poverty. But this peaceful revolution of hope cannot become the prey of hostile powers. Let all our neighbors know that we shall join with them to oppose aggression or subversion anywhere in the Americas.

And let every other power know that this hemisphere intends to remain the master of its own house.

To that world assembly of sovereign states, the United Nations, our last best hope in an age where the instruments of war have far outpaced the instruments of peace, we renew our pledge of support — to prevent it from becoming merely a forum for invective, to strengthen its shield of the new and the weak, and to enlarge the area in which its writ may run.

Finally, to those nations who would make themselves our adversary, we offer not a pledge but a request: that both sides begin anew the quest for peace — before the dark powers of destruction unleashed by science engulf all humanity in planned or accidental self-destruction.

We dare not tempt them with weakness. For only when our arms are sufficient beyond doubt can we be certain beyond doubt that they will never be employed. But neither can two great and powerful groups of nations take comfort from our present course — both sides overburdened by the cost of modern weapons, both rightly alarmed by the steady spread of the deadly atom, yet both racing to alter that uncertain balance of terror that stays the hand of mankind's final war. So let us begin anew — remembering on both sides that civility is not a sign of weakness, and sincerity is always subject to proof.

Let us never negotiate out of fear. But let us never fear to negotiate.

Let both sides explore what problems unite us instead of belaboring those problems that divide us.

Let both sides, for the first time, formulate serious and precise proposals for the inspection and control of arms, and bring the absolute power to destroy other nations under the absolute control of all nations.

Let both sides seek to invoke the wonders of science instead of its terrors. Together let us explore the stars, conquer the deserts, eradicate disease, tap the ocean depths, and encourage the arts and commerce.

Let both sides unite to heed, in all corners of the earth, the command of Isaiah — to "undo the heavy burdens … [and] let the oppressed go free."

And if a beachhead of cooperation may push back the jungle of suspicion, let both sides join in creating a new endeavor — not a new balance of power, but a new world of law — where the strong are just, and the weak secure, and the peace preserved.

All this will not be finished in the first one hundred days. Nor will it be finished in the first one thousand days; nor in the life of this Administration; nor even perhaps in our lifetime on this planet. But let us begin.

In your hands, my fellow citizens, more than mine, will rest the final success or failure of our course. Since this country was founded, each generation of Americans has been summoned to give testimony to its national loyalty. The graves of young Americans who answered the call to service surround the globe.

Now the trumpet summons us again — not as a call to bear arms, though arms we need — not as a call to battle, though embattled we are — but a call to bear the burden of a long twilight struggle, year in and year out, rejoicing in hope, patient in tribulation, a struggle against the common enemies of man: tyranny, poverty, disease, and war itself.

Can we forge against these enemies a grand and global alliance, North and South, East and West, that can assure a more fruitful life for all mankind? Will you join in that historic effort?

In the long history of the world, only a few generations have been granted the role of defending freedom in its hour of maximum danger. I do not shrink from this responsibility —I welcome it. I do not believe that any of us would exchange places with any other people or any other generation. The energy, the faith, the devotion which we bring to this endeavor will light our country and all who serve it. And the glow from that fire can truly light the world.

And so, my fellow Americans, ask not what your country can do for you; ask what you can do for your country.

My fellow citizens of the world ask not what America will do for you, but what together we can do for the freedom of man.

Finally, whether you are citizens of America or citizens of the world, ask of us here the same high standards of strength and sacrifice which we ask of you. With a good conscience our only sure reward, with history the final judge of our deeds, let us go forth to lead the land we love, asking His blessing and His help, but knowing that here on earth God's work must truly be our own.

【中文】

约翰·肯尼迪就职演说
1961 年 1 月 20 日

首席法官先生、艾森豪威尔总统、尼克松副总统、杜鲁门总统、尊敬的牧师、各位公民：

我们今天庆祝的并不是一次政党的胜利，而是一次自由的庆典；它象征着结束，也象征着开始；意味着更新，也意味着变革。因为我已在你们和全能的上帝面前，宣读了跟我们的先辈在 170 多年前所拟定的相同的庄严誓言。

现今世界已经很不同了，因为人在自己血肉之躯的手中握有足以消灭一切形式的人类贫困和一切形式的人类生命的力量。可是我们祖先奋斗不息所维护的革命信念，在世界各地仍处于争论之中。那信念就是注定人权并非来自政府的慷慨施予而是上帝所赐。

我们今天不敢忘记我们是那第一次革命的继承人，让我从此时此地告诉我们的朋友，并且也告诉我们的敌人，这支火炬已传交新一代的美国人，他们出生在本世纪，经历过战争的锻炼，受过严酷而艰苦的和平的熏陶，以我们的古代传统自豪，而且不愿目睹或容许人权逐步被褫夺。对于这些人权我国一向坚贞不移，当前在国内和全世界我们也是对此力加维护的。

让每一个国家知道，不管它盼我们好或盼我们坏，我们将付出任何代价，忍受任何重负，应付任何艰辛，支持任何朋友，反对任何敌人，以确保自由的存在与实现。

这是我们矢志不移的事——而且还不止此。

对于那些和我们拥有共同文化和精神传统的老盟邦，我们保证以挚友之诚相待。只要团结，则在许多合作事业中几乎没有什么是办不到的。倘若分裂，我们则无可作为，因为我们在意见分歧、各行其是的情况下，是不敢应付强大挑战的。

对于那些我们欢迎其参与自由国家行列的新国家，我们要提出保证，绝不让一种形式的殖民统治消失后，却代之以另一种远为残酷的暴政。我们不能老是期望他们会支持我们的观点，但我们却一直希望他们能坚决维护他们自身的自由，并应记取，在过去，那些愚蠢得要骑在虎背上以壮声势的人，结果却被虎所吞噬。

对于那些住在布满半个地球的茅舍和乡村中、力求打破普遍贫困的桎梏的人们，我们保证尽最大努力助其自救，不管需要多长时间。这并非因为共产党会那样做，也不是由于我们要求他们的选票，而是由于那样做是正确的。自由社会若不能帮助众多的穷人，也就不能保全那少数的富人。

对于我国边界以内的各姐妹共和国，我们提出一项特殊的保证：要把我们的美好诺言化作善行，在争取进步的新联盟中援助自由人和自由政府来摆脱贫困的枷锁。但这种为实现本身愿望而进行的和平革命不应成为不怀好意的国家的俎上肉。让我们所有的邻邦都知道，我们将与他们联合抵御对美洲任何地区的侵略或颠覆。让其他国家都知道，西半球的事西半球自己会管。

至于联合国这个各主权国家的世界性议会，在今天这个战争工具的发展速度超过和平工具的时代中，它是我们最后的、最美好的希望。我们愿重申我们的支持诺言：不让它变成仅供谩骂的讲坛，加强其对于新国、弱国的保护，并扩大其权力所能运用的领域。

最后，对于那些与我们为敌的国家，我们所要提供的不是保证，而是要求：双方重新着手寻求和平，不要等到科学所释出的危险破坏力量在有意或无意中使全人类沦于自我毁灭。

我们不敢以示弱去诱惑他们，因为只有当我们的武力无可置疑地壮大时，我们才能毫无疑问地确信永远不会使用武力。

可是这两个强有力的国家集团，谁也不能对当前的趋势放心——双方都因现代武器的代价而感到不胜负担，双方都对于致命的原子力量不断发展而产生应有的惊骇，可是双方都在竞谋改变那不稳定的恐怖均衡，而此种均衡却可以暂时阻止人类最后从事战争。

因此让我们重新开始，双方都应记住，谦恭并非懦弱的征象，而诚意则永远需要验证。让我们永不因畏惧而谈判，但让我们永不要畏惧谈判。

让双方探究能使我们团结在一起的是什么问题，而不要虚耗心力于使我们分裂的问题。

让双方首次制定有关视察和管制武器的真诚而确切的建议，并且把那足以毁灭其他国家的漫无限制的力量置于所有国家的绝对管制之下。

让双方都谋求激发科学的神奇力量而不是科学的恐怖因素，让我们联合起来去探索星球，治理沙漠，消除疾病，开发海洋深处，并鼓励艺术和商务。

让双方携手在世界各个角落遵循以赛亚的命令，去"卸下沉重的负担……(并)让被压迫者得自由"。

如果建立合作的滩头堡能够遏制重重猜疑，那么，让双方联合作一次新的努力吧，这不是追求新的权力均衡，而是建立一个新的法治世界，在那世界上强者公正，弱者安全，和平在握。

凡此种种不会在最初的100天中完成，不会在最初的1000天中完成，不会在本政府任期中完成，甚或也不能在我们活在地球上的毕生期间完成。但让我们开始。

同胞们，我们事业的最后成效，主要不是掌握在我手里，而是操在你们手中。自从我国建立以来，每一代的美国人都曾应召以验证其对国家的忠诚。响应此项召唤而服军役的美国青年人的坟墓遍布全球各处。

现在那号角又再度召唤我们——不是号召我们扛起武器，虽然武器是我们所需要的，不是号召我们去作战，虽然我们准备应战；那是号召我们年复一年肩负起持久和胜败未分的斗争，"在希望中欢乐，在患难中忍耐"。去反对人类共同的敌人——专政、贫困、疾病以及战争本身。

我们能否结成一个遍及东西南北的全球性伟大联盟来对付这些敌人，来确保全人类享有更为富裕的生活?你们是否愿意参与这历史性的努力?

在世界的悠久历史中，只有很少几个世代的人赋有这种在自由遭遇最大危机时保卫自由的任务。我决不在这责任之前退缩，我欢迎它。我不相信我们中间会有人愿意跟别人及别的世代交换地位。我们在这场努力中所献出的精力、信念与虔诚，将照亮我们的国家以及所有为国家服务的人，而从这一火焰所聚出的光辉必能照明全世界。

所以，同胞们：不要问你们的国家能为你们做些什么，而要问你们能为国家做些什么。

全世界的公民：不要问美国愿为你们做些什么，而应问我们在一起能为人类的自由做些什么。

最后，不管你是美国的公民或世界他国的公民，请将我们所要求于你们的有关力量与牺牲的高标准拿来要求我们。我们唯一可靠的报酬是问心无愧，我们行为的最后裁判者是历史，让我们向前引导我们所挚爱的国土，企求上帝的保佑与扶携。但我们知道，在这个世界上，上帝的任务肯定就是我们自己所应肩负的任务。

【作者简介】

约翰·肯尼迪是美国第35任总统。他于1917年5月出生在马萨诸塞州波士顿市的一个富豪家庭，就任总统时，年仅43岁，是美国历史上最年轻的总统。

作为总统，肯尼迪在美国政治方面，奉行他的"新边疆"政策。在他执政期间，提出了为数众多的计划，包括改善城市住房条件、发展教育事业、为老年人提供良好的医疗保健、反对种族歧视、给黑人以公平权利等。肯尼迪执政时期，正值国际政治舞台风云变幻，猪湾大败、古巴导弹危机、柏林危机等一大堆的麻烦缠绕着他，然而，肯尼迪没有退却，以高昂的情绪给美国民族带来了极大的希望和不顾一切勇往直前的勇气。他成功地处理了一些重大的国际问题，与苏联签订了禁止核试验条约。

【赏析】

这篇演讲词是肯尼迪1961年1月20日在华盛顿宣布就任总统时的施政纲领。虽是施政演说，但却颇具文采，妙语连珠、佳句迭出，被认为是美国历届总统就职演说中最精彩的演说之一。肯尼迪于开篇提出了共同关心的问题——为自由而欢乐，立意高远，扣人心弦，同时也确定了演讲表达的基调：高亢明朗，飘逸舒展。然后，肯尼迪把重点放在他任职的焦点工作——外交政策上，这同样是人类很关注的问题。连用六个排比段，表明了他对不同性质的国家与地区的外交政策，既能全面深刻地表达主旨，又能使演讲产生明朗节奏、激越韵律与非凡语气，旗帜鲜明，态度坚定。演讲很讲求推敲语句、谋篇布局，使表达散整结合、庄谐并用、丰简同步。肯尼迪善于寻找听众的共同点，以达到与听众的情感交流，引起共鸣。

这次讲演是成功的，使肯尼迪在公众心中留下春秋鼎盛、精力非凡的印象。

第五章 例文欣赏

【演讲词欣赏】

【英文】

My Definition of Success

By Chen Heng

"Once upon a time, there was a king who had a daughter as beautiful as a blooming rose. To all the suitors who came to the king's palace to ask for the hand of the princess, the old king assigned three tasks to be accomplished, each next to impossible.   One day, into the king's palace came a handsome young prince..." Well, you know the rest. The three tasks may be different in different versions, but the main plot is always the same, with the prince claiming the princess's hand triumphantly.And the ending is always the same, finishing with the line "And they live happily every after."

Why aren't we tired of something so fanciful, so unrealistic, and, I would say, so unimaginative?   How can a story like that endure generations of repetition`? Because, I think, it is a typical success story. It is highly philosophical and symbolic. By implication, we see a 4-step definition of success: 1) a goal to be set. As represented by the beautiful princess; 2) challenges to be met, as represented by the three tasks; 3) the process of surmounting difficulties, as represented by the ordeals the youth goes through; and 4) the reward of success, as represented by the happy marriage.

The story not only caters to everyone's inward yearning for success, but also emphasizes the inseparability of the process and the result. The reward of success will be much amplified if the path leading towards it is treacherous, and vice versa. If a person inherits his father's millions and leads an easy life, he is not a successful person even in material terms, because there are no difficulties involved in his achieving affluence. The term "success", to be sure. Will not sit still for easy definition. But as I understand it, the true meaning of success entails a combination of both the process and the satisfactory result of an endeavor. To clarify my view, let me give another analogy.

If we changed the rules of football, greatly enlarged the goal and sent away David Seaman or any other goal keeper, so that another David, namely David Beckham, could score easily, then scoring would not give him the thrill of accomplishment and the joy that it brings.   If we further changed the rules by not allowing Arsenal's defenders to defend, so that Beckham needed only to lift a finger, actually a toe, to score, then there would be no game at all, because the meaning of winning would have disappeared. In accepting the challenge, in surmounting the difficulties and in enduring the hardship, success acquires its value. The sense of attainment varies in proportion to the degree of difficulties on overcomes.

The concept of success is not constant but relative because the nature of difficulty is also relative. Something you do effortlessly might pose a great difficulty for a handicapped person. In acquiring the ability to do the same as you can, he or she achieve success. That's why we greatly admire Stephen Hawking, because, though confined to a wheel chair, he has contributed greatly to the field of science.

I myself, a rather shy person by nature who easily suffer from stage fright, had to pluck up great courage to take part in a speech contest like this. I could have stayed away and had an easy time of it by not entering the university level contest. But I chose to accept the challenge and to face the difficulties. Now here I am. If I come out first, it will be a great success for me. If I come out last-I hope this will not be the case-but if I come out last, I will not call my attempt a failure, but will also celebrate it as a true success, because part of my goal is my own character training-to do more assertive, to be brave in face of difficulties. For me, it is a meaningful step forward, small as it is, in the long journey toward the final success in my life, because I have truly gained by participating.

Let us return to our handsome young prince and the 4-step definition of success. You my have noticed that the usual worldly criteria of wealth, position and fame were not mentioned as part of the story, but rather, it emphasized the process of overcoming difficulties. The ancient wisdom had already defined the meaning of success, and this is my definition, too.

Thank you.

【中文】

成功之我见

陈 恒

上海外国语大学获得第五届全国英语演讲比赛冠军

"很久以前，有个国王，他的女儿貌美如花。老国王向所有来求婚的男士提出了三个任务作为挑战，而每一项任务都异常艰巨，几乎不可能完成。一天，来了一位年轻英俊的王子……"好了，下面的故事你们都知道了。三项任务在不同的版本中各不相同，但关键部分的情节都如出一辙：王子成功地过关，得到了公主的芳心。而故事的结局也都一样，最后一句都写道："从此他们幸福地生活在一起。"

第五章 例文欣赏

为什么我们对如此美妙、如此不切实际、如此缺乏想象力的东西这么乐此不疲呢?这样的故事又如何能够经历几代人的重复?我想,因为它是典型的成功的例子。故事的思想性很强,具有代表性。通过故事带给我们的启示,我们认识到了成功定义中的四个步骤:第一,目标的设定,犹如故事里美丽的公主;第二,所遇到的困难和挑战,就像三大任务;第三,克服困难的过程,故事中青年经历重重难关可以作为象征;第四,就是成功的果实,如同幸福的婚姻。

这个故事不仅迎合了人们内心深处对成功的向往,也强调了过程和结果的不可分离。如果通往成功的道路崎岖曲折,那么成功的回报必然硕果累累,反之亦然。如果一个人继承了父辈的百万家产而生活得轻松富足,那么,即使在物质上,他也不能算是个成功人士,因为,他的财富并没有经过艰难困苦而获得。确切地说,"成功"这个词,不是个静态简单的定义。在我的理解中,真正意义上的成功是奋斗的过程和经历了奋斗之后赢得的满意的结果。请让我另举一例来阐明我的见解。

如果我们试着改变足球的比赛规则,将球门放得很大,换下大卫·希曼或其他任何的守门员,这样,随便哪个"大卫",比如说,"大卫·贝克汉姆",就可以轻松进球,然而这样进一球却不能给他带来成功的震颤与喜悦。如果我们再改一改比赛规则,不让阿森纳队的防守来守门,那么,贝克汉姆只要动动手,其实就是抬抬脚就能进一球,那样的话,实际上也没有什么比赛可言了,因为赢球的意义已经不存在了。在接受挑战、克服困难和经历磨难的过程中,"成功"的价值才得以完满。取得成果的意义和所克服的艰难的程度成正比。所谓成功的概念不是一成不变的,而是相对而言的,因为困难的性质也是相对意义上的。

正常人不费力气做成的事对于一个残疾人来说也许相当困难,获得了同正常人一样的能力,这个残疾人就获得了成功。这便是我们为什么崇敬史蒂芬·霍金的原因——虽然行动不便,受到了轮椅的限制,他依然为科学界做出了巨大的贡献。

就我自己而言,生性羞涩,容易怯场,不得不鼓起非常大的勇气来参加此次的演讲比赛。我完全可以待在一边,不参加大学级别的比赛,而落得轻松自在,可是,我还是选择了接受这一挑战来面对困难。现在我来了,如果我能够得第一的话,这对我来说就是巨大的成功。如果,我是最后一名——我希望情况不是这样,但如果我真的是最后一名,我也不会认为这次的尝试是一次失败,反而我要把它当作一次真正的成功来庆贺,因为我一部分的目标是对自己性格的锻炼——更加坚强、勇敢地面对困难。对我来说,这标志着我在通向成功人生的漫漫征途中又向前迈进了一步,尽管是很小的一步,但是我确实通过参与真正地获得了收益。

回到我们年轻英俊的王子和对"成功"的四步骤定义上吧,您也许已经注意到了财富、地位和名誉等这些世俗的标准在故事中并未提及,相反故事强调了克服重重困难的过程。古代的智慧已经对成功的意义下了定义，这也是我的定义。

谢谢！

【赏析】

演讲的开头用了一个民间故事，十分生动。然后以设问引出议论和自己的观点，点明了"成功"的四个步骤，强调了成功之路"崎岖曲折"与回报的"硕果累累"是一种正比例关系，只有付出才有成功。接着作者采用假设关系进一步论证和明确了成功的含义，然后再举例足球赛如果改动比赛规则，人们得到的并不是"震颤和喜悦"来深入论证"真正意义上的成功"的含义，使主题更加明朗化。作者并不是一概而论，而是更进一步列举了特殊人群对"成功"的不同界定，使作者的论述更加全面。接着作者将话题转向自己，用自己参加演讲比赛来深入具体地阐述自己对成功的理解和态度，坦诚而又坚定，信心百倍而又持心若水。最后作者回扣文题，进一步肯定自己对"成功的看法"，文章戛然而止，达到了点题的效果。

【辩词欣赏一】

"泰豪杯"全国大专辩论赛辩词

辩题：生之恩重于养之恩／养之恩重于生之恩

正方：电子科技大学　生之恩重于养之恩

反方：暨南大学　养之恩重于生之恩

第一环节：知己知彼

正方三辩：谢谢主持人。各位好！今天辩题的实质在于面对生命价值——生与养谁的意义更大？对方为了更有利于己方论证，可能会淡化人本身与养的价值，而忽略了人类生与养的问题。对方可能首先会掩盖生命的意义，加重维系生命条件的作用。认为生仅仅提供了一个起点，而养使得生命得以延续。第二，从人的本质属性看，对方会忽略生的基础作用。认为只有养能够影响人的社会性，使得人成为一个真正意义上的人，完成人的人生价值。第三，对方可能会淡化人的生命，乃是大自然无以数计的岁月凝结成的最璀璨的成果。将生仅仅视作一瞬间的事而忽略了创生的重大意义，认为养无论从精神还是物质，其付出都远远大于生。最后，对方可能会运用中国传统思想中生恩不如养恩重，以及宣扬养恩重的积极社会意义来进一步支撑己方观点。猜测完毕。　谢谢！

反方三辩：谢谢主持人。大家好！下面我将从四个方面猜测对方立论。第一，对方可能搞立论创新。不把生理解为"生育"，不把"养"理解为"培养"，而把生、养两个字进行重新的解释。第二，如果对方仍然把生和养理解为生育和培养的话，对方会以提供生命这个基础的重要性和生命的无价性，生的不可替代性和生的无可回报性来论证生之恩重于养之恩。第三，扩大恩的范围，将亲情联系的血缘关系也纳入恩的范围，而回避了恩的真实含义。第四，把养的主体或过程割裂，将生的全过程和割裂后的养的一部分进行比较，进而否定社会之养而回避了辩题必须建立在生和养都是一个完整过程的基础之上。对方辩友的立论，我们还要拭目以待。谢谢！

正方一辩： 谢谢主持人。大家好！在浩瀚的银河系中，地球在 38 亿年前一个岩浆喷涌、大雨倾盆的阵痛中，分娩出了第一个生命。这是让人敬畏，也让人感到惊奇的。而人作为最具智慧的生物，其最高价值就在于他能够去尊重生命。生是生命创生和保护的培养；而养呢，是指养育、维持、保持生命的一个延续性的手段；恩是恩惠。作为一个价值判断，其标准就是看哪一个是第一性，是目的，更加重要，哪一个更关键，起决定性的作用，更具价值。我方认为生之恩重于养之恩。第一，从重要性上讲，生之恩起着关键性的作用。首先没有生就没有养，是生决定了养的所有意义。由此，生是第一性，更具关键。第二，生是一个不断发展、不断超越的过程。人的一生其过程正是一个不断创生的过程，是生使物种得以延续，让生物的基因从父辈遗传到了子辈；而养只是维持生命这一过程，手段无论如何都没有目的重要。第三，生不仅仅只是那一瞬间，生命的胚胎是在水中形成，它表示着生命在原生的时候，在海洋中探索过程的一个缩影，因此生命的价值正是大自然在上千万年间进化过程中的一个结晶。因此，它的价值远远要大于后天短暂的养育过程，因此，生是一个物质基础，它提供了可以开花结果的条件，而养只是对精神层面的培养。物质决定精神，本位决定方向。最后，从社会价值上来看，生是无可取代的，是无以回报的，血浓于水的生之恩是天赋的权利和责任。它不可被取代，因此也是不求回报、没有带任何功利色彩的恩。多少华侨回国寻根，不求养之恩，却为报生之恩。由此可见，生之恩确实要重于养之恩。是什么让那刹那的辉煌凝聚成了永恒？是什么让人们朝圣般顶礼膜拜？是那声嘹亮的啼哭，是那声回荡在宇宙里穿越时空的生命礼赞！费尔巴哈说："生命本身就是最大的幸福！"

反方一辩： 谢谢主持人。大家好！今天我们探讨的虽然是恩这样一个看似情感的话题，但是我们依然要明确几个严谨的概念。首先恩意味恩情，生之恩即父母赋予我们生命的恩情；而养之恩则包括了父母和社会养育我们的恩情，因为在养的过程中我们根本无法割裂父母与社会的联系，也无法把养的范围从社会中脱离开来。由于恩是一个感情的词语，根本无法量化，因此我方认为，今天判断的标准应该基于二者谁产生的意义更为重要。接下来，我将从两个层次三个点来论证我方观点。第一，从子女的受恩者的角度看，养之恩重于生之恩。父母给予我们生命，当然是一种大恩，但是只有通过养的过程，才能真正体现生命的重要意义。为什么？就像是一块璞玉，只有通过后天的不断雕琢，才能形成一块真正有价值的玉，这正是所谓的"玉不琢不成器"，而这又恰恰是生所做不到的，否则，人之异于禽兽者几兮？正如狼孩儿，正因为他没有人的养育，所以他无法成为真正意义上的人。第二，从社会的层面来看，养之恩也重于生之恩。人组成了社会，人领导着社会，人发展着社会，因此我们只有站在社会的高度，对二者的重要性进行评判，这样的重要才能说明更重要。为什么？人类社会和其他任何生物群体一样都需要延续，但是人类社会和其他生物群体的不同在于它更需要发展，而发展需要的不仅仅是人，更多需要的是人才。而我们成为一个有用的人，靠的是什么？靠的是父母和社会的培养嘛。其次，从价值层面上看，我们不仅说养之恩重于生之恩，而且养之恩应当重于生之恩。从失足青年的反面教训中，我们看到了养的重要，我们要呼吁父母和社会，更加重视这养的过程。因为只有这样，才能使子女真正实现自我的价值，进而以感恩的心态回报社会，这样的生命才有意义。在这我想感谢父母赋予了我生命，在这我更想感谢我的父母和社会各界对我的培养，因此我想说，养之恩重于生之恩！谢谢。

第二环节：短兵相接

反方三辩： 谢谢主持人。大家好！刚才对方辩友在第一点告诉我们，因为生命的无价性，而养恩又是给人提供了一个生命的延续性，所以生恩就重于养恩。我想请问对方辩友，如果生而弃之不养他，您的恩从何而来？也就是说，生提供了生命的起点，而养提供了生命维持和延续的这个东西。如果说你生而不养，根本谈不上恩。第二，对方辩友告诉我们，因为生提供了人的物质基础，而后天的养只是给了他后天的培养，因此生恩重于养恩。我想请问对方辩友，人生下来是赋予你的自然属性，而社会属性正是通过养的过程来实现的，狼孩儿为什么称为狼孩儿？正因为赋予了他人这个自然属性之后，没有赋予他社会属性。所以说，我们不把他称为一个真正意义上的人。

反方二辩： 补充一点，对方辩友刚才告诉我们，工具使用可以用基因的方法延续下来。对方辩友，您是不是一生下来就会学习？就会开飞机？那对方辩友，您今天不用在这里辩论了，因为你一生下来基因中就有辩论的基因在里面，这样的比较合理吗？对方辩友最根本的核心问题是偷换了生和生命的概念，他告诉我，生命比维持生命的手段重要，就好像告诉我人比吃饭重要，这样的比较合理吗？无论是在生理学上的生，还是今天的养都是维持生命血统延续的一种手段而已。

正方二辩： 谢谢。大家好！我回答对方的几个问题。对方第一个问题提出说，生和养都不可或缺，这个我们完全同意。因为今天谈的是养也有恩，而生之恩大于养之恩，重于养之恩。那么第二呢，对方辩友说，他举了一个开飞机的例子。我告诉对方辩友，我们生之恩注定了人出生之后，他就有开飞机的可能性。您可能想象一只猴子，它经过系统培养在广汉飞机学院学了两年开飞机，它就敢开飞机吗？不可能的吧？所以对方辩友又提到了一个狼孩儿的问题，我想请大家仔细想一想，我们大家知道人猿泰山吧？人猿泰山被接回了城里，稍加培养他就可以穿着西服，打着领带到处走来走去。可是如果一头狼，你把它带到城里经过培养，它能够成为人吗？当然不可能！它只可能成为大狼狗！而我们今天所谈的养既然是人类，当然是一个复杂的系统。我们人类包括肉体的自然生命、个体的精神生命和思想的价值生命。我的老师教育我，并且给了我实现自己人格的可能，当然是给了我的精神生命，而我为社会创造条件、创造财富，我又有了价值生命，这就是人之为人的最大的恩。谢谢。

正方三辩： 谢谢主持人。各位好！对方辩友告诉我们"玉不琢不成器"。然而试问一块石头，任你百般雕琢，它能成为美玉吗？而决定石头和玉的差别的，正是生的功绩啊！对方同学又告诉我们，人的社会性只能靠养来培养，然而，试问没有生提供的精神基础，人可能具备社会性吗？科学家曾经对猿猴进行培养，试图培养其社会性，但最终归于失败。其实母亲创生你的那一刹那，正是将人类千百年来积淀的结晶传递给你，赋予你作为一个人的精神基础。对方辩友又说，一切的养都高于生，似乎把养提到生之上，然而试问，为什么每个国家都将公民最基本、最重要的权力视为生命权？而对于罪犯最大的惩罚莫过于剥夺其生命权？说到底生命是本源的，而其他的一切都是派生的。对方将本末倒置，结论不能令人信服。下面请李巍同学为大家解释逻辑问题。

正方二辩： 好！谢谢！我们来看逻辑。对方辩友今天告诉我们的逻辑是，因为我们没有一个量化的标准，所以没法得出正确的结论，对方辩友把生和养割裂得很开，认为生只是一瞬间的活动，而养却是以后的全部。我想请问对方辩友一个很简单的问题，养和教和学是同一概念吗？当然不是了。所以我们今天看就应该看本源，看哪个是因的恩？哪个是果的恩？所以我们要系统地来看这个问题。

反方二辩： 谢谢大家！刚才对方辩友告诉我，玉这个东西它本身很重要，而不是雕刻重要。那么为什么我们经常说"玉不琢不成器"呢？第二点，对方辩友告诉我法律上的问题，说公民的基本权利。其实对方辩友又在偷换概念，他把生命又等同于生。生是一个纯粹生理学意义上的分娩的过程，而我们说养是一个培养的过程，二者都是延续生命的手段，对方辩友不要在这里偷换概念。第三，对方辩友告诉我们，养不包含一个教的过程，不包含一个学习的过程。那我就不理解了，为什么中国古人告诉我们"养而不教父之过，教而不严师之惰"，这难道不能说明教、养和学习是一体的吗？另外一点谈到了法律，对方辩友，我就是学法律的，我告诉你，其实在法律上对于养父母，不管他有没有生我们，都必须去赡养他；而对于生父母，如果他没有养我们，我们就不需要赡养他。这就说明，作为法律中主流社会的价值评判标准，都认为养之恩重于生之恩。对方辩友，为什么还这样执迷不悟呢？

反方四辩： 补充几点。对方今天告诉我，他说我们养的只是养的精神，生才是我们一个物质的基础。养的如果只是精神的话，我请大家想一想，我生下来才几斤，我现在长到一百多斤,这是生出来的呢?还是养出来的呢?对方今天又告诉我,就像刚才我方二辩说的一样,他说养包括教和学。那我想请大家想一想,如果养不包括教和学的话,我们到底在比什么?我们是要比我们母亲生我们的时候流的血更多呢?还是老爸养我的时候买的米更多呢?这不是我们今天对比的标准!对不对?就这样。

正方四辩: 谢谢!刚才我听清了对方的一个观点。他们说养就包含了教,又举出了"养不教父之过"这样一话。可是我们都知道如果养就包含教,为什么还有养而不教呢?"养不教父之过"是不是应该改成"养不养父之过"呢?这个养指的是什么?这个养指的是生的意思。

反方四辩: "这个养指的是什么?这个养指的是生的意思。"大家请想一想,请问对方辩友了,生,我们生出来的是人呢?还是生出来是人才呢?

正方一辩: 如果养都包含了生,那么今天的辩题还有什么意义呢?那么劳教所是不是要叫作劳养所?那么为什么有生生不息,却没有养养不息呢?

反方二辩: 很简单嘛。就是说你生的时候,你必须要去养他。这还不能说明养之恩比生之恩更重要吗?对方刘闳我想请问你,您刚才说养是为了生,那我母亲二十多年前就把我生出来了,按照您的观点,她养我到现在,就是生我生了二十多年,还没有生完?对方辩友,那母亲要把我们生到什么时候才是个头?

正方二辩: 我们今天来谈,对方说一个玉的问题。玉要琢才能成器,那如果它不是和氏璧,它是一块烂石头,您能把它琢出来吗?

反方二辩: 对方辩友,知不知道和氏璧是怎么出来的呢?它是献了三次都没有献上去,还被砍断了双脚。就是献的那个人,直到最后把它雕出来之后,国王才收下了。这还不能说明雕刻的过程比养的过程更重要吗?

正方二辩: 所以我们这样说,"舍生取义"是最好的"义"。而对方辩友,您能告诉我,是舍一顿饭取"义"才是最好的"义"吗?

反方四辩: 生是什么?生就是给予我们肉体。而养是什么?养能够赋我们以人格,让我们成为一个真正的社会人。我们知道,我们人要成为社会的主人,要成为自然的主人,我们必须具备经验和能力。这个经验和能力到底是生给的呢?还是养给的呢?

正方四辩: 对方说经验和能力都是养给的。我们今天把人只分成两部分:第一是生的一瞬间,其他的一切都是养。那么请问,今天我出门有人打了我一闷棍,让我认识到世界上不只有好人,还有坏人。您说这个人是生了我呢?还是养了我呢?

反方一辩: 我终于明白对方辩友的逻辑了。他告诉我,由于生是先行的,因此生是更重要的。那按照这个逻辑,我想请对方辩友跟我论证一下春天是如何比夏天更重要的呢?

正方一辩: 我们没有说先行就是更重要的呀!我们说生是基础、是本质。为什么人类是万物之灵?那么为什么其他动物怎么培养都培养不出这个灵?就是因为他是人!这是由生决定的嘛!

反方三辩： 对方辩友，终于跟我们谈到了本质。我们说人的本质属性可是社会属性，生只是给你提供了自然属性。请问对方辩友，社会属性是养提供的，还不够重要吗？

正方三辩： 生给了你一个大脑，赋予你作为一个人的精神基础。请问那么多人养小宠物，有谁养出了人的社会性呢？

反方二辩： 对方辩友没有回答我方的问题。我想请问您，到底是养还是生更能促进您社会化的完成，社会本质属性的完成？

正方二辩： 回答了吗。清者自清，浊者自浊。如果他本身不清本身不浊的话，如何能够通过对方的论证把他变成那个样子的呢？对方辩友问我们，他如何能够塑造成那个样子？我想告诉对方辩友，今天谈一个本源性的问题，其他的养是派生的养，都要为生服务。请问本源更重要，还是派生更重要？谢谢！

反方四辩： 对方告诉我，"清者自清，浊者自浊"你是不是要告诉我们，我们是龙生龙凤生凤，老鼠生下来会打洞的世界呢？

正方四辩： 对方同学刚才告诉我们，养对他的重要性。他说他刚出生的时候有多大，而现在有了一百多斤，我们可以看着一个小孩茁壮成长，可是这根笔呢？我们怎么培养它，难道它能成为架海金梁吗？您说的是不是如意金箍棒呢？

反方二辩： 对方辩友，为什么人能够具有这么强大的制造工具的能力？不也是我们在几百万年的进化过程中形成的吗？不是几百万年的进化过程中生出来的？是养出来的？

正方一辩： 对呀，这正是生赋予他的嘛！为什么狼养出来的人都比狼聪明？就是因为他是人嘛！

反方四辩： 请对方辩友告诉我，您刚才这个笔的例子。这个笔的父亲母亲到底是谁？

正方二辩： 我们告诉这个例子是说，一切东西要看本质。就好像这个话筒，话筒要保养，我也要保养！但是我的嗓子会发音，话筒不会嘛！

反方一辩： 如果生真那么重要的话，那么法律中为什么还有剥夺人的生存权这么一条呢？

正方二辩： 所以这是对人最大的惩罚嘛。所以我们说生比养更重要！

反方二辩： 对方辩友说来说去无非说一个本质问题。我们知道，今天如果这里有一块木头，我们把它砍下来，然后我们做成一个工艺品。对方辩友，对于这件工艺品来说，究竟是砍木头这个砍的过程重要，还是雕刻的这个雕的过程重要呢？

正方二辩： 所以我们说它叫作根雕，根雕就是木头雕的。

反方二辩： 根雕是木头雕的，是不是艺术家雕出来的呢？

正方四辩： 请对方同学不要忘了一句话，那叫"朽木不可雕也"。

反方二辩： 那么为什么我们的艺术家叫作化腐朽为神奇呢？

正方四辩： 化腐朽为神奇，它必须有神奇的血脉，有神奇的本源。如果没有的话，您再怎么雕一块烂泥也扶不上墙啊！

反方一辩： 对方辩友说来说去都还是在谈这样一个问题："龙生龙，凤生凤，老鼠生儿只会打地洞。"那我想请问对方辩友，鸡窝里是如何飞出金凤凰的呢？

正方四辩： 鸡窝里能够飞出金凤凰，是养的功劳，是养和教共同作用的功劳。所以我们说，今天养也有恩。但是我们比的并不是哪一个有恩，哪一个没有恩，而是哪一个恩更重？您说一个有恩一个没有恩，今天的辩题还有什么意义呢？

反方四辩： 对于这样一只鸡来说，如果有人能够把它变成凤凰，您觉得是让它变成凤凰这个恩更大呢？还是把它生成一只鸡的恩更大呢？

正方一辩： 那么就决定了它本来就不是浊鸡，而是一只凤凰。我们为什么说培养人要因材施教？有的人擅长逻辑思维，有的人擅长形象思维，难道你培养能把左半脑培养成右半脑吗？

反方二辩： 对方辩友，我们都说农民很伟大、很辛苦，"谁知盘中餐，粒粒皆辛苦。"辛苦什么？是农民浇水、施肥，这个养育的过程辛苦，不是说去代销站买一袋化肥或者一袋种子的辛苦，当然是养之恩重于生之恩了！

正方二辩： 但是一个农民如果不爱他的儿女，不爱他这块土地的话，如何让它生出"粒粒盘中餐"呢？(正方时间到)

反方二辩： 对方辩友告诉我们，他爱他的女儿，爱他的儿子，马上他就可以生出"粒粒盘中餐"了。

反方一辩： 生而不养等于不生，虽非亲生亦可抚养。这就是说，我们的生之恩只有在养的过程中，才能真正体现它的价值所在。

反方四辩： 对方四辩刚才在最后一次发言中告诉我们，生之恩是不能报的，他就是告诉我们，实际上我们在回馈父母、孝敬父母的时候，我们报的只是养之恩。难道我们报的时候，只是为了养吗？那按照您的逻辑，是不是要告诉我们，如果只生不养，我们就可以不用孝敬父母呢？(反方时间到)

第三环节：一锤定音

余磊： 生好像不能仅仅等同于分娩吧？养和教是有联系的，大家都知道，就好像生和教也是有联系的。但是养而不教，教而不养，养和教之间到底有没有区别？如果有区别的话，区别在哪里？在解释这个概念的基础上，再请您告诉大家，人类的社会属性是一个不断积淀的过程，这个积淀的过程是一个很漫长的过程，通过无数代人的进化才达到今天的文明程度，在这个漫长的积淀过程当中，生和养哪个更重要？

蒋昌建： 如果我们的养是培养了追逐私利的价值的话，那么对人类的总体价值加以讹毁，您觉得这样养的自我价值对整个人类的生存有好处吗？谢谢。

反方四辩： 感谢两位嘉宾的提问。针对第一个问题，说到一个养而不教的问题，实际上刚才在对抗当中已经听到这个词汇了。"养而不教父之过"，《三字经》上面就是这样说的。这是一个什么意思？养而不教这个"养"并不是我们今天定义当中的养，大家可以去查一下工具书。养而不教这个"养"实际上指的是生的意思。它要表达的是，我生育下来不教，这就是父亲的过错。所以对方辩友我开始就指出，对方辩友今天是在偷换概念，他们用养和生，他说我们是在偷换概念，实际上他们并没有用工具书，让大家知道这样一个最后的结果。而说到一个具体的就是发展，一个社会发展的问题的时候，我们就必须要知道，就是说漫长。确实，我们人类发展确实是一个非常漫长的过程，但这之间我们确认生对我们基因上的一个流传，对于我们这样一个传宗接代的过程是一个非常重要的意义。但是我们必须要知道，生给我们的只是一个基础性的东西，也就是说我们有了人才可能去做很多的事情。之前我们已经论证了，基础的事物并不是最重要的，所以我们一直在说。有一句话讲得非常好，就是法国教育家朗格朗斯说过，就是"没有教育，就没有知识，就没有能力，就没有事业心，没有一个民族的能量可以得到调动和组织"，所以说刚才这个问题是可以解决的。第二个问题交给我方二辩。

反方二辩： 补充一点。刚才余磊先生给我提出这样一个问题，他说社会属于这个沉淀的过程，但是我们想想看，第一代人沉淀了一些社会属性，怎么传给第二代人？难道就是基因传给他的吗？不是吧？恐怕要生孩子，然后从小教他，你要会用工具，会用筷子，会用碗啊！这样一个沉淀的属性的前提是用养来为手段去教他，达到一个学习的目的。至于第二个问题，蒋昌建先生提出来的，关于家庭的养和社会的养是不是可能有坏的情况。我们说世界上可能有一些父母，他对自己的儿女培养得不是那么充分，不是那么充足。但是请问各位，世界上有没有哪个父母不希望自己的儿女好呢？我们抓问题，是不是要抓问题的本质和主流的问题呢？那么，为什么环境会这么重要呢？是因为我们意识到了，原来的生只是提供了一种可能，而后天的养是可以把我们培养成无数种可能，无限种发展的可能。在这个意义上，我们才说，如果您坏的家庭、坏的环境培养出来的孩子不是那么好，实际上是从反面说明了今天我们的论题"养之恩重于生之恩"。不知道我这样的回答是否能让两位嘉宾满意？谢谢您。

反方四辩： 今天我们说"养之恩重于生之恩"，并不是让大家去思考一些到底是生父母更亲，还是养父母更亲的问题。我们今天是让大家明确一点，我们必须把更多的资源投入到养的这个过程当中。不然的话，我们许多宏伟的计划，比如社会发展的目标，我们就无法实现。我站在这里说话，我不只是要说给做父母的人听的，我要说给全社会的人听。因为我们必须把对于我们社会抚养的这个责任承担起来，我们才有可能去履行我们的价值，这才是今天我们的辩题，要让我们真正去思考的问题。(反方时间到)

蒋昌建： 好！非常感动！正方表达了他们对生命的珍重。我们知道，稍微了解自然发展史的人都了解。那么我想每一个种群，他们对自己的生命都相当珍惜，但是随着自然的发展，我们发现有些物种被淘汰了，甚至是消失了，有些物种确实保留下来了，如何得出一个很重要的理论叫作"适者生存"，那么，怎么适应环境的变化呢？怎么实现物种的可持续发展呢？我们可以发现决定物种可持续性发展的一个非常重要的东西，就是在应对环境变化的过程当中，学习到的东西或者是按照对方爱讲的，即便是养吧，如何用合适的食物应对环境的变化，把这个物种养得更茁壮呢？我想这需要一个习得的过程，因此从这个意义上来讲，是不是能够证明养比生更重要呢？谢谢。

余磊： 有一个问题是这样的，我听到一个很奇怪的论点，说生是目的，养是手段，所以生比养更重要。我们大家都知道，目的和手段是属于不同的范畴，您是如何进行比较并得出你的结论的呢？在这个论题的基础之上，我们再想一想，生确实是给人类的发展提供了无数的可能性，但是养是这种可能性变成无数的现实性的手段和方法，为什么前半段就一定比后半段重要呢？

正方四辩： 感谢两位提问嘉宾。首先回答嘉宾的第一个问题。他问到自然发展有一个最自然的原则，那就是"适者生存"，在这个过程中存在一个学习的过程，或者说养的过程。好，我们不来深究养到底包不包括学习，但是我们知道"适者生存"，我们积累下来的经验如何传给下一代呢？靠生。我们总不能让每一个孩子出生之后都重新来适应这个环境，而生就是将这个基因，将适应的结果传给了孩子，所以说生也决定了他的社会性。而对于第二点，我们说生是目的，养是手段。因为生是生命的诞生，这是我们传承人类文明的一个最根本的目的，那么养就是为了这个手段服务的，这两者看起来不是一个范畴，但是对于生命这一价值总体而言，却是目的和手段的关系，所以我们说"生之恩重于养之恩"。对方的三号说"养延续了生命"，我们承认，可是这是不是能够说明养恰恰为生服务呢？我们追求的就是一个完整的生命。对方的二号又说"没有养生就没有用"，可是没有生，养又从何而来呢？生是一切的前提和基础，为养决定了对象。生是本，养是末；生是质，养是量；生是飞跃，养是积累。到底哪一个恩更重要呢？对方的一辩说，生只造就了自然的人，而对于更重要的社会属性来说，却是培养和教育造就了人才。我们且不说养是否包含了教，也不说社会的形成是否有生的作用，单单是看养这个投入能否能够得到回报，就要靠生来保证，因为首先要保证是一个人。对方的三号同学说，生是一种自然的行为，于此来否定它的社会性属性。可是我们且不论精神生命能够确定人的人格价值，生命能够实现人价值的升华，单单是自然生命带给我们的血浓于水的骨肉亲情，其他又有什么可以替代的呢？怀山之水，必有其源；参天之树，必有其根。当我们看到无数的游子身着洋装却怀着一颗中国心，当我们看到无数耄耋的华侨回国来寻根的时候，我们知道，生在人们心中的意义。今天对方同学只局限于个人来谈生和养，可是我们说，我们要树立的是一种新的生命观。我们今天看到社会上已经存在了几十亿人，于是常常忽略生命的重要，我们看到要养这几十亿的人给我们带来巨大的压力，于是就会怠慢生命，甚至有些人为了满足自己养的条件来剥夺其他人的生命。然而"王侯将相宁有种乎"，生命是上天赋予的权利，生命的尊严不会因为后天的改变而有所不同，所以善待生命是我们每个人的责任，也只有利用有限的生命创造出无限的价值，才是对生之恩最大的回报，(时间到)才是对生命最好的诠证。

摘自《北京青年报》2004 年 9 月

【辩论赛成绩】

电子科技大学：1307
暨南大学：1268

【嘉宾点评】

余秋雨："初看辩题，明显反方占有优势，而正方从一开始就树立了生即本源、本质这一观点，并且始终围绕这一观点提供论据，展开论证。反方告负是因为没有抓住恩这一本质观点，以至于被对方牵着鼻子走。其实，生恩大于养恩这一虚拟的辩题中的关键字眼是恩字，反方虽在辩论中提到过，却没有紧紧抓住，这是反方失败的主要原因。其实生活中，恩情是不应该有所比较的，我们应该感恩，无论是生恩与养恩，无论大恩与小恩，只要是对我们有恩的人，就应该感激回报。""我的直感是，本场比赛的精彩度与历年相比不够，这主要与辩题有关。这个辩题缺乏质感，它是在一种特殊情况下，用中国古典思想提炼而成的文字游戏，双方都在虚设环境中辩论，没有把这种虚设拉回到现实里。"

如果就论题而言，应该是反方更有利。但是不知怎么，这个话语的主动权慢慢地就移到了正方。他们抓住了一点，就是本源。他们死死地抓住了这一点。

【辩论赛龙虎榜】

总冠军：成都电子科技大学
最佳组织奖：河海大学　西安交通大学　华东政法学院
大赛最佳辩手奖：成都电子科技大学李巍

【辩词欣赏二】

1999 年国际大专辩论赛决赛辩词

辩题：美是客观存在／美是主观感受
正方：马来亚大学　美是客观存在

反方： 西安交通大学　美是主观感受

主席：张泽群

时间：1999年8月28日 19:00

张泽群： 亲爱的朋友们，欢迎各位收看'99 国际大专辩论会。今天是 A 组的决赛。几天来各路辩手充分展现了他们的风采，使我们大开了眼界，同时也使我们各位对什么是出色的辩论、什么是优秀的辩手有了进一步的认识。实际对于这个问题，两千多年前的荀子就有明确的论断，他说，好的辩论应该是"精装以利之；端严以处之；坚强以持之；彼称以喻之；分别以明之；心欢、芬芳以颂之"。那好，今天也不妨让我们借此标准，来评判出本届辩论会的冠军和最佳辩手。现在我把今天参加决赛的双方辩手介绍给大家，他们是——

正方： 马来亚大学。一辩，陈瑞华，法学院三年级学生。欢迎你。

陈瑞华： 大家好！在'99 国际大专辩论会决赛的今天，我有幸在台上和大家见面，我非常紧张。但我现在心中只有一个愿望，就是好好地享受这世纪末的辩论盛会。谢谢大家！(掌声)

张泽群： 二辩，郑玉珮，工商会计学院二年级学生。欢迎你。

郑玉珮： 大家好！很高兴又有一次机会坐在这里参与这次的辩论赛，心情还是跟前两场一样那么的紧张，但是，我希望能够做到最好。谢谢！(掌声)

张泽群： 三辩，何晓薇，文学院三年级学生。欢迎你。

何晓薇： 很荣幸有这样的机缘进入'99 国际大专辩论会的决赛，感谢所有给予我这样一个机会的人，谢谢你们！(掌声)

张泽群： 自由人，胡渐彪，文学院二年级学生。欢迎你。

胡渐彪： 谢谢！大家好！能来到决赛，吾心足矣。这一场没有什么苛求，只希望能够好好享受这一场比赛，也希望在场的各位能够看得痛快，听得开心。谢谢！(掌声)

张泽群： 好，谢谢！反方是西安交通大学。一辩，樊登，信息管理专业一年级硕士生。欢迎你。

樊登： 谢谢主席！各位好！在今天，我们讨论的是一个美的问题，那么希望我们的辩论能够给大家带来美的享受，吾心足矣。谢谢！(掌声)

张泽群： 二辩，郭宇宽，机械工程及自动化专业三年级本科生。欢迎你。

郭宇宽： 大家好！我也很希望能给大家带来美的享受，但是到底美不美，就要看大家的主观感受了。谢谢大家！(掌声)

张泽群： 三辩，路一鸣，企业管理专业一年级博士生。欢迎你。

路一鸣： 大家好！我们这届比赛马上就要结束了。不过，说到结束的时候，心里还真有点儿舍不得。希望我们这一届的国际大专辩论会能够带给大家——我们在座的每一位,我们电视机前的每一位——一个美好的回忆。(掌声)

张泽群: 自由人,谭琦,计算机专业三年级本科生。欢迎你。

谭琦: 大家好!希望我们能够在美的享受中体会美的回忆,最后寻找到美的真谛。谢谢!(掌声)

张泽群: 担任决赛的七位评委是——

复旦大学法学教授张霭珠女士。欢迎你。(掌声)

南京大学哲学教授张异宾先生。欢迎你。(掌声)

中山大学哲学教授梁庆寅先生。欢迎你。(掌声)

武汉大学哲学教授赵林先生。欢迎你。(掌声)

浙江大学哲学教授余潇枫先生。欢迎你。(掌声)

厦门大学法学教授李琦先生。欢迎你。(掌声)

北京大学法学教授孙东东先生。欢迎你。(掌声)

本场的点评嘉宾是著名学者余秋雨先生。欢迎你。(掌声)

爱美之心人皆有之,生活当中我们总在不停地赞美和审美,就连生活当中的取舍和选择都显示出我们的审美情趣。对有的美是人所共识的,比如说青山碧水;对有的美却是见仁见智的,比如观花赏画。那么美到底是客观存在还是主观感受呢?这正是我们今天的辩题。根据赛前抽签的结果:

正方马来亚大学他们所持的立场是——美是客观存在;

反方西安交通大学所持的立场是——美是主观感受。

好了,首先要进入的是陈述立论阶段。首先有请正方一辩陈瑞华同学陈述观点,时间是3分钟,请。

陈瑞华: 主席、评委,大家好!到底是客观存在的美决定了人对美的感受呢,还是人的主观感受创造了美?今天我们双方辩论员在此辩论,就是要解决这千古难解的美学难题。如果说美是主观存在的话,那就是说,今天美的存在与否完全由个人主观意念而决定着。但我方今天就是要告诉大家,美的存在有它一定的规律,就因为这不变的规律,因此美的存在不以个人的主观意念而改变,这就是我方的观点——美是客观存在的。

美是一个事物或行为的特质,它有着三个特性。也就是,第一,形象性;第二,感染性;第三,功利性。形象性指的是一个事物如果要发挥它的美,它就必须拥有一个具体的形象或形式;另外,它也必须拥有一个感染性,让人们能够引起本身的欢愉或喜爱的感觉;此外,它也必须拥有一个功利性,能够给予人精神及物质上的好处,例如进化及使用等。由于美的存在必须以这三个特性作为衡量,因此也就产生了一个客观的规律,而由于要用这个客观的规律去衡量,对方又怎么能够说这是主观感受呢!

除此以外，美的三个特性也是独立于人的主观意念之外，人的主观感受不能够改变这三个特性的规律。在欣赏的过程中，主体与客体之间所产生的关系只能是感受与被感受的过程，是客观存在的美引起了人的美感，而不是人的美感创造了客观事物的美。美不以欣赏者的个人主观意念而改变。金字塔的美始终存在于金字塔本身，就算没有人去欣赏金字塔，但是金字塔的美却也是千古地流传下来呀。

如果取消了，如果说美并没有一个客观的标准，那么就是说，我们以个人的主观喜好来作为标准的话，那么千百个人就有千百个不同的标准，请问，这又和没有标准有什么分别呢？当然，一个事物的美和丑对于不同的人来说，可能有不同的美感，但这种种不同的美感起源在于个人不同的背景、不同的审美观念，以及个人不同的修养。当然，我们可以欣赏美，去发现美，(时间警示)并可以用美的规律去创造它，但是却不能够轻言地要取消美，或否定美的存在。如果说美是主观感受的话，那我就不明白了，人类一直追求的真、善、美等伟大的目标，不就完全没有意义了吗？因为它们因人而异，随时改变呐！法国美学家狄克罗斯就告诉我们，不管有没有人，卢浮宫的美不会因此而荡然无存！谢谢！(时间到)(掌声)

张泽群：感谢陈瑞华同学！下面我们有请反方一辩樊登同学陈述观点，时间也是3分钟，请。

樊登：谢谢主席！各位好！对方同学为什么忘记了罗丹曾经说过："在艺术家的眼里，这个世界没有什么东西是不美的。"而且主观的东西就代表了任何人就可以随意地改变它吗？主观难道不具有普遍性，我们就不能倡导和培养吗？其实对方同学今天始终强调的是，美需要有一种客观的物质基础，这一点与我们根本就不矛盾，有哪一种主观感受可以脱离客观的物质基础而存在呢？

我方认为，美是情感的想象活动所引起的精神愉悦，它需要感受于存在而会于心灵，如果美是客观存在，像这张桌子一样的话，那么我们根本就不用"感"，也不用"会"，只要"看"就可以了，这样倒也方便！只不过我们看到的将会是千篇一律的美，因为美是客观存在的，那么只要大家的视力差不多，对美的认识就应该是相同的呀！这样一来，就有一些问题不好解释了，为什么我们要不断地交流对于音乐、绘画、美术，包括辩论的感受？为什么人们对于一些问题总是不能达到一种共同的默契呢？这样一来对方就需要解释的是，为什么蒙娜丽莎的微笑，让我们猜测了几个世纪？为什么宋元的山水画至今我们说不尽，道不完？为什么大家对一块奇石的看法会截然相反？为什么那么多的艺术流派会百花齐放？这么多的"为什么"，对方同学怎么解释？其实哲学家休谟早就解释过了，他说："美从来就不是物质的客观属性，根本没有客观的标准。"这一点与中国传统文化也暗暗呼应。从孔子的"智者乐水，仁者乐山"到柳宗元的"夫美不自美，因人而彰"都在说明着这个道理。如果对方同学还不相信的话，那我可以告诉诸位：实验心理学的学者们早就用科学研究的方法证明了，任何线条啊、颜色啊，本身并不具备美的标准，而人类为什么会对这些线条颜色的组合产生感情，觉得它美呢？那是因为我们对它倾注了很多的情感与想象，加上各自不同的文化背景，才构成了我们这个斑斓的美的世界。所以我们才能够见到国旗、国花，觉得它们是最美的；所以我们过三峡时，看到的不是山，而是等待(时间警示)夫婿归来的女子；所以我们见到黄河就能够感受到母亲般的情怀。说到这儿，我感觉到我们的生活是多么的美好！我们可以感受、想象、去听、去看，人类在客观世界就已经受到了太多的约束，如果我们美的这种自由的体现还要被对方用客观的标准来束缚住的话，那我只能说我感到非常的悲哀！谢谢！(掌声)

张泽群： 感谢樊登同学！(时间到)下面是自由人的发言时间。我们首先征询一下双方的自由人是否要利用第一段时间进行发言。正方？反方？好，首先有请反方的自由人谭琦同学发言，请。

谭琦： 大家好！《聊斋志异》里面的鬼魂有没有形象呢？有。有没有感染力呢？有。有没有功利性呢？有，可以用来吓唬小孩儿。可是鬼魂是客观存在吗？不是。谢谢！(掌声)

胡渐彪： 大家好！先针对对方辩友对我们作出的第一个攻击。对方一辩说我方言论是建立在物质基础之上。错了，这点对方辩友揣测错误，我方完全没有这个概念，请您澄清这一点。第二，今天对方辩友的立场有一个离题的错误性，对方辩友所谈的不是美，他们说的是美的感觉。举一个例子给大家，我们知道针是尖的，但是这个针尖和刺到我手有尖的感觉是截然不同的概念。我们知道针的尖是存在于客观世界，它的感觉却是在主观感受里头，两者截然不同。诚如对方辩友刚才所说的一样，今天没有一样东西不美，我方也承认。因为这个美的特性是存在于每一样东西之中，为什么我们会感觉有不同美的感觉呢？很简单，因为美的特性是多样化的，人从什么角度去看美就会得到不同美的感受的结论。但是请注意，美的感受和美本身截然不同。请待会儿对方辩友(时间警示)澄清这一点。谢谢！(掌声)

张泽群： 谢谢！下面要进入的是盘问环节。我们首先有请反方的二辩向正方提问，正方的三位辩手依次回答，时间共计1分30秒。首先有请反方的二辩提问。

郭宇宽： 谢谢！对方同学说美不等于美的感觉，那我想请教对方一辩，美能不能脱离人的感觉而存在？如果能的话，举出一个例子来，好不好。谢谢！

陈瑞华： 美当然能够脱离人的感觉而存在啦。一朵花存在于客观世界之中，但是我们能够说花是感觉吗？花的美是感觉吗？不能。花有美的特质，花有美的特性在。但是今天我们能够感觉到花的美是因为我们在不同的角度来观赏美，因为花能够给予我们不断的感染，但是我们不能够说美和美的感觉是相同，是一样的，对方清楚了？

郭宇宽： 请教对方同学啦，那么既然美是可以感觉到，感觉不到不代表不美，那么对于电磁场这种我们不能直观感受到的东西，请教你们的二辩，它到底美还是不美呢？

郑玉珮：美不美是要存在于那事物之中，但是我们能不能感觉到美，就是凭我们自己的主观感受。但是如果说我们感觉不到美的话，并不表示说那样东西不美，它就必须要有美的特质。对方刚才说电磁场，那么电磁场本身若是拥有美的特质，它能散发出美的特质，能影响、感染人的话，那么它就会令人有美的感受。但是若美的特质不在电磁场上，那么就无法让我们感觉到它的美。所以美本身还是客观存在的，在那个事物之上，而并非我的(时间警示)主观感受。(掌声)

郭宇宽：请教对方三辩，当社会上对美的认识不统一的时候，你是根据什么样的标准确定你的审美取向的呢？

何晓薇：对方刚才说当社会上美的标准不统一，我会如何确定审美取向。我们今天要知道的是，美是客观存在的，它本身有一定的形象性，也具有一定的感染力，而且它必须要能够满足人的功利性要求。因此，如果一样事物具有美的特征，就是这三样美的特征，它就能够发出它美的光辉，让人们去决定它到底是美还是不美。然而当我们决定它是不是美的时候，这是一种(时间到)人的主观判断，而不是……

张泽群：谢谢！

何晓薇：……而事实上是客观存在呀。(掌声)

张泽群：下面请正方二辩向反方提问，请。

郑玉珮：请问对方一辩，美是不是一种可供研究的对象？

樊登：美当然是一个可供研究的对象，要不然我们在这里辩论它干什么？我们研究它，就要看看它到底是客观的呀，还是主观的。对方同学说是一个客观的东西，但是它可以随着人的意志不断地改变。而且说在没有人的时候，有一个东西也可以是很美的，那我就请问了，一朵花如果很美的话，没有人去欣赏它，换了一只小狗走到了花的跟前，它对花会产生一种什么样的感觉。如果觉得这个花有点香味的话，它说不定一口就上去了，这个时候小狗怎么能够知道这个花美不美呢！没有人的时候，花到底美还是不美呢？(掌声)

郑玉珮：请问对方二辩，一个诚实的人所散发出来的内在美，是不是会因为您的主观改变而随意改变呢？

郭宇宽：首先我们说，美和善还不是一个概念，假如对方同学把这种善也当作一种我们今天讨论美学中的美的话，那我们可以说，为什么那个又善良而又丑陋的赵传要说"虽然我丑，但是我很温柔"呢？他应该说："因为我很诚实，我很善良，所以我根本就不丑哇！"所以对方同学的概念出了一些小小的偏差。而美是我们自己心灵中的感受，这一点的话，在个人看来是有不同的角度。假如说(时间警示)统一的话，为什么对同样一块瓜，有的人会看出来是西瓜，有的人却说是冬瓜呢？这显然不客观嘛。(掌声)

郑玉珮：请问对方三辩，我美不美？(笑声)

路一鸣：对方二辩非常美，但这个观点只代表我个人的感受，有没有人认为对方二辩

第五章 例文欣赏

不美呢?如果有人胆敢说对方二辩不美,我们要不要踏上千万只脚让他永世不得翻身呢?如果美的标准是客观的话,你何必问我美不美,你只要评价、衡量,拿自己的标准去衡量一下那个客观的标准,何必问大家你美不美呢?(热烈掌声)(时间到)

张泽群: 果然精彩,刚刚开战就已经是针锋相对了。下面要进入的是盘问小结。首先有请反方的二辩郭宇宽同学进行小结,时间是1分30秒,请。

郭宇宽: 谢谢!对于我的第一个问题,说一朵花摆在那里,你不去感受,它也是美的,这种说法对吗?不要急,我的第二个问题中,对方辩友就告诉我们电磁场不具有美的特性,为什么电磁场不具有美的特性呢?因为人无法直观地感受它。一个东西一旦人无法直观地感受它,连美的特性都没有了,这不就说明美不能脱离人的感受而存在吗?那么再反观第一个问题,对方同学为什么说那朵花是美的呢?是因为就算他自己没有直观的感受,也有人去感受了,把这种感受传达给了他,这就好像有人买了一个东西作为礼物送给了对方辩友,难道因为他没有掏自己的腰包,就告诉大家在这个世界上买东西可以不花钱的吗?假如这样,真是要误人子弟了呀!(掌声)对于我的第三个问题,那对方同学告诉我们,说这个美是一个客观的东西,大家应该掌握一个统一的标准,真的是这样吗?刘德华说,他的梦中情人有一头乌黑亮丽的(时间警示)长发,而我的梦中情人却是一头乌黑亮丽的短发,这怎么统一得起来呢?假如要统一是的话,到底是刘德华错了,还是我错呢?假如我们俩都没错的话,那肯定就是对方辩友的那个标准是客观的错了;假如一定要统一起来,是不是我们的梦中情人都应该半边脑袋是长头发,(笑声)半边脑袋是短头发呢?而且审美是我们自己的感受,如果在审美上我们都不能够由自己的感受来做主的话,那么我们只好说还不如回家卖红薯。(时间到)谢谢大家!(热烈掌声)

张泽群: 感谢郭宇宽同学,谢谢!下面我们请正方的二辩郑玉珮同学进行盘问小结,时间也是1分30秒,请。

郑玉珮: 刚才我问对方一辩,美是不是一种可以供研究的对象,对方承认了,他说美是可以研究的,那么这不就向我们证明了美是客观存在的吗?若美不是客观存在的话,对方要研究什么呀!如果对方说美是主观感受的话,那么主观感受是什么呢?就是存在对方主观里面的一种想法,是一种对方主观的感觉。如果对方说美是主观感受,那么又可以研究的话,对方是不是告诉我,他将研究他自己的感受啊,那么那不叫美学,那叫心理学啦,对方辩友。对方二辩又向我回答说善不等同于美,那么我倒奇怪了,为什么内在美就不能是美呢?善良、诚实所散发出来的感染力、影响力难道就不能是一种美吗?对方这样子说,是不是要告诉我们只有外在美才是美,内在美就不是美呀?亚里士多德都告诉我们,善跟美是统一的呀!对方说,如果看到一朵花的话,小狗会有什么样的反应?小狗(时间警示)闻到那朵花的香味,这也就是说花美的本性美是客观存在在那里的,不管是狗还是人都会感受得到啊!而对方三辩,我就必须谢谢他了,因为他说我美呀!但是对方三辩又说，如果现场观众有谁认为我不美的话，那么可是要骂他们的哟，这倒不必。因为美丑是大家主观感受衡量标准的不同，但是并非表示说对方感受到我丑的时候，我的脸就会马上变得面目狰狞。(时间到)因为我还是我，我还是站在这里……

张泽群：时间到。

郑玉珮：……只是鉴赏角度不同而已。谢谢！(掌声)

张泽群：朋友们，下面要进入的是自由人的对话环节。在此环节当中，双方的自由人各有累计计时2分钟，每一次发言不得超过30秒。首先有请正方的自由人胡渐彪同学发言，请。

胡渐彪：谢谢！对方辩友认为说，美是主观感受，那我想请问你了，今天这里一粒珍珠它深藏在海底的一个蚌壳里头，请问一下，这粒珍珠的圆润光滑到底还是不是美的？

谭琦：有人认为珍珠很美，可是有人认为珍珠不美，早在中国古代就发生过买椟还珠的故事。请问您，您能告诉我，这个人买椟还珠他就一定是错了吗？(掌声)

胡渐彪：对方辩友所说的不外是告诉我们，这粒珍珠它背景有一些不同，但是没有办法否认说这粒珍珠有美的特性，我方承认有人认为珍珠不美，为什么呢？因为珍珠这一物质它本身有美的特性也有丑的特性，可是人家觉得它美，因为他看到它美的特性；看到它丑，因为他觉得它有丑的特性，只是观点不同了呀。请对方辩友不要把美和美的感受两者混淆在一起。(掌声)

谭琦：您告诉我美有美的特性，可是没有告诉我们这个特性到底是什么。倒是你们的一辩说，美要有形象性才能够称之为美，可是这是评判的标准吗？一个夜叉它也有形象，可是您能告诉大家，夜叉是美的吗？

胡渐彪：对方辩友，今天夜叉和美到底有什么直接关系我方意识不出来。我想请问对方辩友的是，对方辩友刚才一辩说很喜欢谈蒙娜丽莎，请教各位，蒙娜丽莎如果我今天觉得它没有什么美感的话，是不是说蒙娜丽莎就不美了呢？

谭琦：对方辩友，蒙娜丽莎本身是一幅画，可是我们对这幅画的评判可以有各种各样，各种各样都并不代表说一定是错的。这就是我们审美可以有不同的主观感受。对方辩友您还是没有告诉我，你们一辩就告诉我们说，美有评判的不变的规律，就是它有形象性、感染性和功利性，可是这个形象性你要告诉我，为什么任何事物都有形象，是任何事物都是美的吗？

胡渐彪：对方辩友，这个形象性是指美的那一种形象性，请你不要把它混淆了。对方辩友我想请问你，如果美是一种主观感受的话，我想请问大家，今天《唐诗选集》连不懂华语的外国人都知道它是中国文学史上一个美的著作，照您的说法，这个《唐诗选集》在中国是美的，突然间搬到外国的时候，它又是突然间不美了吗？

谭琦：如果说我们不去仔细地研究唐诗，我们怎么能够从心里焕发出对唐诗这种文化的美的热爱呢？请问对方辩友一个简单的事实，美人鱼你觉得美不美呀？

胡渐彪：说得好，今天要研究，但是我想请问大家，对外国人来说，《唐诗选集》这部特辑还是不是美的？

谭琦：您没有回答我的问题。请问美人鱼美不美？

胡渐彪：对方辩友，美人鱼美和丑，各人有不同的观点，为什么？这个原因在于观赏的角度不同，不代表美的感受和美可以两者混淆在一起。好了，轮到你回答我唐诗的问题了。(笑声、掌声)

谭琦：我已经告诉过您了，唐诗本身是一种存在，可是我们有的人喜欢唐诗，有的人喜欢宋词，您能告诉我说，这样的喜欢一定有对有错吗？您说美人鱼有人认为美，有人认为丑，可是美人鱼本身就是童话中虚构的人物，美人鱼它是一种客观存在吗？

胡渐彪：对方辩友离题了，我的问题是，今天唐诗到了外国人手中(时间警示)的时候，唐诗还是不是美。你告诉我宋词美和丑到底和我的问题有什么直接关联呢？(掌声)

谭琦：因为有人喜欢宋词不喜欢唐诗啊，他无法欣赏唐诗，他觉得唐诗不美，可是您能告诉我，他喜欢宋词它就一定是错的吗？(时间警示)您还没有告诉我，为什么有人他喜欢美人鱼，有人喜欢白雪公主，可是这些童话中的人物，它都是虚构的呀。它是美的，可是它又是虚构的，请问您，美是客观存在从何而来呢？(掌声)

胡渐彪：对方辩友，今天美人鱼的形象有人画出来，甚至有了雕像在童话的故乡。至于为什么会美会丑嘛，正如我刚才所说的，是因为观赏角度不同。好，我们不谈唐诗了吧，我们看看赵子龙。赵子龙的忠勇就算曹操不认同，它也是一种内在美的表现，难道你告诉我说，在曹操的事迹里头，赵子龙他的内在美是不美的吗？

谭琦：赵子龙那种叫作善良，善良是一个人的道德，一个人的道德可以影响一个人的主观感受，可不能说你影响了他的主观感受，主观感受就变成客观存在了呀。您还没有告诉我说，那个有了一个雕像，有了美人鱼的雕像之前，是不是就不存在美人鱼这个形象呢？是不是美人鱼就不美了呢？

胡渐彪：对方辩友，(时间到)美人鱼美与……

张泽群：时间到。

胡渐彪：可以，谢谢！(掌声)

谭琦：其实我还有，对方辩友的时间到了，我还有很多的问题，比如说花仙子，比如说百花仙子，比如说田螺姑娘……(时间到)

张泽群：谢谢！时间到。

谭琦：……这些都是虚幻中的人物呀！谢谢！(掌声)

张泽群：真是让我们觉得时间飞逝啊！非常遗憾。下面我们期待的自由辩论也即将开始。在自由辩论环节，双方各有4分钟的时间。首先有请正方发言。

何晓薇：首先请问您，在您的立论当中，审美和美有什么不同啊？

樊登：如果美的东西不用"审"的话，那它才真叫是客观存在呢，但事实上今天有人脱离过人而谈一个东西是美的吗？对于动物而言对方同学说都有美的倾向，那就请告诉我，对于动物而言美的标准是什么呢？

郑玉珊：我家的小猫看到我觉得我很亲切，因为当我跟它笑的时候它就会走过来，请问它是不是也感受到我的美的存在呢？再请问对方辩友，审美跟美之间的差别到底在哪儿啊？

郭宇宽：其实对方辩友是把狗想吃骨头的那种生理本能也当成了美，(笑声)那么假如这样的话，那我们知道当奶牛听到音乐的时候它的产奶量会提高，是不是要告诉我们，奶牛也懂得贝多芬的音乐美呢？(掌声)

陈瑞华：对方两位辩手长篇大论，还是没有回答我方的问题，请问美和审美之间究竟有什么分别呀？

路一鸣：当然有分别，我来告诉对方辩友，美是审美的主观判断的结果的一种，因为审美的结果可以有美，可以有丑，可以有非美非丑。倒是对方二辩告诉我们，我说她美，说对了，有人说她丑，说错了，那么这个说错的人他为什么说错了，对方二辩，你告诉大家。(掌声)

何晓薇：谢谢您告诉我们审美是一种主观的判断，而我们今天的辩题显然是美究竟是以什么形式存在，而不是审美是主观判断还是客观存在啊！想请问您，一个爱国的人，他为国牺牲了，比如岳飞，那么他的行为到底美不美呀？

樊登：对方辩友讲来讲去，讲的都是善和美的关系，孔老夫子就讲过"美则美矣，未尽善焉"，什么意思呢？美和善根本就不是同样的关系。请对方朋友告诉我，既然美是客观存在的话，这个客观标准到底是什么？

郑玉珊：对方三辩，我说观众如果觉得我不美的话就是错了，对方辩友，我刚才可没这么说哦！我是说如果有人觉得我不美的话，那么就是审美的角度不同，而您觉得我美的话，那么您就是从另外一个角度发现到我的美。但是这并不能说，有人觉得我丑的话，那么我的脸就马上变成母夜叉了。

郭宇宽：我们还是把今天的辩题从对方同学的脸上回到我们今天美的讨论上来吧。(掌声)对方同学说，对美的讨论要分角度的，那么为什么换了一个角度就是唐诗更美，换了一个角度就是宋词更美呢？假如美像身高一样是客观的话，绝不可能换了一个角度，我的个子就比乔丹更高啊！(掌声)

陈瑞华：对方辩友，一个事物有不同的特性，有美的特性，有丑的特性，你用不同的角度去看，当然可以看到不同的特性啊。请问对方辩友，善良是不是内在美呀？

路一鸣：什么是客观？客观是不以人的意志为转移的，那为什么对方二辩的美可以以

第五章 例文欣赏

人的意志为转移呢?

郑玉珮: 对方辩友,想请问对方辩友,当那样事物存在的时候,它当然就不会因为人的意志而转移,所以我的脸并没有因为观众的意志而转移呀!

樊登: 那我就请问对方辩友,既然你们认为没有人的时候也有美丑存在,那我请问,"蒙特"这个东西美不美?

何晓薇: 那么如果您认为只要有人的存在,人的意志就会影响一样事物的美不美,那么想请问您,究竟是如何把蒙娜丽莎的微笑理解成慈禧太后的奸笑呢?(掌声)

樊登: 对方为什么不回答我的问题呢?"蒙特"这个东西到底美不美?

陈瑞华: 对方辩友,如果按照您的说法,美是主观感受的话,那么每个人都有不同的理解,那么请问对方辩友,善良什么时候变成不美呀?

樊登: 对方辩友不能够回答,那是因为"蒙特"这个词儿是我刚才脑子里边突然想出来的,他根本就不知道是个什么东西,对方辩友不知道,所以对方辩友根本就不知道它到底美不美,你无法用客观存在来评判吧!(掌声)

郑玉珮: 但是,想请问对方辩友,难道美就只有外在美吗?请问善良是不是一种美呀?

郭宇宽: 对方同学说善良这是什么美呢?可我们知道什么是客观存在吗?不为尧存,不为桀亡,这才是客观存在。善是什么?本来就是人的主观意志,这还不是以人的意志为转移吗?(掌声)

何晓薇: 但是亚里士多德告诉我们,美是真和善的统一,对方难道要质疑吗?对方难道要说美是不真和不善的统一吗?

路一鸣: 如果美就是真和善的统一,如果善和美本来就是合二为一的话,为什么今天还有一个成语叫作"尽善尽美",为什么我们还要叫追求"真、善、美",不叫追求"真、善、善"呢?(掌声)

郑玉珮: 可是对方辩友,难道你要告诉我善不是客观存在的吗?那么是不是告诉我们打抢也是一种善,因为,行为美可以因为您的主观意识而随便更改呀!

郭宇宽: 亚里士多德说:"善就是美!"柏拉图还说过"实用就是美"。所以"大嘴巴"和"粪筐"也是美的?大家看一看,这么理性的哲人对美的认识都不统一,不更加证明美是主观感受吗?(掌声)

陈瑞华: 所以今天对方辩友都没有告诉我们,今天善良是不是内在美。如果对方告诉我们,善良等美德都不是内在美,因此不在我们今天的讨论范围以内的话,那么对方能够提出这一点吗?不,为什么呢?因为,善良这种美德也是内在美呀!你……

路一鸣: 就算我们承认善良是内在美,对方辩友你也应该先告诉我们,善良到底是主观感受,还是客观存在?(掌声)

郑玉珮：对方怎么能够说善良是主观感受呢？难道对方要告诉我，帮一个老婆婆过马路的话，那么您主观感受那是心情不好的时候就觉得那是一种恶行啊？(掌声)

樊登：让我们来谈论一个实例好不好？为什么同样是杨柳，在李白的口中就是"风吹柳花满店香"，而到了郑谷手里就成了"杨花愁煞渡江人"，这是为什么？请详细解释。(掌声)

何晓薇：不管他们用什么样的审美眼光去审美杨柳，但是杨柳始终是杨柳啊，对方能够说，因为许许多多的哲人对月球、对外太空的理解都不一样，那么银河系就不再美丽了吗？

路一鸣：杨柳始终是杨柳，有没有说过杨柳的美始终是杨柳的美呢？(掌声)对方辩友你论证的是客观存在，还是客观的美呢？

陈瑞华：所以呀，就算我们没有人去认识杨柳的美，但是杨柳的美就因此而不存在了吗？

郭宇宽：杨柳就因为人去欣赏它，在其中投入了人的主观感情，这才是美，这才是我们审美的意义所在。假如它本来就是美，我们还为什么要审美呢，我们的审美热情肯定像火苗子一样哧溜哧溜、叭叽就灭了！(掌声)

郑玉珮：杨柳的美就是客观存在的啊，否则的话难道对方要告诉我们，由于我们没有感受到杨柳的美，那么杨柳的美、大自然的美都不存在了吗？那么我们是不是都活在一个虚幻的世界呀？

樊登：这不是我要告诉对方辩友的，著名的美学家克罗奇就说过"如果没有人的想象活动的话，自然中没有哪一部分是美的"，这一点对方应该知道吧？

陈瑞华：对方告诉我们，那就请对方回答我的一个问题，聋子听不见声音，那么是不是告诉我们，对聋子来说就没有美妙的音乐呀！

樊登：如果人们从来都没有听到过任何声音的话，音乐从何而来呢？

郑玉珮：可是刚才的主辩稿里面告诉我们，所有的艺术家都认为这个世界是美的；可是刚才主辩又告诉我们，如果没有人去感受的话，这个世界就是不美的，那么请问，这世界到底美不美呀！

郭宇宽：说到音乐我就想到了连黑格尔这样的哲人都说过，音乐反映的并不是什么客观存在，而是人的内在心灵呀！

何晓薇：对方要说音乐，那么如果美是没有一个客观存在的规律的话，那么世界上许许多多大学的音乐系到底(时间警示)在学的是什么呢？

路一鸣：那请对方给我们举出一个例子，这段音乐是美的。(时间警示)

郑玉珮：音乐当然是有其规律可循，否则的话，那些音乐家是要按照什么规律去组谱的呀！

第五章 例文欣赏

郭宇宽： 学的是什么呢？就是研究人的主观感受。怎么样迎合主观感受？听众就是上帝。

陈瑞华： 错了，对方辩友，研究的是如何找出音乐的美，而不是如何找出美呀！

樊登： 这就是我们刚才所说过的，美具有主观的普遍性，这也不是我们说的，这是康德说的。(掌声)

何晓薇： 因此对方今天说来说去始终是我们究竟应该怎么样去审美，对方始终是没有回到辩论的正题——美到底是以什么样的形式存在呀？

樊登： 所以我们就谈了很多的实例呀。请大家和对方的同学给我分析一下，为什么在很多原始部落里边，脖子越长就越美，这可是主观的普遍性啊！

郑玉珮： 那么请问对方辩友，长城的美存不存在呢？

路一鸣： 对方辩友给我们解释一下，什么叫"长长的美"？

陈瑞华： 对方辩友，我方问的是长城的美呀！请问有没有人说长城的美是你的小家子气呀！(掌声)(时间到)

郭宇宽： 长城的美在我们中国人的心目中就非常的美，而当我们中国健儿在长城口砍杀日本侵略者的时候，那些侵略者会(时间到)觉得他们美吗？(掌声)

张泽群： 时间到。

郑玉珮： 所以长城的雄伟美……

张泽群： 时间到。

郑玉珮： ……都是大家客观认知的啊。

张泽群： 感谢双方辩论员，谢谢！(热烈掌声)下面我们请双方的自由人进行第二次发言。反方还有时间1分17秒，正方还有时间29秒。首先有请正方的自由人胡渐彪同学发言，请。

胡渐彪： 谢谢！对方辩友的论点只有两个，第一个，要解释为什么美，每个人有不同美的感受，唯有说美是主观感受，那才能解释；第二个论点，为什么有人觉得那是美，那是丑，唯有认为说是主观感受才能够解释。但是这一切都是离题的，因为这是美的感受，和美基本不同。今天我没有感受得到北极的冷是多冷，但是我能说这个冷就不存在吗？因为冷和冷的感受是截然不同的。如果对方辩友待会儿要再把冷和冷的感受这种概念混淆在一起的话，(时间到)这是不是有离题之嫌呢？谢谢！(掌声)

张泽群： 谢谢胡渐彪同学！我们请反方的自由人谭琦同学发言，请。

谭琦： 如果美和美的感受不是统一起来的话，那么这个感受反映这个客观存在的时候，就必然有真假对错之分，可是我们谈了这么多美的角度、美的欣赏，您能告诉我哪一个是对的，哪一个是错的吗？和对方辩友轻谈主观、客观，不如我真的拿出一个具体的客观实例来。请问对方辩友，(举着一枝玫瑰花)您告诉我，在大家的眼中，这是不是同一枝花，但在大家的心中是不是有不同的美的评价？伤心的人会说"感时花溅泪"；而高兴的人会说"花儿对我笑"；憔悴的人会说"人比黄花瘦"；而欣喜的人会说"人面桃花相映红"；有人说花是有情的，所谓"落红不是无情物，化作春泥更护花"；有人说花很无情，"癫狂柳絮随风舞，轻薄(时间警示)桃花逐水流"。原因是什么？"年年岁岁花相似，岁岁年年人不同"；在客观上"花自飘零水自流"，使我们的主观"一种相思，两处闲愁"。谢谢！(热烈掌声)

张泽群： 感谢谭琦同学！我们也希望在辩论之后看到谭琦同学要把这束花送给哪位辩友进行主观感受。(笑声)好了，最后是总结陈词阶段。我们首先有请反方的三辩路一鸣同学陈述观点，时间是3分钟，请。

路一鸣： 好一场唇枪舌剑的自由之辩！不过我们仔细分析，在对方的口若悬河之下，对方非但不能自圆其美，而且还有几点非常明显的美中不足。第一，对方的立论基础无非是说美可以脱离人的主观意识而存在。所以对方自由人才告诉我们，这本儿唐诗拿到了国外，就算这个人没有看过，也会觉得它是美的。如果这本儿唐诗从来就没有人看过，有没有人觉得它是美的？如果对方二辩，没有人去欣赏她的话，有没有人觉得她是美的呢？其实，对方论证的是美可以脱离一部分人的主观意识而存在，那是因为另一部分人主观上认为它美，我们知道了。我们从来没有见过西施、貂蝉是什么样子的，为什么我们现在一提到西施、貂蝉就想到了美呢？那是因为美就是人们主观上流传下来的口碑，这个时候，美是主观的普遍性。第二，对方又把美和善混为一谈，想要论证他们的辩题。对方又说美和丑其实是可以统一的，如果真是这样的话，那么美可以有一个不以人的意志为转移的作用而存在，因而它对人应该有影响。不过如果我没有感到它的美的话，它对我的影响是什么呢，它的美的作用又在哪里呢？下面我总结我方观点。

第一，客观存在的事物只有融入了人的主观想象与情感才会显得美。从山川河流到花鸟鱼虫、从春夏秋冬到风云雨雪，我们看到，客观的事物是不以人的主观意识为转移的，正所谓"天行有常，不为尧存，不为桀亡"，而有了人的主观想象，才有了"山舞银蛇，原驰蜡象，欲与天公试比高"。

第二，我们认为，审美的标准和结果，会因为人们的客观生活经历和他的文化背景而不同。我们看到很多人喜欢维纳斯的雕像，维纳斯的雕像风靡西方世界，但我们中国的老婆婆却一定要给她缝上坎肩儿才能心安理得。楚王好细腰，唐皇爱丰满，那么在情人眼中，无论如何对方都如西施一般沉鱼落雁。这个时候我们看到，美其实是源于人们的主观想象和内心情感，是人们借助于客观事物来表达人情冷暖。

第三，我们强调美是主观感受。因为这反映了人追求自由的价值信念，人的肉体受制于客观，从而人的精神就追求无限的驰骋空间。我们爱生活，因为生活的故事上(时间警示)下五千年，叫人浮想联翩；我们爱自然，因为"万类霜天竞自由"，那是生命的礼赞！

第五章 例文欣赏

综上所述，我方认为，美丑无对错，审美无争辩，因而我们才强调美是自由的象征，我们来自五大洲的辩友，才能胸怀宽广地唱一首"一心情似海，感动天地间"。谢谢！(热烈掌声)

张泽群： 谢谢路一鸣同学，感谢他的精彩陈词，谢谢！最后我们有请正方的三辩何晓薇同学总结观点，时间也是3分钟，请。

何晓薇： 在感谢对方的滔滔陈词之后，我仍然不得不指出对方所犯下的一个错误，就是离题。对方今天告诉我们的种种始终是人究竟是怎么样去审美，人觉得这个事物美不美。然而这是我们今天要讨论的题目吗？我们今天说，美是主观感受，还是客观存在，说的是美究竟是以怎么样的一种形式存在啊。然而对方今天举出的花，举出的种种事物告诉我们，说的始终还是一种人怎么样地去审美，而不是我们今天所要讨论的题目啊！再来，对方告诉我们美和善之间不能够合起来谈，可是我们看到的是什么呢？许许多多的人具有内在美，难道对方说这些内在美不是善吗，这些善行不是美吗？再来，对方又说许许多多的人审美角度不同，可是这也不是我们所要讨论的啊！事实上，美，它是一种规律，是一种脱离于人的主观意识而存在的，它是客观存在的事物。

首先，美具有形象性。黑格尔就说了，"美能在形象中见出"。不管是自然界当中的"江南可采莲"的美，还是社会上舍身救人的美，甚至是艺术当中"问君能有几多愁，恰似一江春水向东流"的美，这种种的具体形态，正是美的形象性所在啊。

第二，美具有感染性。它的感染力量，或者让我们黯然神伤，在"十年生死两茫茫"中不胜唏嘘；或者是让我们肃然起敬，在"留取丹心照汗青"之中敬仰万分，而这股力量正是让客观存在的美持续徘徊在人的脑海之中的呀。

第三，美具有功利性。人的本质力量推动人类追求美好的事物，而美正是可以让人感到愉悦啊。"阳春白雪"是美，"下里巴人"也是美，它们都是美，因为它们满足了不同人的不同需要啊。而这三种规律处在人的主观感受之外，不受人的主观感受的控制啊，同时规律本身的存在，也正是论证了美是客观存在的啊。实际上，因修养、经历、因社会条件、历史条件的种种不同，所以各人的审美能力有所不同，所以美有相对的美，然而对方不能够因此就把美和审美，混为一谈呐！认为美是主观感受，这就完全否定了美的客观实在性，颠倒了美与美感两者之间的关系呀。罗丹就曾经告诉我们"美是到处都有的"，而我们的眼睛事实上不是缺少美，而是缺少了发现。谢谢！(热烈掌声)

张泽群： 感谢(时间警示)何晓薇同学！本场辩论赛可谓美轮美奂！我想这既是客观存在，也是大家的主观感受。那么现在有请我们的评委对本场辩论赛进行主观感受，请大家评分评判。让我们以热烈的掌声欢送我们的评委和点评嘉宾暂时离席。(掌声)

张泽群： 好，朋友们，让我们以热烈的掌声有请评判团和点评嘉宾上场。(掌声)

亲爱的朋友们，这里是'99国际大专辩论会A组决赛的现场。今天交战的双方是马来亚大学和西安交通大学，刚才双方就美是客观存在还是主观感受进行了一番美的辩论。现在我们有请本场点评嘉宾、著名学者余秋雨先生进行现场点评，有请。(掌声)

余秋雨：诸位，大家好！非常高兴、非常荣幸能够成为这次决赛的点评者。今天辩论的题目是非常难的。我听到这个论题的时候，真是为正反双方都捏了一把汗。

难在三点。第一点这是千古难题。我们这次辩论会当中的其他论题，不管是网络呢、电脑啊、知识经济呀，都是本世纪发生的事情，而今天的论题却是千古难题，可以说人类历史上很多智慧的头脑都曾经为这个问题动过脑筋。那么我相信，在今天不可能创造出在这个问题上的智能奇迹，大家也只不过是回忆或者温习一下有关这个问题上前辈的一些精彩的言词而已。难在第一点是这个。

难在第二点，这个问题显而易见，双方的立场都是片面的。我相信，正反双方的同学没有一个人坚信世界上一切美都是主观的，也没有人相信一切美都是客观的。于是，要故意地设立自己的片面性，那么我们能够所做的，就是站在自己的立场上揭露对方的片面性，掩饰自己的毛病。这是一种内心都在暗笑的态度，但是我们要做得义正词严。所以这是它的第二难点。

第三难点，在美学讨论上，尽管讨论的是美，但是它的形态是不美的。因为美的范围太大，牵涉到很多逻辑上的内涵外延，变来变去，所以我们这么一个有千万观众参与的这么一个电视辩论会一定需要找到它的感性形式，也就是说，需要找到很好的例证，而任何例证对理论来说往往是跛脚的。这是第三难点。

面对这三个难点，我们正反两方面如何来面对呢？我们看到了答案，他们不仅辩起来了，而且辩得有声有色，有的地方紧张得让人都喘不过气来，这一点我觉得是相当了不起。精彩之处比比皆是。上来两方的陈述立场都陈述得很清楚。而且，双方的自由人，一方立即指出针尖的尖和被针尖刺的那种感觉是两件事，那就把美的客观性和美的感受分开来了，讲得很精彩；而对方却明确地讲鬼魂之美算不算美，这样的话呢，又把有一部分美是不是客观存在的这一点也说得非常明白。顺着这么一个清晰的思路往前推，可以说是步步为营。那里边精彩的段落啊，经常出现。特别是，我们正方的二辩自己现身说法，说自己美不美，这是一个，非常有趣的一个例证啦。然后我们反方的三辩指出，你确实是美的，但是也允许有人说不美。那么我们正方的二辩说即使有人说美，有人说不美，我还是我，这个结束得非常漂亮。在这个过程当中，正方的自由人、反方的三辩和自由人都表现出了很高超的辩论水平，他们有一些陈述已经达到了让人动容的程度，这一点我想大家都已经看到了。(掌声)

但是也有显而易见的毛病，这个毛病呢我想有的是双方都具备的。就是一个，由于我们牵涉到的问题太复杂，在推演的过程当中，专家一听，很多概念的运用都有一些逻辑上的毛病。这速度很快我们也就不在意了，但是，毛病确实很多。而且双方可能都停留在一

第五章 例文欣赏

个浮表层次上,很难深入,在浮表层次上打得难分难解,深入度不够。如果两队相比较的话,那么我可以这么说,正方,美学上的准备薄弱了一点,所以犯了一些不应该犯的根本错误。譬如他们用猫和花的关系、用狗和花的关系来进行美的论述的时候,抽离了人和美的根本关系,这是美学上的大忌,而且恰恰给对方提供了他们的把柄,这一点是他们一个比较大的失误。

而反方呢,攻势凌厉,气势如虹,但是在辩得最得意的时候,有的时候稍稍有一点的失态。譬如有一个辩手就提出一个自己想出来的名词,这个名词呢,叫大家猜测是什么意思,大家想不出来的时候呢,他就认为,好,我的主观上的想的东西很难获得客观判断,这似乎很幽默,但是由于这个问题和美没有关系,所以就成了我们辩论中的一个障碍。这个放在辩论当中,给人的感觉是稍稍显得有点霸气。

在总体上来概括的话,这是一次非常成功的辩论,最大的成功在于真正真枪实弹地"干"起来了,一个很难"干"起来的话题打得那么难分难解,这是极其不容易的。

我们会知道,"美在哪里"这个问题的辩论只是个不太重要的问题,更重要的是研究外部世界何以给人提供了这么一个美的形式和人的感受为什么对这样的形式感到赏心悦目,就是,这才是我们不断思考美的一个重点。客观存在和主观感受,在美的领域、在生活领域都不能成为真正的对手,而我们真正的对手是站在美的立场上长时间地和丑恶抗衡。谢谢大家!(掌声)

张泽群: 感谢秋雨先生高屋建瓴的点评,使我们有拨云见日之感,再次感谢你。(掌声)同时也让我们感谢评判团的辛勤劳作,谢谢。(掌声)

好了,在下面的时间就要揭晓我们的冠军。

首先来揭晓最佳辩手。

'99 国际大专辩论会最佳辩手是——(笑声)反方西安交通大学三辩路一鸣同学。祝贺你!(热烈掌声)(音乐起)

我们有请中国中央电视台副台长刘宝顺先生为获得最佳辩手的路一鸣同学颁发奖杯、证书及奖金。他的奖金是一万元人民币。祝贺你。(热烈掌声)

亲爱的朋友们,现在让我们揭晓本场双方的最后得分。

首先出示正方马来亚大学的最后得分。马来亚大学,他们的最后得分是——2165 分。(掌声)

我们再来看一看反方西安交通大学的最后得分——(掌声)2290 分。(热烈掌声)

我们恭喜西安交通大学获得本届辩论会的冠军!同时也感谢马来亚大学的参与。祝贺您们,谢谢你们。(掌声)

我们祝贺马来亚大学获得了本届辩论会的亚军!朋友们,下面我们有请新加坡电视机构董事许廷芳先生为获得亚军的马来亚大学颁发奖杯及奖金。他们获得的奖金是人民币三万元。祝贺你们。(掌声)奖杯是由陕西大晟实业有限公司提供的,谢谢你们。(掌声起)让我们祝贺他们,也感谢颁奖嘉宾,谢谢。

亲爱的朋友们,最后让我们有请中华人民共和国广播电影电视总局副总局长吉炳轩先生为获得冠军的西安交通大学队颁发奖杯及奖金。他们的奖金是人民币六万元。我们恭喜他们。(掌声起)

让我们再次祝贺他们,也感谢颁奖嘉宾。

亲爱的朋友们,99国际大专辩论会A组的决赛到此结束,再见。

附 录

附 录 一

关于颁布《普通话水平测试等级标准(试行)》的通知

国家语言文字工作委员会 国语【1997】64号

各省、自治区、直辖市及新疆生产建设兵团语委(语文工作机构):

为适应新时期推广普通话工作的需要,1986年全国语言文字工作会议提出了制定"普通话水平测试等级标准"的设想。根据会议精神,国家语委于1988年成立了由国家社会科学基金会资助的"普通话水平测试等级标准"课题组。该课题组历时三年,深入调查研究,广泛征求意见,并在若干省市对学校师生和"窗口"行业职工进行了试测,在此基础上拟订了《普通话水平测试等级标准》(以下简称《标准》),于1991年通过专家论证。1992年由国家语委原普通话推广司印发给各省、自治区、直辖市试行(国语普【1992】4号文件)。该《标准》把普通话水平划分为三个级别(一级可称为标准的普通话,二级可称为比较标准的普通话,三级可称为一般水平的普通话),每个级别内划分甲、乙两个等次。1994年,国家语委普通话水平测试课题组对该《标准》作了文字修订。国家语委、国家教委、广播电影电视部联合发出的《关于开展普通话水平测试工作的决定》(国语【1994】43号)将修订后的《标准》作为附件印发给各省市继续试行。试行六年来,该《标准》已为广大群众所熟悉,各地测试实施机构也积累了一定的经验。实践证明,该《标准》具有科学性和可行性。为使该《标准》在推广普通话工作中发挥更大的作用,该《标准》经语委再次审订,作为部级标准予以正式颁布,请按照执行。

附件:《普通话水平测试等级标准(试行)》

国家语言文字工作委员会
1997年12月5日

附件:普通话水平测试等级标准(试行)

一 级

甲 等　朗读和自由交谈时,语音标准,词语、语法正确无误,语调自然,表达流畅。测试总失分率在3%以内。

乙 等　朗读和自由交谈时,语音标准,词语、语法正确无误,语调自然,表达流畅。偶然有字音、字调失误。测试总失分率在8%以内。

二 级

甲 等 朗读和自由交谈时，声韵调发音基本标准，语调自然，表达流畅。少数难点音(平翘舌音、前后鼻尾音、边鼻音等)有时出现失误。词语、语法极少有误。测试总失分率在13%以内。

乙 等 朗读和自由交谈时，个别调值不准，声韵母发音有不到位现象。难点音(平翘舌音、前后鼻尾音、边鼻音、fu-hu、z-zh-j、送气不送气、i-u 不分、保留浊塞音和浊塞擦音、丢介音、复韵母单音化等)失误较多。方言语调不明显。有使用方言词、方言语法的情况。测试总失分率在20%以内。

三 级

甲 等 朗读和自由交谈时，声韵母发音失误较多，难点音超出常见范围，声调调值多不准。方言语调较明显。词语、语法有失误。测试总失分率在30%以内。

乙 等 朗读和自由交谈时，声韵母发音失误多，方言特征突出。方言语调明显。词语、语法失误较多。外地人听其谈话有听不懂的情况。测试总失分率在40%以内。

附 录 二

普通话音系介绍　语音的结构单位

一个语句是由许多词按照一定的语法规则组织构成的。词有的是一个音节的，如"美"；有的是两个音节的，如"祖国"；有的是三个音节的，如"普通话"；有的是四个音节的，如"计算机系"。那么，音节是什么？它是由什么构成的呢？

(一)音节和音素

音节。音节是自然的语音单位。人们说话，总是一个音节一个音节发出来的。在汉语中，一个音节写下来就是一个汉字。"我是中国人"五个音节写下来就是五个汉字。有极少的情况例外，"一下儿"这三个字实际上是两个音节，"下儿"是一个音节，念"xiàr"。

音素。音素是最小的语音单位。它是从音节中分析出来的。语音分析到音素就不能再分了，所以它是最小的。"绿"可以分析出 l 和ü，"红"可以分析出 h、o、ng 来。当然，这种分析必须具备一定的语音知识才能做到，不过，如果我们把声音拖长念，是完全可以体会到的。

(二)元音和辅音

音素按发音特点可分成两大类：元音和辅音。

元音。发音时，颤动声带，声音响亮，气流在口腔中不受到阻碍，如a、o、u。

辅音。发音时，不一定颤动声带(有的颤动声带，如 m、n、l；有的不颤动声带，如

s、sh、x)，声音不响亮，气流在口腔中要受到不同部位、不同方式的阻碍，如：b、d、g、c、ch、q、f。

辅音一般要跟元音拼合，才能构成音节。

(三)声母、韵母、声调

声母、韵母、声调是我国传统分析汉语音节的结构单位。它不是最小的单位，因为韵母还有第二层次的结构单位：韵头、韵腹、韵尾。韵母也叫介音、主要元音、尾音。

声母。声母是音节开头的辅音。例如："买 mǎi""卖 mài""明 míng""媚 mèi"开头的"m"就是声母。"二èr""矮ǎi"这样的音节没有辅音声母，叫作零声母音节。

韵母。韵母是音节中声母后面的部分。它主要是由元音构成的(鼻韵母有鼻辅音 n 或 ng 作韵尾)。比如："发达 fādá"的"a""机器 jīqì"的"i""电线 diànxiàn"的"ian"就是韵母。韵母是每个音节不能缺少的构成成分，没有韵母，就不能构成音节。韵母里面分韵头、韵腹、韵尾。比如"ian"的"i"是韵头，"a"是韵腹，"n"是韵尾。只有一个元音的韵母，这个元音就是韵腹，如 i、a。做韵头的元音只有 i、u、ü，如 ia、ua、üe。做韵尾的只有元音 i、o(u)和辅音 n、ng，如 ai、ao、an、ang。

声调。声调是音节的高低升降形式，它是由音高决定的。比如："辉 huī""回 huí""毁 huǐ""惠 huì"四个音节的声母都是"h"，韵母都是"ui"，但是它们的声调不同，就成了不同的音节，代表不同的意义。所以，声调是构成音节非常重要的成分。一个音节没有标上声调，这个音节就毫无意义，好像一个人没有生命一样。

普通话声母和韵母相拼构成的基本音节(包括零声母音节)有 400 多个，加上声调的区别有 1200 多个音节。这 1200 多个音节的能量非常大，它们构成了我们语言里成千上万的词。

普通话"以北京语音为标准音"，普通话音系就是北京音系

(一)普通话的音位系统

能够区分意义的音素叫音位。例如："布 bù"和"铺 pù"，"变 biàn"和"骗 piàn"，"标 biāo"和"飘 piāo"就是靠 b、p 两个音素来区分的，b、p 就是音位。

人类能发出的音是多种多样的，也可以说是无限的，但某种语言或方言选择一定的声音来区别意义是有限的。在某种语言或方言里，这些能区分意义的音素互相对立、互相区别，而又互相联系、互相制约，构成某种语言或方言的语音系统，简称音系。

普通话能区别意义的音素有元音音素 10 个、辅音音素 22 个，构成普通话的音位系统。

元音音素

舌面元音：前元音　i 衣　ü 迂　ê

央元音　a 啊

后元音　o 喔　e 婀　u 乌

舌尖元音：舌尖前　-i(zi 资、ci 疵、si 丝的韵母)

舌尖后　-i(zhi 知、chi 吃、shi 诗、ri 日的韵母)

卷舌元音：er 儿

这 10 个元音在构成音节时有选择性。舌尖前元音-i 只跟 z、c、s 拼合构成音节，舌尖后元音-i 只跟 zh ch sh r 拼合构成音节。ê、er 能自成音节，不直接跟辅音相拼。其他元音既能跟辅音相拼，也能自成音节。

辅音音素

塞音　b p d t g k

塞擦音　z c zh ch j q

擦音　f s sh r x h

鼻音　m n ng

边音　l

辅音音素中的 m、n、ng 三个鼻音，在某些方言里可以独立成音节。比如，有些地方称"妈妈"为"m ma"。称"你"为"n"，称"五"为"ng"。普通话中有叹词"唔欠 hm""哼 hng"等纯辅音音节。这是个别的现象。

(二)普通话的声、韵、调系统

从声韵调系统来看，普通话有声母 21 个，韵母 39 个，声调四类。

声母

上面所列的 22 个辅音，除 ng 不作声母外，其余 21 个都作声母。

韵母

39 个韵母按它们的结构分为单韵母、复韵母、鼻韵母。

——单韵母 10 个，上列 10 个元音都作单韵母。

——复韵母 13 个，由两个或三个元音复合而成。有：ai、ei、ao、ou、ia、ie、ua、uo、üe、iao、iou、uai、uei。

——鼻韵母 16 个，由元音和鼻辅音 n 或 ng 复合而成。有：an、en、ang、eng、ong、ian、in、iang、ing、iong、uan、uen、uang、ueng、üan、ün。

声调

声调有以下四类。

(1)　阴平念高平调。如飞、妈、书、家、音、乒。

(2) 阳平念高升调。如池、河、神、床、笛、重。

(3) 上声念低降升调。如马、把、始、可、果、表。

(4) 去声念高降调。如电、灭、醉、亚、进、贡。

音素系统和声韵调系统，都可以用来说明汉语的语音结构。这两套系统可以结合，但不能混淆。比如：声母是由辅音充当的，但辅音不等于声母，因为辅音除作声母外，还可以作韵母的一部分——韵尾。韵母虽然主要是由元音充当的，但韵母不等于元音，因为韵母里面还有辅音。

和汉语其他的方言音系相比较，普通话音系比较简单，它的声母、韵母、声调，一般来说，比其他方言要少，因而比较容易掌握。

在世界语言之林中，汉语属于汉藏语系。跟英、法等印欧语系的语言相比较，汉语语音的最大特点是：声调区别意义。

附 录 三

观察能力小测验

有观察力的人根据看到的现象就能了解到许多东西，包括观察人的神情举止。日常生活中有意识地进行观察力的培养，有利于演讲者在演讲中及时捕捉听众的反馈信息，对演讲内容进行必要的技术处理。即刻回答下列问题，测试一下你的观察力如何。

1. 你进入某个机关，你首先注意的是_____。

    A. 桌椅的摆放

    B. 用具的摆放位置

    C. 墙上挂着什么

2. 与人相遇，你_____。

    A. 只看他的脸

    B. 悄悄地从头到脚打量一番

    C. 只注意他脸上的个别部位(眼睛、鼻子等)

3. 你从自己看见过的风景中记住了_____。

    A. 色调

    B. 天空

    C. 当时浮现在心里的愉快感或忧郁感

4. 早晨醒来后，你_____。

A. 马上就想起应该做什么

　　B. 想起梦见了什么

　　C. 思考昨天都发生了什么事

5. 当你坐上公共汽车时，你_____。

　　A. 谁也不看

　　B. 看看谁站在旁边

　　C. 与离你最近的人搭话

6. 在大街上，你_____。

　　A. 观察来往的车辆

　　B. 瞧房子的正面

　　C. 观察行人

7. 当你看橱窗时，你_____。

　　A. 只关心可能对自己有用的东西

　　B. 也要看看此时不需要的东西

　　C. 注意观察每样东西

8. 如果你在家里需要找什么东西，那么你会_____。

　　A. 把注意力集中在这个东西可能放的地方

　　B. 到处寻找

　　C. 请别人帮助找

9. 看到你的朋友、亲戚过去的合影照，你会_____。

　　A. 激动

　　B. 觉得可爱

　　C. 尽量了解照片上都有谁

10. 假如有人建议你去参加你不会的赌博，你会_____。

　　A. 试图学会玩并且想赢

　　B. 借口过一段时间再玩，给予拒绝

　　C. 直言你不玩

11. 你在公园里等一个人，于是你_____。

　　A. 仔细观察你旁边的人

　　B. 看报纸

　　C. 想某事

12. 在满天星星的夜晚，你_____。

A. 努力观察星座

B. 只是一味地看天空

C. 什么也不看

13. 当你放下正在读的书时，你总是_____。

A. 用铅笔标出读到什么地方

B. 放个书签

C. 相信自己的记忆力

14. 你记住自己邻居的_____。

A. 姓名

B. 外貌

C. 琐事趣闻

15. 你在摆好的餐桌前_____。

A. 赞扬它的精美之处

B. 看看人们是否都到齐了

C. 看看所有的椅子是否都放在了合适的位置

测试标准：

(1) 根据下表，算出你的得分，再算出总分。

小测试得分统计表

题号 选项	1	2	3	4	5	6	7	8	9	10	11	12	13	14	15
A	3	5	10	10	3	5	3	10	5	10	10	10	10	10	3
B	10	10	5	3	5	5	5	5	5	5	5	5	5	3	10
C	5	3	3	5	10	10	10	3	10	3	3	3	3	5	5

(2) 观察能力分析说明。

总分 100～150 分：无可争议，你是很有观察力的人。同时，你也能分析自己和自己的行为。你能够极其准确地评价别人。

总分 75～99 分：说明你有相当敏锐的观察力。但是，你对别人的评价有时带有偏见。

总分 45～74 分：说明你对别人隐藏在外貌、行为方式背后的东西不关心，尽管你在交往中不会产生多少严重的心理问题。

总分在 45 分以下：说明你绝对不关心周围人的内心思想。你连分析自己行为的时间也没有，更不会去分析别人的行为。如果人们认为你是利己主义者，你不觉得难过吗？

附 录 四

应变能力小测验

在我们生活中，经常发生各种各样的事故，其中有的是事先知道的或在意料之中的；有的虽然事先不知道或在意料之外，但是它是以渐变形式出现的。我们在处理这些事故时，有较从容的时间和精神准备，不至于有什么贻误。但是也有些事故如同俗语说的"人在家中坐，祸从天上来"那样突然，能否迅速、正确、果断地作出判断并采取相应措施，就要看你是否有应付事故的能力了。这种能力在演讲中也同样重要。我们都知道司马光砸缸的故事，司马光在同伴掉入大水缸，就要被淹死的紧张情况下，没有像别的小孩儿那样吓得惊慌失措，而是马上用石块把水缸打破，这里表现出来的能力就是应变能力。这种能力是一个人思维敏捷性、灵活性、果断性的综合体现。应变能力十分重要，应变能力强的人在意外事故前才能处变不惊，果断地作出反应，化险为夷。具备了这种能力，在演讲中也就不必担心害怕了。

以最快的速度选择下列题目的答案，看看自己的应变能力如何。

1. 你因有事到朋友家去，发现朋友家出了一件不幸的事情，你进门看到全家人都在悲伤，这时你_____。

   A. 尽快向邻居和朋友了解不幸的经过、情况及原因，帮助朋友料理

   B. 说几句安慰话没了下文

   C. 呆呆地站在那里不知道该怎么办，或和对方一起悲伤

2. 你在一条僻静的街道散步，忽然听到一声震耳欲聋的巨响，这时_____。

   A. 你头脑清醒，迅速判断出巨响发生的位置和原因

   B. 起初有点震惊，但很快恢复平静，进而了解巨响的位置和原因

   C. 吓你一跳，继而四处张望，即使了解了巨响的位置和原因，心里还在怦怦乱跳

3. 你骑车下班回家途中，看见马路那边发生了一起车祸，但还没有人来处理，这时你_____。

   A. 停下车，很快穿过马路看怎样助一臂之力

   B. 你有点儿害怕，犹豫再三，还是走过去看看究竟

   C. 你看到这个场面心惊肉跳，甚至不敢再看一眼就离开了

4. 你在电影、电视上看到蟒蛇在丛林中爬行的镜头时总是_____。

   A. 有点儿讨厌，但并不害怕

B. 感到害怕、讨厌，赶紧闭上眼睛

C. 你有兴趣，仔细看个究竟

5. 你骑车疾驶于拐弯处，突然看到对面一个小伙子骑车迎面而来。这时你_____。

　　A. 急忙提醒对方，并尽快刹车

　　B. 还不知道怎么回事儿就撞上了

　　C. 迅速调整行车方向，避开来车

6. 你遇到一件意外的事，感到十分棘手，正在为此聚精会神考虑对策，此时有人告诉你一件与此无关也不十分重要的事情，这时你_____。

　　A. 只记住了其中一部分

　　B. 没注意听，没记住或印象模糊

　　C. 记得清清楚楚

7. "天有不测风云，人有旦夕祸福"，本来你平日里身体还好，但在进行身体检查时，医生发现你身体的某部分有问题需要手术，听到这个消息后，你会_____。

　　A. 终日提心吊胆、惶恐不安，既担心手术中出问题，又害怕手术后出问题

　　B. 既来之则安之，相信医生，相信手术结果不会错

　　C. 听天由命，随遇而安

8. 你在生产车间正忙着操作，突然发现一位工友触电，危在旦夕，这时你_____。

　　A. 两眼发直，不知该做些什么

　　B. 立即想到切断电源，并确定电源位置，同时能付诸行动

　　C. 救人心切，没想到切断电源而用其他应急办法抢救

9. 你乘公共汽车外出办事，车上人很挤，有一个扒手在你装钱的口袋内行窃，这时你_____。

　　A. 没察觉，直到用钱时才发现被窃，至于被窃时间、地点也没印象

　　B. 立刻察觉，还没等扒手得逞，你就巧妙避开

　　C. 当时没察觉，钱丢以后，才回想起当时的部分情景

10. 演讲时突然忘了词，你会_____。

　　A. 停下来或重复上一句话想下文

　　B. 插入其他内容边讲边想

　　C. 跳过这一段，讲其他你记住的内容

计分标准：

1～3题	A 1分	B 3分	C 5分
4～6题	A 3分	B 5分	C 1分
7～10题	A 5分	B 1分	C 3分

诊断与建议：

10～18 分：A 等，应变能力强。你有胆有识，思维灵活、判断快，不仅对自己生活的意外变故能迅速调整思路，随机处理，也能为周围的人分忧解愁，你因此受到人们的敬佩与尊重。

19～38 分：B 等，有一定应变力。对生活中的一般变故能较快处理，对于大的变故也能应付，但不一定是上策。

39～50 分：C 等，应变能力亟待提高。办法是遇事镇静，镇静是应变力的精神支柱。

附 录 五

心理适应性小测验

心理适应性的强弱关系到我们能否工作愉快、生活幸福。你知道自己的"应变弹性"吗？下面一组测试题是关于心理适应性测试的题目，通过本题可以判断你的心理适应性的强弱程度和临时应变能力的大小。

1. 有人劈头盖脸给了你一顿指责、攻击，你会_____。
   A. 头脑清醒，冷静而适度地予以回击
   B. 一下蒙住了，过后才想到当时应该如何进行反击
   C. 在当时就还了几句，但没有切中要害

2. 参加一个全是陌生人的聚会，你会_____。
   A. 先喝几杯酒让自己放松一下
   B. 有时感到不自在，有时又能从这种状态中摆脱出来，与人相叙甚欢
   C. 立即加入最活跃的一群，热烈谈话

3. 一件很重要的东西不见了，这时你会_____。
   A. 不动声色地对最近一段时间的行为作一番仔细回顾
   B. 疯狂地开展地毯式的搜寻
   C. 急忙把那些可能的地方找一遍

4. 你急着赴约，中途却被堵塞的交通所阻，你会_____。
   A. 设想等候者会体谅你是不得已而迟到的
   B. 变得急躁不安，同时想象等候者恼火的样子
   C. 很着急，但想想着急也无益，干脆不去想了

5. 当办公室收到来自税务局或环境监理会的一封沉甸甸的信，你会_____。
   A. 试着自己来弄清事情的缘由

B. 装作没看见，随便谁捡起谁就去处理

C. 找个理由推给办公室的其他同事去处理

6. 你向来用钢笔写字，现在要你换圆珠笔书写，你会_____。

　　A. 感觉上与用钢笔没什么区别

　　B. 有时有点不顺手

　　C. 感到别扭

7. 你在大会上演讲的姿态、表情、条理性及准确性与你在办公室里讲话相比_____。

　　A. 基本上没什么差别

　　B. 说不准，看具体情况而定

　　C. 显然要逊色多了

8. 改白班为夜班之后，尽管你做了努力，但工作效率总不如那些和你同时改班制的人高，是吗？_____。

　　A. 不是这样的

　　B. 说不上

　　C. 对

9. 你手头的任务已临近最后的截止日期了，你会_____。

　　A. 变得更有效率了

　　B. 开始错误百出

　　C. 心中暗急，但仍勉力维持正常状况

10. 在与人激烈争吵了一番后，你会_____。

　　A. 不受影响，继续专心工作

　　B. 唠叨个不停，工作量递减

　　C. 把注意力转到工作上，但有时难免走神

11. 你到外地出差或旅游，睡在陌生的床铺上，你会_____。

　　A. 感觉和家里没什么差别

　　B. 有时会失眠

　　C. 失眠得厉害，连调整一种睡眠姿势或换一个枕头也会引起失眠

12. 调整工作性质后，你会_____。

　　A. 很快就习惯了

　　B. 在起初的两三天感到不习惯

　　C. 在相当长一段时间内发生紊乱

13. 你事先给一位朋友打电话预约登门拜访，他答应届时恭候，可当你如约前往时，他却有急事出去了，这时你会_____。

A. 有些不满，但既来之则安之

B. 嘀咕不已

C. 充分利用这一空档，为自己下一步要做的事计划一番

14. 只有在安静的环境中你才能读书，外面喧闹嘈杂之时你会分心吗？＿＿＿＿＿＿。

　　A. 看热闹的程度而定

　　B. 是的

　　C. 不，只要不是跟我吵，坐在集市货摊之间也照读不误

15. 同学们说小王脾气执拗，难以相处，你＿＿＿＿＿＿。

　　A. 倒觉得小王蛮好接近的，大家恐怕不太了解他

　　B. 说不上对他有什么感觉

　　C. 也有同感

诊断与建议：

10～15 个 A：心理适应性强。

世界千变万化，而你游刃有余，对于生活中的各种压力你常能化之于无形。你过得心情愉快，万事如意，这种精神品质有利于你的心理平衡与健康。你是个生命力强的人，你具备较好的演讲应变能力。

5～10 个 A：心理适应性中等。

事物的变化及刺激不会使你失魂落魄，一般情形你都能作出相应的适度反应，可是如果事件比较重大，变化比较突兀，那你的适应期就要拖长。你了解这一情况后，最好预先准备，锻炼自己的快速适应能力。

0～5 个 A：心理适应性差。

你对世界的变化、生活的摩擦很不习惯，如此磨损你会过早"断裂"的。不过，只要意识到了，还是有希望改善此状况的。首先，要从思想上对那些你总是看不惯的东西客观地剖析一番，它们真的是十分难以忍受吗？其次，要在心理上具备灵活转移、随机应变的快速反应能力，不要将自己拘禁在固定模式中。

附　录　六

演讲智力素质小测验

演讲者必须具备一定的智力素质，这种素质有先天的因素，但主要还在于后天的锻炼与培养。它主要包括：记忆力、想象力、分析力、概括力和应变力等。下面六组题中的第①题，根据自己的感觉填"上""中"或"下"；每组的②③题，请肯定的打"√"，否

定的打"×";每组的④⑤题,请回答"能"或"否"。

第一组
① 良好的记忆力与理解力是演讲者的必备素质,你的记忆力怎么样?(　　)
② 你能否记起小学五年级的同桌?(　　)
③ 你记得你成为少先队员或团员的确切时间和介绍人吗?(　　)
④ 下面几个字母,看一遍后请默写。(　　)
CGQJNM
⑤ 你能否在2分钟之内背诵下面一首诗?(　　)
城上斜阳画角哀,沈园非复旧池台。
伤心桥下春波绿,曾是惊鸿照影来。

第二组
① 分析是思维的重要组成部分,你的分析能力如何?(　　)
② 你自己觉得你很有主见吗?(　　)
③ 你喜欢一个人思考问题吗?(　　)
④ 遇见一件你从未经历过的怪事,你能迅速作出自己的判断吗?(　　)
⑤ 一杯牛奶酸了,你会想一想是什么原因吗?(　　)

第三组
① 概括力是提纲挈领表述问题的关键,你的概括力如何?(　　)
② 你常会有一些深刻的话让别人注意吗?(　　)
③ 别人说过你言语表述不清吗?(　　)
④ 你能用几句话就把才看完的一部电影的大意讲出来吗?(　　)
⑤ 你喜欢数学甚于喜欢语文吗?(　　)

第四组
① 演讲中需要推理和演绎的能力,你认为自己的演绎能力如何?(　　)
② 你说话常给对方留下把柄吗?(　　)
③ 你看推理小说,能在中间部分就猜出故事的真相吗?(　　)
④ 你能在5秒钟之内回答下面的问题吗?(　　)
姑姑的哥哥的儿子的父亲是什么人?
⑤ 你认为喝冷水可能导致腹泻吗?(　　)

第五组
① 丰富的想象是能使你演讲更精彩的重要条件,你的想象力如何?(　　)
② 你平时爱做梦吗?(　　)
③ 你喜欢耍贫嘴吗?(　　)

④ 你看小说时，能找出作者构思失败的地方吗？（　　）
⑤ 你爱编故事给别人听吗？（　　）

第六组
① 演讲者必须具备良好的应付突发事件的能力，你的应变能力如何？（　　）
② 别人用言语讥笑你，你能在瞬间找到言辞来反击他吗？（　　）
③ 一个球向你飞来，你会抱脑袋吗？（　　）
④ 朋友来了，你正与配偶生气，你能笑着去开门吗？（　　）
⑤ 在混乱的场合，你能让大家安静下来吗？（　　）

测试结果：

如果累计有一个"中"、五个"上"、十个以上的"√"、十个以上的"能"，那就说明你的演讲智力比较出色。

如果累计有两个"上"、四个"中"或更少，六至九个"√"、六至九个"能"，说明你的演讲智力一般。

如果累计只有一个"中"，五个"下"，五个以下的"√"，五个以下的"能"，说明你的演讲智力较差。

附 录 七

演讲修养小测验

演讲修养是演讲素质最重要的组成部分，它主要包括以下几方面的内容：演讲者的仪表气质是否大方得体；演讲者的知识结构是否全面；脸色的表达是否自然亲切等。下面是六组测试题，分别有上、中、下三种情况，得分分别为 2 分、1 分和 0 分，请根据自我的感觉加以计算，最后累计为总分。

第一组
① 你平时看书的时间多吗？（　　）
② 你关心自己专业以外的问题吗？（　　）
③ 同事们常向你请教问题吗？（　　）
④ 你常与同事讨论新闻吗？（　　）
⑤ 你认为学习是一种乐趣吗？（　　）

第二组
① 你说话有幽默感吗？（　　）

② 你讲话时，同事们爱听吗？（ ）
③ 你对理论问题感兴趣吗？（ ）
④ 你能在别人找不到确切的语言表达时代替他说吗？（ ）
⑤ 你善于讲故事吗？（ ）

第三组
① 你漂亮吗？你有气质吗？（ ）
② 你认为世上好人多吗？（ ）
③ 别人说你比较和气吗？（ ）
④ 你不常一个人生闷气吗？（ ）
⑤ 你经常会原谅别人吗？（ ）

第四组
① 你爱观察演讲主持人的形象吗？（ ）
② 你喜欢模仿别人的语气吗？（ ）
③ 你对你自己的音质欣赏吗？（ ）
④ 你总是爱照镜子吗？（ ）
⑤ 别人很少发现你的不良习惯吗？（ ）

第五组
① 你会老觉得别人不如你吗？（ ）
② 家里来了客人，你会主动跟他攀谈吗？（ ）
③ 有人说你爱出风头吗？（ ）
④ 你常发现别人与你说话时紧张吗？（ ）
⑤ 你不在乎别人的评价吗？（ ）

第六组
① 不高兴的时候，你能不让别人发现吗？（ ）
② 看电影时，你比别人更投入吗？（ ）
③ 你是一个讨孩子喜欢的人吗？（ ）
④ 你认为当今人情味太淡吗？（ ）
⑤ 你有心事，愿意向别人倾诉吗？（ ）

测验结果分析：

满分为 60 分，如果你的积分在 45 分以上，说明你的演讲修养很好；30~45 分为一般；而 30 分以下则较差，尚需努力提高。

附 录 八

大学生辩论赛辩论题目选辑

正方	反方
个人的命运是由个人掌握	个人的命运是由社会掌握
便利器具便利	便利器具不便利
发掘人才需要考试	发掘人才不需要考试
民族技艺应该保密	民族技艺不应该保密
理想人才以仁为主	理想人才以智为主
网络对大学生的影响利大于弊	网络对大学生的影响弊大于利
金钱的追求与道德可以并行	金钱的追求与道德不可以并行
杜绝盗版，消费者比政府作用大	杜绝盗版，政府比消费者作用大
个性需要刻意追求	个性不需要刻意追求
宽松式管理对大学生利大于弊	宽松式管理对大学生弊大于利
留学归国是个人问题不是社会问题	留学归国是社会问题不是个人问题
通俗文学比文学名著影响大	文学名著比通俗文学影响大
网络的发展对文学弊大于利	网络的发展对文学利大于弊
相处容易相爱难	相爱容易相处难
青年成才的关键是自身能力	青年成才的关键是外部机遇
环境保护应该以人为本	环境保护应该以自然为本
企业发展需要无私奉献精神	企业发展不需要无私奉献精神
成大事者不拘小节	成大事者也拘小节
审判时参考判例在我国利大于弊	审判时参考判例在我国弊大于利
送子女进名校，利大于弊	送子女进名校，弊大于利
避免人才外流，是政府的责任	避免人才外流，不是政府的责任
爱的教育比体罚更有效	体罚比爱的教育更有效
合作比竞争，更能使文明进步	竞争比合作，更能使文明进步
天灾比人祸更可怕	人祸比天灾更可怕
远亲不如近邻	近邻不如远亲
新闻自由是社会改革的最大动力	新闻自由不是社会改革的最大动力
全球化能为我国带来经济发展	全球化不能为我国带来经济发展

性教育应列为中学课程	性教育不应列为中学课程
性教育是科学教育	性教育是道德教育
道义比利益对人际关系的影响更大	利益比道义对人际关系的影响更大
博彩事业的兴旺是社会进步繁荣的象征	博彩事业的兴旺不是社会进步繁荣的象征
教育应注重人格培训多于知识培训	教育应注重知识培训多于人格培训
银行合并对国家未来经济发展利大于弊	银行合并对国家未来经济发展弊大于利
劳心者比劳力者对社会更有贡献	劳力者比劳心者对社会更有贡献
新闻价值比新闻道德重要	新闻道德比新闻价值重要
强权胜于公理	公理胜于强权
大学私营化的利大于弊	大学私营化的弊大于利
文化建设应先于经济发展	经济发展应先于文化建设
以暴制暴是打击恐怖主义最有效的途径	以暴制暴不是打击恐怖主义最有效的途径
重奖大学新生利大于弊	重奖大学新生弊大于利
社会安定主要靠法律维持	社会安定主要靠道德维持
代沟的主要责任在父母	代沟的主要责任在子女
名人拍商业广告可以虚构	名人拍商业广告不可以虚构
类似川剧变脸这样的民族技艺应当保密	类似川剧变脸这样的民族技艺不应当保密
克隆人有利于人类发展	克隆人不利于人类发展
实体法比程序法更重要	程序法比实体法更重要
大学生谈恋爱利大于弊	大学生谈恋爱弊大于利
电子商务将会改变现有营销模式	电子商务不会改变现有营销模式
仁者无敌	仁者未必无敌
乱世应用重典	乱世不应用重典
人的功利色彩增强是社会进步的体现	人的功利色彩增强不是社会进步的体现
文才比口才更重要	口才比文才更重要
同性恋是个人问题，不是社会问题	同性恋是社会问题，不是个人问题
市场经济条件下财政需要向企业输血	市场经济条件下财政不需要向企业输血
传播中国酒文化应靠酒香	传播中国酒文化应靠"吆喝"
保护弱者是社会的倒退	保护弱者不是社会的倒退
个性需要刻意追求	个性不需要刻意追求
善心是真善	善行是真善
真正的爱情一定是天长地久的	真正的爱情不一定是天长地久的
用和平手段可以遏止恐怖主义	用和平手段不能遏止恐怖主义

情在理先	理在情先
网络的实用性比娱乐性大	网络的娱乐性比实用性大
钱是万恶之源	钱不是万恶之源
美丽是福不是祸	美丽是祸不是福
功可以补过	功不可以补过
人类应加强对海洋资源的开发	人类应限制对海洋资源的开发
管理比收费重要	收费比管理重要
当今世界合作高于竞争	当今世界竞争高于合作
强将手下无弱兵	强将手下未必无弱兵
在人生路上乘胜追击好	在人生路上见好就收好
实现男女平等主要应该依靠男性的努力	实现男女平等主要应该依靠女性的努力
在校大学生积累知识更重要	在校大学生塑造人格更重要
"盗版"折价换购"正版"活动利大于弊	"盗版"折价换购"正版"活动弊大于利
艾滋病是医学问题，不是社会问题	艾滋病是社会问题，不是医学问题
辩论赛新形式利大于弊	辩论赛新形式弊大于利
不破不立	不立不破
应当允许名人免试就读名牌大学	不应当允许名人免试就读名牌大学
应对女性就业实行保护	不应对女性就业实行保护
知足常乐	不知足常乐
挫折有利于成才	挫折不利于成才
大学教育应以市场为导向	大学教育不应以市场为导向
大学生打工利大于弊	大学生打工弊大于利
大学生广泛社交利大于弊	大学生广泛社交弊大于利
大学生就业实行"双向选择"利大于弊	大学生就业实行"双向选择"弊大于利
当代社会，"求博"更有利于个人发展	当代社会，"求专"更有利于个人发展
当今时代，应当提倡"干一行，爱一行"	当今时代，应当提倡"爱一行，干一行"
地方保护主义可以克服	地方保护主义不可以克服
电视征婚利大于弊	电视征婚弊大于利
读大学，长进最大的应该是知识	读大学，长进最大的应该是人格
对于西部开发应当知识优先	对于西部开发应当资金优先
发展旅游业利多于弊	发展旅游业弊多于利
法律无情	法律有情
法治能消除腐败	法治不能消除腐败

高分是高能的体现	高分不是高能的体现
革新技术更重要	革新思想更重要
广告竞争对经济发展利大于弊	广告竞争对经济发展弊大于利
机遇是成功的关键	机遇不是成功的关键
纪律会促进个性的发展	纪律会限制个性的发展
经济发展应该以教育发展为前提	教育发展应该以经济发展为前提
金钱追求与道德追求可以统一	金钱追求与道德追求不可以统一
经济发展可以避免自然环境恶化	经济发展不能避免自然环境恶化
经济发展水平的高低能代表文明程度的高低	经济发展水平的高低不能代表文明程度的高低
流动人口的增加有利于城市的发展	流动人口的增加不利于城市的发展
目前的彩票发行方式利大于弊	目前的彩票发行方式弊大于利
男女平等是可能实现的	男女平等是不可能实现的
逆境有利人才成长	逆境不利人才成长
评价行为善恶的标准是效果,不是动机	评价行为善恶的标准是动机,不是效果
人类和平共处是一个可能实现的理想	人类和平共处是一个不可能实现的理想
人类社会应重义轻利	人类社会应重利轻义
人类是环境的保护者	人类是环境的破坏者
人为自己活着快乐	人为别人活着快乐
人性本善	人性本恶
儒家思想可以抵御西方歪风	儒家思想不能抵御西方歪风
社会发展应重利轻义	社会发展应重义轻利
社会发展主要靠法制	社会发展主要靠德制
个人需要对于大学生择业更重要	社会需要对于大学生择业更重要
社会主义市场经济能避免拜金主义	社会主义市场经济不能避免拜金主义
生态危机可能毁灭人类	生态危机不可能毁灭人类
实行学分制利大于弊	实行学分制弊大于利
市场经济有利于道德发展	市场经济不利于道德发展
提倡购买国货有利于经济发展	提倡购买国货不利于经济发展
外来文化对民族文化的发展利大于弊	外来文化对民族文化的发展弊大于利
外行能够管好内行	外行不可能管好内行
网恋能成为婚姻的有效途径	网恋不能成为婚姻的有效途径
网络爱情是真正的爱情	网络爱情不是真正的爱情

网络影响人际关系	网络不影响人际关系
温饱是谈道德的必要条件	温饱不是谈道德的必要条件
文凭能够代表知识水平	文凭不能代表知识水平
现代社会女人更需要关怀	现代社会男人更需要关怀
效率必然牺牲平等	效率不一定牺牲平等
哭比笑难	笑比哭难
信息高速公路对发展中国家有利	信息高速公路对发展中国家不利
选美活动利大于弊	选美活动弊大于利
烟草业对社会利大于弊	烟草业对社会弊大于利
一所学校的社会地位如何关键在领导	一所学校的社会地位如何关键在学生
医学的发展应有伦理界限	医学的发展不应有伦理界限
应当鼓励"新新人类"作家	应当批判"新新人类"作家
时势造英雄	英雄造时势
愚公应该移山	愚公应该搬家
去向哪里比与谁同行更重要	与谁同行比去向哪里更重要
在人生的道路上，机遇更重要	在人生的道路上，奋斗更重要
在校大学生创业利大于弊	在校大学生创业弊大于利
知难行易	知易行难
治愚比治贫更重要	治贫比治愚更重要
中国社会更需要德治	中国社会更需要法治
中小学封闭式管理有利于学生成才	中小学封闭式管理不利于学生成才
中庸之道应该提倡	中庸之道不应提倡
全才更适应社会竞争	专才更适应社会竞争
自动售套机进入校园利大于弊	自动售套机进入校园弊大于利

附 录 九

辩论赛参考材料

××大学第×届大学生辩论赛
记时员专用材料

一、用时满时，除用两声哨音提示外，须向主席举手示意时间终止。

二、自由辩论阶段

1. 自由辩论阶段，双方各有时间 5 分钟。由正方辩手先行起身发言，发言结束后，反方辩手方可发言。

2. 双方辩手轮流发言，每位辩手的发言次序、次数和时间均不受限制，但整队发言时间累计不得超过 5 分钟。一方在发言后，本方其他辩手不得继续发言。

3. 辩手通过落座表示发言完毕，此时应立即暂停对其的计时，并同时开始对另一方进行计时。

4. 当一队的发言时间还剩 30 秒时，有一声短促哨音提示，时间用尽时有两声哨音提示，此时发言必须终止。

5. 如果一队的时间已经用完，另一队还有时间，则该队的辩手可以继续轮流和交替发言，直到时间用完。也可以向主持人示意放弃发言，放弃发言不影响评判结果。

进 程	时 间	要 求
一辩猜测正方立论	1 分钟	用时剩余 30 秒时，以一次短促哨音提示；用时满时，以两声哨音提示
一辩立论	3 分钟	用时剩余 30 秒时，以一次短促哨音提示；用时满时，以两声哨音提示
二辩针对正方立论进行反驳	1 分 30 秒	用时剩余 30 秒时，以一次短促哨音提示；用时满时，以两声哨音提示
三辩针对正方反驳进行再反驳	1 分 30 秒	用时剩余 30 秒时，以一次短促哨音提示；用时满时，以两声哨音提示
自由辩论	5 分钟	用时剩余 30 秒时，以一次短促哨音提示；用时满时，以两声哨音提示
四辩针对问题结合本场赛势做总结陈词	3 分钟	用时剩余 30 秒时，以一次短促哨音提示；用时满时，以两声哨音提示

××大学第×届大学生辩论赛
公证员专用材料

1. 公证员由校学生会主要干部担任。

2. 公证员必须在比赛前 1 小时检查各项准备工作，包括检查辩论双方的场地、灯光、音响设备、座椅，确保双方在公平、公正的前提下进行比赛。

3. 每一轮比赛的场上辩手姓名席签(如果双方提供)应在比赛前45 分钟交到公证员处进行核实，第一场比赛的辩手姓名席签应在比赛前 20 分钟放置到位，第二场比赛的辩手姓名席签由公证员统一保管，统一放置。

4. 辩论队员及教练的身份经核实后，由公证员及组委会其他工作人员引领入座。

5. 公证员应坚持客观、公正的立场，严格审核总分员递交的"总分表"及所有"评分表"，签名后上交主席台。

6. 公证员应坚持回避原则，不得担任本人所在学院参赛队所进行的辩论场次的公证工作。

7. 如在复赛后的评分结果中当场出现 2~3 位得分相同的优秀辩手，公证员须立即准备材料，将几位辩手的名单送交评委手中进行无记名投票表决，表决结果即为该场辩论赛的优秀辩手。

8. 公证员应在比赛结束后，将辩论赛的"总分表"、所有"评分表"及获胜方名单、该场最佳辩手名单整理并封存保管，翌日送交校团委。

共青团××大学委员会
2016 年×月×日

××大学第×届大学生辩论赛
评委评分参考意见

一、评分标准

比赛共分四个环节，前三个环节结束后立即打分，该环节分数条由工作人员进行统分。

第四个环节结束(即辩论赛正式赛程结束)后，需打该环节分、总体印象分及辩手个人得分，评委签名后一并递交工作人员。

环节一：知己知彼

由双方一辩猜测对方立论，再由双方一辩为己方立论。

评分标准

1. 猜测比较准确，立论结构清晰、逻辑严密、语言流畅的，应当给予高分。
2. 立论结构散漫、逻辑混乱的，应当扣除一定分值。

环节二：防守反击

双方二辩及三辩针对对方立论分别进行反驳及再反驳。

评分标准

在该环节中，部分辩手往往不反驳对方立论或简单敷衍反驳，而把主要时间用在直接念读事先准备好的稿件。针对这种情况，评委应当严厉扣除其一定的分值。

环节三：短兵相接(即自由辩论)

评分标准

1. 良好的团队配合应当明显优于个人的单打独斗。

2. 及时应变应当明显优于宣读事前写作好的稿件。当然，我们始终鼓励有准备的论辩，反对没有准备的诡辩。

3. 当一方在自由辩论阶段对重要问题回避交锋两次以上，您可以对其进行扣分；当然，若对于对方已经明确回答了的问题仍然纠缠不放的，您也可以对其扣分。

4. 精美、幽默、自然的语言应当明显优于枯燥晦涩的说教。

5. 言简意赅、条理清晰的表达应当优于繁冗复杂的长篇大论。

环节四：一锤定音

评分标准

在此阶段，评委必须注意，该环节的要求是辩手针对评委提出的问题，回答并顺势巩固本方观点。应当产生的正确效果是：在回答问题的同时，总结了本方观点。部分辩手往往采取的方法是简单敷衍评委提问，然后照本宣科地诵读已写好的稿件，针对这种现象，需要严厉扣除其一定的分值。

另：整体印象

评分标准(我们对整体印象的评分仅提供参考意见)

××大学辩论赛组委会一直以来都致力于通过辩论赛，让大学生逐渐培养起良好的理论分析能力、逻辑概括能力、知识整理能力、文字创作能力和口头表达能力，以及出色的团队精神。我们不要求在辩论赛中产生定论，产生公理，我们希望的是各个辩论队都能够紧紧围绕己方的辩题，言之有理，论之有据，通过深入浅出、幽默自然的表述，尽可能地证明己方观点。

此外，当一方违反辩论赛的相关规定，如未在站立时发言，或者己方几名队员同时起身发言，或者超时等，您可以对其扣分；当一方出现了侮辱性的语言、进行人身攻击时，您可以对其扣分；当一方所援引的材料系属凭空捏造，甚至有常识性错误时，您可以对其扣分。

二、注意事项

1. 在第四个环节"一锤定音"阶段，需由评委向正、反方各提两个问题，我们建议，评委团在辩论前先行确定正、反方的提问嘉宾。

2. 在辩论结束后，需由评委团中产生一位点评嘉宾点评整场比赛，我们建议，评委团在辩论前事先确定人选。

3. 为避免出现评分时一位评委的评分对全局起决定性影响，我们建议，评委团在辩论前可先行商榷评分等事宜。

4. 在辩论赛过程中,除辩手外,评委也是被关注的焦点。所以,希望您在担任评委期间,尽量少与其他评委或身边的同事、学生交流,递交评分表前请将其向内折叠。

××大学第×届大学生辩论赛
总分统计表

一、团队分数统计表

辩论环节	正　方 _____代表队		反　方 _____代表队	
	评委打分	环节总分	评委打分	环节总分
知己知彼				
防守反击				
短兵相接				
一锤定音				
总体印象				
总　分				

二、辩手分数统计表

辩手序号	正　方		反　方	
	评委给分	总　分	评委给分	总　分
一 辩				
二 辩				
三 辩				
四 辩				

××大学第×届大学生辩论赛
(初、复、半决、决)赛(第　轮第　场)
总　分　表

评委共__人:_____、_____、_____、_____、_____、_____

正方:_____代表队_____(辩题)

反方:_____代表队_____(辩题)

正方总分:_____分　反方总分:_____分

优秀辩手:_____代表队_____同学(当场个人得分最高者)

获　胜　方:_____代表队(_____分)

一、团体总分计分表

类别\队别	正方					反方				
环节	知己知彼	防守反击	短兵相接	一锤定音	总体印象	知己知彼	防守反击	短兵相接	一锤定音	总体印象
得分										
总分										

注：总体得分由工作人员统计。

二、辩手个人计分表

	正方				反方			
人员	一辩	二辩	三辩	四辩	一辩	二辩	三辩	四辩
总分								

总分员签名：＿＿＿＿＿＿＿＿＿＿＿、＿＿＿＿＿＿＿＿＿＿＿

公证员签名：＿＿＿＿＿＿＿＿＿＿＿

2016 年×月×日

××大学第×届大学生辩论赛主席专用材料

(小组赛)

第×轮·第×场

时间：＿＿＿＿＿＿＿＿＿＿ 地点：＿＿＿＿＿＿＿＿＿＿ 主席：＿＿＿＿＿＿＿＿＿＿

一、总　则

1. 主席应在辩论赛前 45 分钟到达辩论场地，进行试音并帮助双方辩手进行试音。

2. 主席须提醒各参赛队将双方辩手的名单在辩论赛前 30 分钟送达公证员处，主席须与该辩论场地的院学生会主要负责人及公证员共同核实辩手名单。

3. 主席应坚持回避原则，不得担任本人所在学院比赛的主席工作。

二、现场工作须知

1. 介绍辩题，可用寥寥数语概括，不得自行解释辩题。

2. 不得对辩论双方及其论辩情况加以具有主观倾向性的评论。

3. 若场下观众有哄场等可能造成评委在评判时有失公允的情况，需作出警告或提醒，可以使用"请场下观众尊重场上各位辩手"等语句。

4. 宣布"请评委递交第×环节评分表"后，全场可能会有短暂的冷场，无须解释，这段时间无须发挥，更不能叫场下观众提问。

5. 请点评嘉宾点评，须尊重嘉宾，将话筒(或由工作人员)递交嘉宾，起身站立于嘉宾身旁，不能出现嘉宾站立而主席端坐的情况。

6. 注意与计时员的配合，一方计时员将通过哨音提示该负责一方的时间用尽，并同时通过举手示意予以补充提示。

7. 主席须将所用材料交由"公证员"，由公证员统一收集后交回团委办公室。

8. 双方辩手出现违规或者偏离辩题，请及时打断并予以更正。

三、开　场

请场内所有人员将手机关闭，或设置为振动，谢谢合作！(重复数次)

(场内在辩论前会有少许混乱，不能等待，一旦评委到位，观众大多到位，即可宣布开始，一旦开始，场内秩序将稳定)

谢谢大家回到辩论场地，谢谢各位评委！

各位老师、同学们：

大家好！

××大学第×届辩论赛小组赛×组第×轮第×场比赛现在正式开始！

1. 首先，让我们以热烈的掌声有请双方辩手入场。

首先有请正方辩手入场！

(正方按一、二、三、四辩的先后顺序入场，待正方坐定)

下面，有请反方辩手入场！

(反方按一、二、三、四辩的先后顺序入场，待反方坐定)

2. (辩手坐定)下面，我向大家介绍担任本次比赛的评委。

(辩论赛前须与评委及公证员沟通，确定评委的姓名及点评嘉宾，介绍评委按主席面向从左到右依次介绍，仅介绍姓名)

他们是×××、×××、×××、×××、×××。

3. 本场比赛的承办单位是××××学院，让我们对××××学院表示感谢。

4. 下面向大家介绍双方辩手。

(介绍辩手的姓名时，其间应有停顿，保证其站立向观众示意)

正方××××学院(代表队)

一辩××××专业××年级×××同学

二辩××××专业××年级×××同学

三辩××××专业××年级×××同学

四辩××××专业××年级×××同学

反方××××学院(代表队)

一辩××××专业××年级×××同学

二辩××××专业××年级×××同学

三辩××××专业××年级×××同学

四辩××××专业××年级×××同学

5. 今天，正方的观点是：××××××；而反方所持的观点是：××××××。

6. 本次比赛我们将采用2004年全国大专辩论赛的比赛规则，该规则共分四个环节。

第一环节为知己知彼，要求双方辩手用1分30秒猜测对方的立论，然后用3分钟进行己方论证。

第二环节为防守反击，要求双方二辩各用3分钟对对方的立论进行反驳，双方三辩各用3分钟对对方的反驳进行再反驳。

第三环节为短兵相接，也就是自由辩论。由正方先行发言，双方累计时间各5分钟。

第四环节为一锤定音，由评委针对双方各提两个问题。要求双方四辩在回答评委问题的过程中，结合本场比赛，巩固本方观点。

每个环节结束后，评委将对该环节双方的表现打分，并递交评分表，第四环节结束后，评委将打出总体印象分，并给各位辩手打分。获得分数最高的辩手即为当场优秀辩手，获得总分最高的辩论队即为本场比赛获胜队。

各位辩手请注意，比赛期间所有环节中，时间剩余30秒时，计时员将以一声短促哨音提示，时间用完，计时员将以两声哨音提示。时间用完后继续发言的，作违规处理。

好！让我们回到辩题！

寥寥数语渲染辩题(不得自行解释辩题)

下面辩论赛正式开始！

一、让我们进入第一个环节——知己知彼

首先，有请正方一辩猜测反方立论，时间1分钟。

下面，请反方一辩猜测正方立论，时间也是1分钟。

接下来，由正方一辩进行立论发言，时间3分钟，有请。

请反方一辩进行立论发言，时间也是3分钟，有请。

★好的，第一环节暂告一段落，让我们有请评委针对正、反方就此环节的表现打分，有请总分员收集评分表(等待将近10~15秒)。

二、下面是第二个环节——防守反击

首先，有请反方二辩针对正方立论进行反驳，时间1分30秒。

接下来，有请正方二辩针对反方立论进行反驳，时间1分30秒。

有请反方三辩针对正方的反驳进行再反驳，同时巩固本方立场，时间1分30秒。

下面，请正方三辩针对反方的反驳进行再反驳，同时巩固本方立场，时间也是1分30秒。

★好的，第二环节的精彩辩论也暂告一段落，让我们有请评委针对正、反方就此环节的表现打分，有请总分员收集评分表(等待将近 10～15 秒)。

三、让我们进入最精彩的第三个环节——短兵相接，也就是自由辩论

双方辩手请注意：

1. 双方辩手轮流发言，每位辩手的发言次序、次数和时间均不受限制，但整队的发言时间累计不得超过 5 分钟。一方在发言后，本方其他辩手不得继续发言。

2. 辩手通过落座表示发言完毕，此时应立即暂停对其的计时，并同时开始对另一方进行计时。

3. 如果一队时间已经用完，另一队还有时间，则该队的辩手可以继续轮流和交替发言，直到时间用完，也可以向主持人示意放弃发言，放弃发言不影响评判结果。

参赛辩手不得在辩词中杜撰事实、捏造数据，尤其不得进行人身攻击。

★谢谢双方辩手的精彩表现，让我们有请评委针对正、反方就此环节的表现打分，有请总分员收集评分表(等待将近 10～15 秒)。

四、让我们进入最后一个环节——一锤定音

首先，有请评委先向反方提两个问题，时间 1 分钟。

请反方四辩针对问题回答并巩固本方观点，时间 3 分钟。

请评委向正方提两个问题，时间 1 分钟。

请正方四辩针对问题回答并巩固本方观点，时间 3 分钟。

★好的，辩论赛事到此结束，下面，有请评委递交手中的评分表，请总分员耐心收集评分表格。

五、收计分表并汇总

(评委递交评分表，等待时间为 1～2 分钟，此阶段无须说话，场内会继续保持较安静的秩序。评委递交评分表，工作人员收集汇总后)

好的，让我们有请评委退席评议！

(评委退席，商议点评事宜)

评委退席评议阶段，如果场内气氛较好，可安排观众自由提问，提问阶段双方辩手的表现不计入总分；如果观众比较激动，则可不安排观众自由提问。

六、公证及点评

(总分结束，公证员进行公证并将比赛结果递交到主席台后，评委回到辩论赛场)

下面有请本场辩论的点评嘉宾_____老师点评。

感谢_____老师的点评！

七、宣布比赛结果

1. 经过总分员的核算和公证员的审核，让我们来宣布所有辩手的得分。

正方一辩××分，二辩××分，三辩××分，四辩××分。

反方一辩××分，二辩××分，三辩××分，四辩××分。

本场比赛得分最高的辩手就是××××学院代表队×××同学，恭喜×××同学成为本场比赛的优秀辩手。

2. 经过总分员的核算和公证员的审核，本场比赛中正方最后总分为××分，反方最后总分为××分，本场比赛获胜队为××××学院代表队。

八、比赛结束

××大学第×届大学生辩论赛小组赛×组第×轮第×场比赛正式结束。小组赛第×轮所有比赛队伍的成绩，我们将于××(时间)进行公布，请各代表队注意！

(请评委及工作人员稍作休息！请本场比赛代表队及所在学院的观众退场，请第二场比赛所在学院的观众入场。接下来我们将继续进行第×场比赛！谢谢合作！)

谢谢各位评委！谢谢××学院(承办单位)！

谢谢大家！让我们××时间再见！

参 考 文 献

[1]　李平收. 青年演讲能力训练教程[M]. 北京：知识出版社，2004.

[2]　明山. 卡耐基口才训练大全[M]. 北京：华龄出版社，1997.

[3]　李志敏. 语言的突破——卡耐基口才课堂[M]. 北京：机械工业出版社，2004.

[4]　胡卫红. 口才学[M]. 海拉尔：内蒙古文化出版社，2004.

[5]　多罗茜·利兹，曾献，等. 口才[M]. 北京：民主与建设出版社，2004.

[6]　S. 卢卡斯. 演讲的艺术[M]. 李斯译. 海口：海南出版社，2002.

[7]　欧阳谋. 口才学大全[M]. 北京：中国城市出版社，1998.

[8]　高铁军. 卡耐基口才学[M]. 北京：燕山出版社，2007.

[9]　明山. 机智演讲术[M]. 北京：华龄出版社，1997.

[10]　戴锡奇. 中国演讲词珍品赏析[M]. 长沙：湖南人民出版社，1999.

[11]　邵守义. 演讲全书[M]. 长春：吉林人民出版社，1991.